5인의 독자에디터가 먼저 읽고 평가하다

5인의 독자에디터는 약 2주 동안 본 책의 초안을 검토하고,
수정 및 편집을 위한 아이디어를 제공해 주셨습니다.
참여해주신 독자에디터 여러분께 감사를 전합니다.
수록 순서는 가나다 순입니다.

각종 개발호재가 난무한 2018년,
이 책 한 권으로 부동산 투자처의 로드맵을 작성할 수 있을 것이다.

– 뉴스 님

근거 중심으로 핵심을 파고드는 투자 지침서이자 교통망 바이블이 탄생했다.
이제 여러분은 넘쳐나는 뉴스 속에서 진정한 교통 호재를 가려낼 수 있을 것이다.

– 센철이 님

이렇게나 집요하고 면밀하게 자료를 찾아내어
퍼즐 맞추기를 완성할 수 있는 능력자가 또 있을까 싶다.
보는 내내 소름 돋을 수밖에 없는, 나만 알고 싶은 부동산투자 서적!

– 아구몬 님

교통을 주제로 다룬 책이 없다는 점에서 이 책은 독창적이다.
하지만 투자서로 이 책은 독보적이다. 기본에 충실하다. 우직하고 단단하다.
부동산의 가치투자가 있다면 이 책이 기본서가 될 것이다.

– 우보천리 님

요즘같이 연일 쏟아지는 호재의 홍수 속에서
실현 가능성을 살펴보고 투자의 타이밍을 짚어주는 호재 감별사 IGO빡시다 님.
그에게는 첫 번째 책이지만 부동산 투자에게는 필독서가 될 듯.

– 투민 님

교통망도 모르면서
부동산투자를 한다고?

교통망도 모르면서 부동산 투자를 한다고?

초판1쇄 발행 2018년 5월 2일
초판26쇄 발행 2023년 6월 7일

지 은 이 황성환 (IGO빡시다)

발 행 처 잇 콘
발 행 인 록 산
마 케 팅 프랭크, 릴리제이, 감성 홍피디
경영지원 유정은
출판등록 2019년 2월 7일 제25100-2019-000022호
주 소 경기도 용인시 기흥구 동백중앙로 191
팩 스 02-6919-1886
디 자 인 김은정

ISBN 979-11-960731-3-8 13320
값 18,000원

교통망도 모르면서 부동산 투자를 한다고?

한 권으로 정리하는
돈되는 교통 호재 A to Z

IGO빡시다 지음

잇콘

추천사

투자자라면 누구나 교통망을 볼 줄 알아야 한다

골목대장

부동산 입지분석 전문가. B&B부동산아카데미 원장.
다음카페 '부동산에 미친 사람들의 모임(cafe.daum.net/bumimo)' 및
네이버카페 '발품(cafe.naver.com/fieldlearning)' 운영자.

"이놈은 겁나게 무서운 놈이여!"

이상하게도 IGO빡시다만 보면 자꾸 타박 아닌 타박을 하게 된다. 편한 마음에 그렇기도 하지만, 마음속에 샘이 나서 그런 건지도 모르겠다. 투자 성과가 좋은 것도 샘나지만 무엇보다도 완전히 자기만의 투자 스타일을 구축했다는 게 그렇다. 이제는 오랫동안 입지분석법을 가르쳐온 나보다 적어도 교통망 분석에 있어서만큼은 더 전문가가 된 것 같다.

처음 입지분석 수업을 들으러 왔을 때는 얌전한 성격에 그냥 열심히 공부하는 사람인가보다 했는데, 어느 순간 들려오는 투자 성과 이야기가 심상치 않았다. 부동산 시장의 상승기를 타고 대박이 났다는 지역에는 이미 그가 먼저 가 있었다. '아니, 언제 이거를 사놨대?' 싶었던 적도 많다. 그럴 때마다 "다 대장님 덕분입니다"라며 겸손을 떨지만 본인의 실력과 노력 없이는 불가능한 일이라는 걸 잘 안다. 대견하고 기특하다.

꽤 오랫동안 부동산 투자를 해오면서 느낀 것이지만 부동산에는 요샛말로 '될놈될(어차피 될 놈은 된다)'이란 게 분명히 있다. 될 만한 지역은 반드시 되고, 안 될 지역은 결국 안 된다. 될 만한 지역을 판가름하는 것이 입지분석이고 입지분석의 핵심은 뭐니뭐니 해도 교통이다. 교통이 좋아지면 주거지, 일자리, 인프라, 자연환경, 학군 등의 문제는 자연스럽게 해결되기 때문이다.

IGO빡시다는 이런 점을 잘 알고 집요하게 파고들었다. 단순히 교통망을 공부만 한 게 아니라 그것을 직접 투자에 활용해서 엄청난 성과를 냈다. 최근 몇 년간 내 주위 투자자들 중에서는 성과가 높기로 손에 꼽힌다. 대부분은 남들 눈치를 보다가 재빠르게 진입해서 얻은 성과라기보다는 이미 '될 지역'이 어딘지 파악해놓고 저렴한 가격에 들어가서 기다리는 방식이었다. 그러니 수익이 클 수밖에 없다. 역시 겁나게 무서운 놈이다.

평소 성격도 그렇지만 투자를 할 때도 남들이 좋다고 해서 섣불리 움직이는 스타일이 아니다. 듣자 하니 어떤 지역에 투자를 하기 전에는 최소한 두 달을 그 지역에 들락거리며 확인 또 확인을 거친다고 한다. 짧게 치고 빠지는 투자가 아니라 시간이 좀 걸리더라도 '확실한 지역'을 찾아다니기 때문에 가능한 일일 것이다.

나 역시 그것이 가장 확실한 투자법이라고 이야기하지만 실천하는 사람은 많이 못 봤다. 아마도 '확실한 것'의 기준을 잡지 못하는 탓이 클 것이다. 확신이 있으면 진득하니

기다리면 되는데 확신이 없고 불안하니 부질없이 사고팔기만 하다가 별 재미를 못 보는 것이다.

그런 사람들에게 입지분석, 그중에도 IGO빡시다의 교통망 분석 방법은 확실한 기준이 되어줄 수 있다. 앞으로 이 지역의 교통이 어떻게 좋아질 것인지, 얼마의 시간이 걸릴 것인지를 객관적 자료로 분석하기 때문에 상당히 정확하다.

분양을 받든, 급매를 사든, 경매로 낙찰을 받든, 재개발 · 재건축 물건을 사든 상관없이 교통망 분석은 필수적이다. 부동산 경기가 얼어붙었네, 대출규제가 어떠네 푸념하기 전에 될 만한 지역과 안 될 지역을 구분하는 눈부터 키워야 한다. 이 책을 읽고 나면 그런 안목이 어느 정도 키워질 것이다. 부동산 투자를 하는 사람이라면 반드시 한 번은 읽어보기를 바란다.

당신은 '될 호재'와 '안 될 호재'를 구분할 수 있는가

우리나라 역사 상 가장 위대한 통치자를 꼽으라면 많은 분들이 세종대왕을 떠올릴 것이다. 수많은 업적이 있지만 역시 훈민정음 창제를 빼놓을 수 없다. 그 전에는 오직 양반들만 글을 읽을 수 있었고 삶을 풍요롭게 하는 지식과 정보는 오직 권력층들만의 것이었다. 그러나 한글이 만들어지면서 누구나 글을 읽을 수 있게 되었고 조금만 노력하면 충분한 지식과 정보를 얻고 나눌 수 있게 되었다. 실제로 우리나라의 문맹률이 세계에서 가장 낮은 편에 속하는 이유는 한글의 덕이 크다고 한다.

그러나 600년의 시간이 흐른 지금 우리는 정반대의 상황에 놓여 있다. 정보에 접근하기 어려웠던 과거와 달리 이제는 넘쳐나는 정보의 홍수 속에서 길을 잃은 것이다. 그 방대한 정보 중에서 어떤 것에 주목해야 할지, 그것을 믿어야 할지 말아야 할지 갈피를 잡기가 어렵다. 부동산 시장도 마찬가지다. '××지역 호재'라고 한 번만 검색해 보면 수십 수백 가지가 등장한다. 이 지역이 이렇게 좋은 곳이었는지 놀라며 빨리 부동산을 매입해야겠다는 조급함이 생길 정도다. 그러나 과연 그럴까?

어느 사거리 횡단보도 앞에 현수막이 내걸렸다. "○○노선 예비타당성 조사 통과!" 뉴스에도 비슷한 이야기가 나온다. "○○노선 개통으로 인근지역의 기대감 상승"이라고 말이다. 솔깃해져서 인근 부동산중개소에 전화를 걸어보니 이미 발 빠른 집주인들이 내놓았던 매물을 거둬들이면서 호가가 올랐다고 한다. 마음은 더욱 조급해지고, 이것저것 따져볼 겨를도 없이 남은 매물을 덜컥 매입해 버리기 십상이다. 교통호재뿐만이 아니다. 어느 아파트 인근에 대형마트가 들어오고, 어느 지역 근처에 산업단지가 입주할 것이라는 식의 호재 뉴스가 날마다 들려온다. 하다못해 길거리에서 나눠주는 오피스텔 분양 전단지만 봐도 수많은 호재들이 나열되어 있다.

하지만 생각해보자. 그 많은 호재들이 실제로 실현될 가능성은 얼마나 될까? 설령 실현된다 해도 과연 언제쯤일까? 현실은 만만치 않다. 중간에 지하철역이 무산되어 버리거나, 10년이 넘어도 완공되지 않는 경우가 비일비재하다. 전단지에 써 있던 호재들이 무산되었다고 해서 이미 분양을 끝낸 건설사가 보상을 해주는 것도 아니다.

호재를 아는 것보다 실현가능성을 아는 게 중요하다

어떤 호재가 있는지를 파악하는 것도 중요하지만, 더욱 중요한 것은 바로 '될 호재'와

'안 될 호재'를 구분하는 일이다. 부동산 투자자라면 호재라고 해서 솔깃할 게 아니라, 실현가능성이 얼마나 되는지 객관적으로 분석해야 한다. 그러나 문제는 이것이 쉽지 않다는 것이다. 철도와 도로 관련 용어들은 왜 이렇게 알아듣기 어려운지, 공부 자료는 어디에서 찾아야 하는지, 그중에서 무엇에 집중해야 하는지 등등 교통망 분석을 위해서는 알아야 할 것이 생각보다 많다.

이 책을 쓰게 된 이유도 그 때문이다. 분명히 한글로 쓰여 있지만 이해하기 어려운 교통 지식 중에서 투자자에게 반드시 필요한 것만 골라 쉽게 정리하려고 노력했다. 귀와 머리를 어지럽히는 수많은 호재들 중에서 정말 집중해서 봐야 할 부분이 무엇인지 이 책을 읽고 나면 많이 정리되실 것이라 생각한다.

내가 부동산 투자에 관심을 갖고 배우기 시작한 것은 2013년이었다. 처음에는 누구나 돈을 벌 수 있다는 경매 투자를 공부했다. 회사생활 틈틈이 시간을 내서 열심히 발품도 팔고 입찰도 했지만 생각보다 성과가 좋지 않았다. 어디가 잘못된 걸까 오랫동안 고민한 끝에 찾아낸 답은 '될 만한 부동산'을 보는 눈이 없었다는 점이었다.

될 만한 부동산이란 곧 입지가 좋은 부동산을 뜻한다. 그리고 입지에 가장 큰 영향을 미치는 것은 교통망이다. 양질의 일자리를 원한다면 기업이 모여 있는 곳으로 가면 되고, 문화생활을 원한다면 쇼핑가와 문화시설이 있는 곳으로 가면 된다. 교통망을 이용해서 말이다. 그래서 교통이 좋아지면 다른 요소들은 보완될 수 있고, 반대로 교통이 나쁘면 다른 요소들을 누리기가 어려워진다.

이런 사실을 깨닫고 2014년부터는 교통망, 특히 철도망 분석에 집중했다. 철도는 정부의 계획에 따라 건설되고 운영되므로 철도가 놓이는 지역은 앞으로 정부가 관심을 갖고 정책적으로 지원할 지역이라고 볼 수 있다. 앞으로 이 지역을 어떻게 키워 가겠다는 계획이 있기 때문에 철도를 놓는 것이다. 그것만 파악해도 앞으로 몇 년 후 부동산 시장의 지형을 예측하는 것이 가능해진다.

철도 노선을 중심으로 도로 노선을 적용해 보니 재미있는 사실을 발견할 수 있었다. 중요한 지역을 연결할 때에는 철도와 도로를 함께 추진함으로써 많은 사람과 물자를 수송할 수 있게 한다는 것이다. 대체 무엇이 있기에 많은 사람과 물자의 수송이 필요할까? 철도와 도로가 지나는 곳에는 과연 어떤 변화가 일어날까? 그것이 바로 입지분석의 시작이다. 몇 년의 시간이 흐른 후 그때의 생각이 틀리지 않았음을 몸소 체험하고 있다.

다른 사람들이 보지 못한 가치를 찾아내는 방법

2014년 나는 인덕원역 인근에 집중한 적이 있다. 현재는 먹자상권이 형성되어 있어 상권은 활발했지만 주거만족도는 평촌에 비해 낮은 편이었다. 하지만 내가 이곳에 집중했던 이유는 인근에 예정되어 있는 교통호재 때문이었다. 본문에서 다시 한 번 설명하겠지만 인덕원은 착공한 안양-성남고속도로의 영향을 받는 지역이고 월곶-판교선, 인덕원-수원선 등 굵직한 교통호재가 기다리고 있는 곳이다.

이러한 교통호재들은 인근에 조성될 과천지식정보타운, 평촌스마트스퀘어 등 양질의 일자리 공급계획과 만나 엄청난 시너지를 낼 것이다. 예상은 적중했다. 2018년 4월 현재 인덕원역 인근은 이러한 호재를 깨닫게 된 부동산 투자자들의 관심을 한 몸에 받는 지역으로 변모하고 있다.

같은 해에는 송파구의 한 아파트에 투자를 했다. 송파구 자체는 선호도가 높아 아파트 가격이 비싸게 형성되어 있지만, 내가 투자한 곳은 아니었다. 송파구 내에서도 기피시설인 성동구치소와 바로 마주보고 있는 아파트였기 때문이다. 아시는 분은 아시겠지만 성동구치소는 이미 20여 년 전부터 이전하겠다는 계획이 발표되었고, 발표가 난 후 이 아파트는 한때 몸값이 엄청나게 치솟은 적도 있다. 하지만 20년이 지나도록 이전이 지지부진해지자 사람들은 더 이상 성동구치소 이전을 호재라고 생각하지 않았다.

그런 곳에 내가 투자를 한 이유는 수서역에 새롭게 들어설 고속열차인 SRT 덕분이다. SRT는 단순히 KTX의 출발역사가 하나 더 생긴다는 것만을 의미하지 않는다. 이곳의 KTX 역사를 중심으로 수서역세권의 종합적 개발이 이루어지고, 그것이 탄천 건너편에 있는 문정법조타운으로 이어진다. 바로 이 문정법조타운 내에 성동구치소 이전 부지가 확보되어 있음을 알게 된 것이다.

2017년 6월 성동구치소는 문정법조타운으로 이전을 완료했다. 기피시설이 사라졌을 뿐 아니라 기존 구치소 부지의 개발을 어떻게 할 것이냐의 이슈가 수면 위로 떠오르면서 인근 부동산의 매매가격 역시 상승하고 있다. 교통망 분석 투자는 단순히 어디에 어떤 노선이 생기느냐만 의미하는 게 아니라 이처럼 새로운 교통망 때문에 그 주위가 어떻게 변할 것인지를 분석하는 투자다.

교통망 분석은 시장 하락기에 상대적으로 가격이 떨어지지 않는 지역을, 상승기에는 다른 곳보다 먼저 그리고 많이 오를 지역을 찾는 나침반이 된다. 이것은 교통망 구축사업이 정해진 절차에 의해 진행되기 때문에 가능한 일이다. 철도나 도로의 건설뿐 아니라 일자리를 만드는 산업단지, 대형 유통시설의 건설 등 규모가 큰 사업을 진행할 때에는 일련의 절차가 필요하다. 하루아침에 뚝딱 진행되는 게 아니라 먼저 큰 그림을 그리고, 필요한 절차를 협의하고, 관계부처의 승인을 받아내며, 관련 사업자를 선정하여 진행하는 것이다.

그 과정은 일반인들도 미리 확인할 수 있다. 국토교통부, 기획재정부 등 정부산하기관이나 시청, 도청 등 지방자치단체가 발행하는 보도자료, 관보, 고시문, 의회회의록 등을 통해서 말이다. 이렇게 객관적인 자료를 바탕으로 호재의 진생사항을 파악하다 보면 이것은 '될 만한 호재'이고 저것은 아니라는 것을 보는 눈이 생긴다.

중요한 것은 지금 좋은 지역을 찾는 것이 아니라 앞으로 좋아질 지역을 찾아내는 것이다. 교통이 좋지 않은 지역은 부동산 가격이 저렴하다. 그런데 그중에는 앞으로 새로운 교통수단이 들어서면서 새롭게 변신할 수 있는 지역이 반드시 존재한다. 아직 사람들은 그 가치를 잘 보지 못하지만 나에게는 보이는 지역. 교통망 분석은 바로 그런 곳을 찾아서 선점하기 위한 가장 좋은 방법이다.

한 번 배우면 평생 가져갈 '물고기 잡는 법'을 배우자

이 책은 이렇게 풀어볼까 한다. 첫째로 철도망 건설을 중심으로 진행 절차 및 고려해야 할 사항들을 설명한다. 철도마니아를 위한 전문적 지식이 아니라 일반 투자자들이 꼭 알고 있어야 할 지식만 골라서 요약 · 정리한다.

두 번째로는 '국가철도망 구축계획'에 대해 살펴볼 예정이다. 국가철도망 구축계획은 우리나라 철도 계획의 가장 상위레벨로 앞으로 건설될 철도망의 큰 그림을 제시한다. 따라서 국가철도망 구축계획의 중요 포인트를 알고 있으면 앞으로 사업이 어떤 방향으로 진행될 것인지 예측하기 쉬워진다.

세 번째로는 주목해야 할 철도노선을 구체적으로 알아볼 생각이며, 그중에서도 신안산선과 월곶판교선을 자세히 살펴본다. 이들은 수도권의 주요지역과 교통소외지역을 연결하면서 동시에 전국 철도망에서 중요한 위치를 차지하는 수도권 노선이다. 왜 진행되고, 어디로 연결되며, 비슷한 기능을 하는 도로와 비교분석을 통해 앞으로 영향을 받게 될 지역을 미리 골라 살펴본다.

네 번째로는 주목받고 있는 새로운 교통망인 GTX에 대해 살펴본다. A · B · C 세 가지 노선의 탄생 배경은 물론 현재 어떻게 진행되고 있는지, 앞으로는 어떤 식으로 진행될 예정인지, 어떤 지역이 영향을 받게 될지를 알아본다.

마지막으로는 KTX의 신규 출발역사들에 대한 것을 살핀다. 흔히 교통망이라고 하면 지하철만 생각하게 되지만, 도시와 도시를 연결하는 KTX는 국가철도망 계획에서 중요한 위치를 차지하고 있다. 따라서 KTX가 지나는 지역은 교통망의 중요 거점이 된다는 사실을 알아야 한다.

이 책은 투자자의 눈높이에 맞게 쓰려고 노력했기 때문에 지나치게 어렵거나 전문적인 내용은 다루지 않았다. 다만 이 책을 읽고 난 후에는 철도와 도로 계획에 대한 감각을 어느 정도 익히게 될 것이고, 마지막에는 스스로 분석하는 능력이 갖춰졌으면 하는 바람이다. '물고기를 주지 말고 물고기 잡는 법을 알려주라'는 『탈무드』의 격언처럼, 한 번 배워 놓으면 평생 가져가는 투자의 방법을 알려드리고 싶다. 남이 분석해주는 지역만 보지 말고, 그 근거를 파악하는 눈을 길러 보자.

IGO빡시다 드림

목차

CHAPTER **02**

알아두면 손해 안 보는 5가지 철도 지식

CHAPTER **03**

국가철도망 구축계획으로 한 발 앞선 투자자가 되자

CHAPTER 04

신안산선 자세히 들여다보기

CHAPTER 05

월곶-판교선 자세히 들여다보기

CHAPTER **06**

GTX-A·B·C노선 자세히 들여다보기

CHAPTER **07**

대곡-소사-원시선 자세히 들여다보기

CHAPTER 08

수서발·인천발·수원발 KTX 자세히 들여다보기

CHAPTER

01

부동산의 가치는 교통망이 좌우한다

'되는 호재'와 '안 되는 호재'를 구분하자

부동산 재테크 공부를 시작하는 순간 우리는 수많은 교통계획을 마주하게 된다. 지하철은 1호선에서 9호선만 생각했는데 분당선, 신분당선, 경의중앙선, 공항철도 등등 생각보다 노선이 너무 많다. 여기에 신안산선이니 월곶-판교선이니 대곡-소사-원시선이니 이름도 어려운 낯선 노선들이 계속 생겨난다고 한다. 특히 수도권에서는 알아야 할 노선이 너무 많다.

그럼 스스로에게 질문을 던져 보자. 과연 우리는 왜 교통망을 공부해야 하는 것일까? 수도권 부동산 입지의 최고 전문가이신 골목대장 님은 입지를 분석하기 위한 요소로 다음의 여섯 가지를 꼽는다.

> 교통, 주거지, 일자리, 생활인프라, 자연환경, 학군

그중 나머지 다섯 가지 요인을 압도하는 절대적인 요소가 바로 교통이다. 교통이 개선되면 나머지 요소는 보완될 수 있기 때문이다. 당장 그 지역에 일자리나 생활인프라 등이 부족하다고 해도 교통만 편리해진다면 좋은 일자리 지역, 좋은 인프라 지역으로 접근하는 것이 쉬워진다.

특히 서울과 수도권의 경우는 더욱 그렇다. 상대적으로 좁은 면적에 많은 사람들이 모여 사는 서울 · 수도권이지만, 양질의 일자리나 생활 편의시설이 몰려 있는 곳은 제한되어 있다. 살고 있는 지역에서 이런 주요지역으로 자유롭게 이동하면서 생활한다면 좋겠지만, 교통체증은 심각하고 대중교통 환승은 불편한 상황에서 주요지역으로의 이동은 제한적인 것이 현실이다.

이런 상황에서 편리한 노선이 새롭게 개통된다면 어떨까? 출퇴근시간이 줄어들고, 원하는 곳으로 쉽고 빠르게 이동할 수 있으니 그 지역에서 생활하기가 편리해질 것이다. 시세 상승은 당연히 따라온다. 그렇기 때문에 부동산에 관심 있는 사람들은 호재 중에서도 교통망 수립 계획을 으뜸으로 치는 것이다.

대표적인 사례가 바로 서울지하철 9호선의 개통이다. 개통 전까지만 해도 상대적으로 낙후된 지역이었던 강서구는 실제로 서울시 25개 자치구 중 평당가격이 가장 저렴했다. 하지만 9호선이 개통되면서 특히 급행열차가 운행되는 역의 인근 지역은 각종 인프라 및 일자리 접근성이 크게 개선되었고 강서구의 매매가격을 끌어올리는 일등공신이 되었다.

그렇다면 교통망 수립 계획이 발표되는 곳의 부동산을 사두면 될 것 아닌가? 하지만 과연 교통망 수립 계획만 발표되면 무조건 호재일까? 교통망 분석이 필요한 이유는 크게 세 가지다.

정확한 개통 시기를 알아야 한다

첫째, 교통 호재는 계획 단계에서 실제 개통까지 긴 시간이 필요하기 때문이다. 많은 사람들은 '○○노선 신설! △△당이 해냈습니다!'라는 현수막이 걸리면 곧 착공을 하고 이곳에 지하철역이 생길 것이라고 여긴다. 하지만 계획이 수립되었다 해도 실제 개통까지 순조롭게 진행되는 노선은 극히 일부분이며, 그나마도 10년 이상의 기간이 필요하다는 것은 미처 알지 못한다.

「제3차 국가철도망 구축계획」이 발표되면서 GTX-A노선과 일산선3호선의 연장 계획도 함께 발표되었다. 두 노선을 자세히 살펴보지도 않은 채 무조건 관련 지역 부동산을 매입했다면 어떨까? GTX-A노선은 뛰어난 사업성 덕분에 빠르게 진행되고 있다. 하지만 일산선의 경우 2018년 3월 현재 아직 시작조차 하지 못한 상태다. 만약 일산선 계획이 발표되자마자 인근 지역에 투자를 했다면 앞으로도 긴 시간 동안 호재 덕을 보기는 어려울 것이다. 명심하자. 교통 호재는 '될 만한 것'에만 집중해야 하며, 그 조차도 꽤 긴 시간이 필요하다.

실제로 편리할지 생각해야 한다

둘째, 이용자의 편의성이 실제로 개선되는지 알기 위해서다. 아무리 신규노선이 개통되어도 그 지역 주민들이 편리하게 이용하지 못한다면 관심에서 멀어질 수밖에 없다. 사람들은 철도를 좋아하는 것이 아니라, 빠르고 편리한 이동수단을 좋아하는 것이다.

예를 들어 용인경전철에버라인이나 의정부경전철은 개통된 지 꽤 되었지만 그다지 주목을 받지 못하는 상황이다. 이유는 무엇일까? 경쟁 상대인 버스와 비교했을 때 상대적으로 불편하기 때문이다.

아래 그림은 의정부경전철의 역세권에 위치한 신곡동 P아파트와 용현동 S아파트 단지의 매매가 그래프를 나타낸 것이다. 의정부경전철은 2012년 7월에 개통되었다. 그래프를 보면 그 이전까지는 매매가가 계속 높은 수준을 유지하다가, 막상 개통을 한 이후부터는 가격이 떨어지는 모습을 볼 수 있다. 개통을 앞두고 기

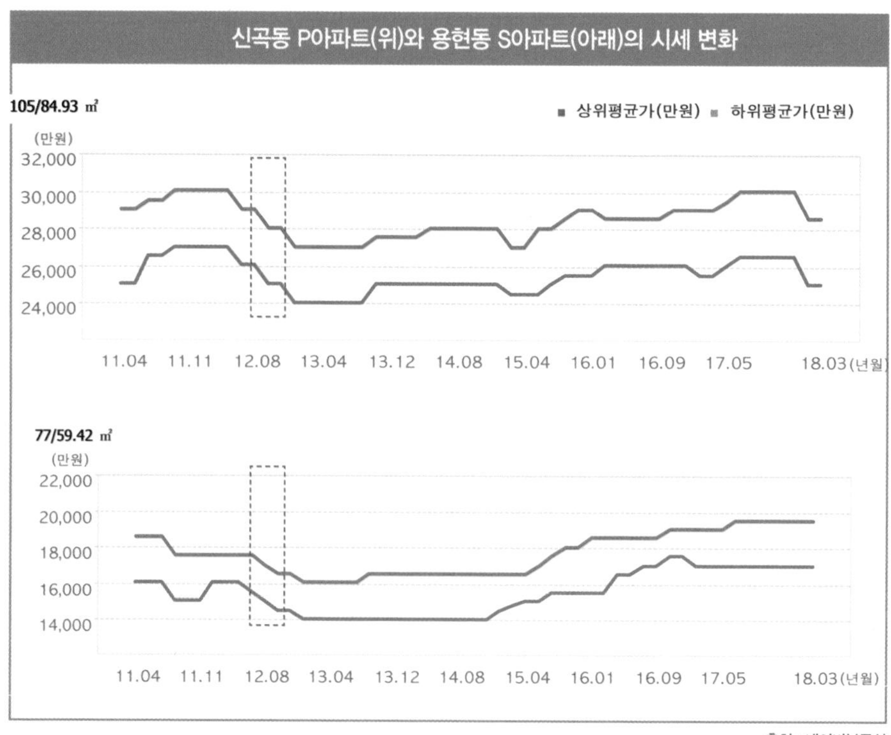

출처 : 네이버부동산

대심리가 있었지만, 실제로 호재로 작용하는 데에는 실패한 것이다. 이유는 경전철의 역간거리가 너무 짧다 보니 굳이 계단을 오르내리며 경전철을 타기보다는 버스를 이용하는 것이 더 편리했기 때문이다.

인천1 · 2호선도 비슷하다. 가장 수요가 많은 서울로의 접근성이 떨어지기 때문에 인근 지역 주민들조차 지하철역 인근보다는 광역버스나 BRT간선급행버스체계 정류장 인근을 더 선호하는 것이 현실이다.

홍보성 뉴스에 속지 않아야 한다

셋째, 뉴스와 신문기사에 현혹되지 않기 위해서다. 요즘 부동산 관련 기사들을 보면 상당히 치밀하다는 생각을 종종 하게 된다. "○○노선 개발 계획이 발표되어서 △△지역의 접근성이 크게 개선될 예정이다"라는 기사 뒤에는 꼭 이런 광고성 문구가 따라온다.

"이런 호재 때문에 현재 분양 중인 ㅁㅁ아파트가 가장 큰 수혜를 입을 것으로 예상된다."

기사에 언급된 것처럼 해당 노선이 개통된다면 당연히 그 아파트에는 엄청난 호재로 작용할 것이다. 하지만 그 노선이 정말 실현될 것인지, 그리고 언제 개통될 것인지도 정확히 파악해야 한다. 현재 분양하고 있는 아파트가 다 지어지고 입주를 한 후에도 상당기간 노선이 개통되지 않는 경우가 매우 많다.

요컨대 교통망을 분석해야 하는 가장 큰 이유는 실현가능성을 알기 위해서이고, 귀중한 투자금을 지켜내기 위해서다. 아직도 신문기사만 읽거나, 계획이 발표된 것만 믿고 접근하겠는가?

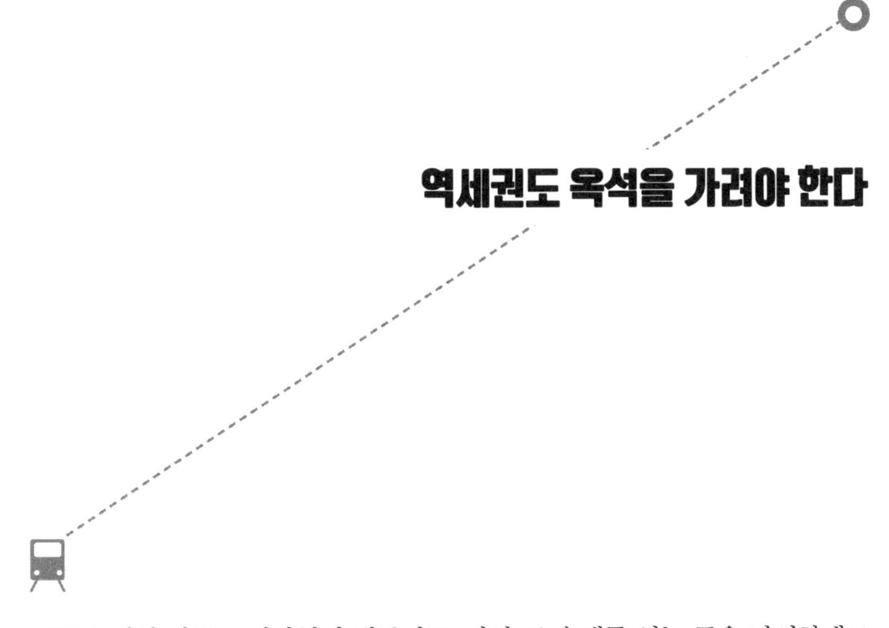

역세권도 옥석을 가려야 한다

교통 호재의 대표는 지하철역 개통이고, 가장 큰 수혜를 입는 곳은 당연하게도 역세권이다. 그런데 앞서 잠깐 언급했듯이 역세권이라고 다 같은 것이 아니다. 옥석을 가려서 접근해야 한다.

우리 아파트 단지 앞에 새로운 지하철역이 생겼다. 역세권 아파트가 된 것이다. 대부분 내 집 인근에 신규노선이 개통된다는 소식을 들으면 집값이 오르겠다며 기대감을 품는 것이 일반적이다. 하지만 과연 생각대로 될까?

정말로 이용이 편리한 노선인가

2013년 11월, 기존에 왕십리에서 수원 망포역까지만 운행되었던 분당선이 수원역까지 연장 개통되었다. 당시 언론과 지자체는 이제 수원역에서 강남역까지 55분밖에 소요되지 않는다며 인근 지역 시민들의 편의가 대폭 향상될 것을 기대한다는 논평을 쏟아냈다. 투자자들도 분당선 연장이 좋은 호재가 될 것이라며 인근 부동산을 매입한 경우가 많았다. 하지만 개통 후 몇 년이 지난 지금, 현재 상황은 어떤가? 예상대로 수원역 인근 지역은 분당선의 수혜를 입었을까?

아래의 그림은 수원역 인근에 위치한 D아파트 24평형의 시세 그래프다. 많은 사람들이 예상했던 대로라면 분당선이 개통되면서 이 아파트의 시세는 큰 상승을 맛보았어야 정상이다. 하지만 분당선이 개통된 2013년 11월 그래프의 움직임은 어떠한가?

약간의 상승을 보여주고는 있지만, 문제는 이때 수도권에 위치한 대부분의 아파트가 비슷한 시세 상승을 나타냈다는 점이다. 즉 분당선 개통은 인근 아파트 시세에 크게 영향을 미치지 못했다는 뜻이고, 이것을 호재로 보고 예상 매도가를 높게 산정했던 투자자들에게는 엄청난 리스크가 되었을 것이라 짐작할 수 있다.

수원역 D아파트(78㎡)의 시세 변화

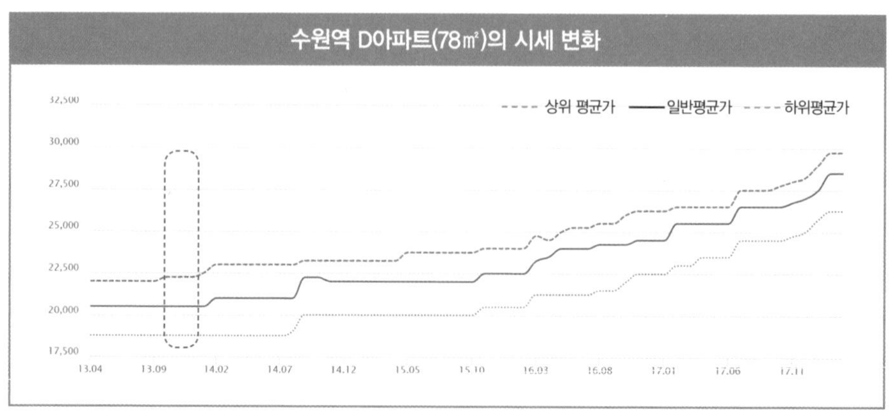

출처 : KB부동산 Liiv On

분당선이 수원역에 별로 큰 호재가 되지 못한 이유는 무엇이었을까? 수원역에서 강남까지 이동하는 방법을 버스와 지하철 두 가지로 생각해보자. 분당선을 이용하면 1시간 13분, 버스는 1시간 17분이 소요된다. 이렇게 보면 분당선이 몇 분 더 빠른 것처럼 보인다.

하지만 고려되지 않은 것이 있다. 지하철을 타러 승강장까지 가기 위한 왕복 이동시간이다. 보통 10분 정도 소요된다고 생각하면 분당선이 버스보다 오래 걸리는 것이다. 게다가 버스를 이용하면 강남역까지 한 번에 갈 수 있지만, 분당선을 이용하면 정자역에서 긴 환승통로를 거쳐 신분당선으로 환승해야 한다.

이런 이유 때문에 아마도 수원역 인근 주민들은 분당선이 개통되었다고 해서

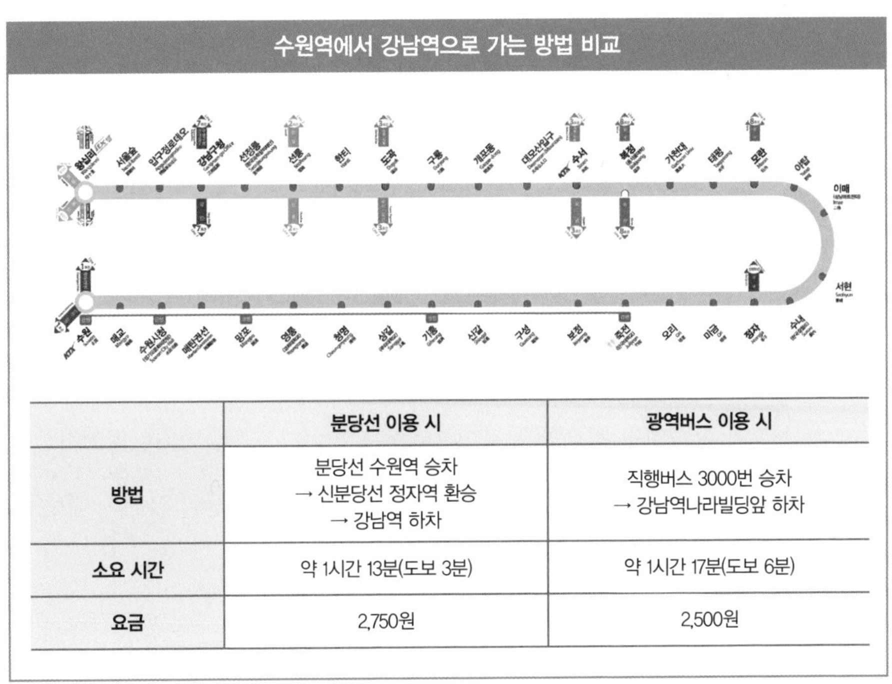

	분당선 이용 시	광역버스 이용 시
방법	분당선 수원역 승차 → 신분당선 정자역 환승 → 강남역 하차	직행버스 3000번 승차 → 강남역나라빌딩앞 하차
소요 시간	약 1시간 13분(도보 3분)	약 1시간 17분(도보 6분)
요금	2,750원	2,500원

출처 : 코레일 홈페이지, 네이버지도

크게 편리하다는 생각을 하지는 않았을 것이다.

어디로 연결되는 노선인가

이번에는 경기도 고양시 행신동에 위치한 행신역을 살펴보자. 행신동은 과거 광화문역과 시청역 인근으로 출퇴근하면서 상대적으로 저렴한 주거지를 찾는 직장인들이 많이 거주하는 지역이었다.

행신동을 지나는 경의중앙선은 10년 전만 해도 아직 경의선이었고, 지금과 같이 양방향으로 차량이 오가는 복선전철이 개통하기 전 단선철도로 운영되었다. 그래서 배차간격이 최소 30분으로 길었을 뿐 아니라 전철을 타기 위한 이동거리도 길어서 인근 주민들에게는 큰 관심을 끌지 못했다.

행신동의 아파트 시세는 전통적으로 광역버스가 운행하는 노선을 따라 형성되는 것이 특징이었다. 행신동을 지나는 광역버스 노선은 행신역과는 정반대 위치에 있는데, 이 지역 아파트는 광역버스 정류소가 가까울수록 선호도가 높았고, 행신역세권 아파트라고 해도 전혀 선호도가 높지 않았다. 상권 역시 버스전용차선이 운영 중인 광역버스 정류장을 중심으로 형성되었다. 금융, 병원, 편의시설들이 집중되어 있는 광역버스 노선 인근 지역은 그렇지 못한 행신역 인근과 더욱 큰 차이를 보일 수밖에 없는 상황이었다.

경의선은 2009년 DMC디지털미디어시티역까지 연장되고, 2012년에는 공덕역까지 연장되었다. 그리고 마침내 2014년 12월에는 용산역까지 연결이 되어 경의중앙선으

출처 : 네이버지도

로 재탄생하게 되는데, 이때를 기점으로 분위기는 전환되었다.

2009년 경의선 복선전철이 DMC까지 연장되었을 때를 살펴보자. 마포구에 위치한 DMC는 어떤 곳인가? MBC와 YTN, JTBC, TBS 등 여러 방송국들이 자리잡고 있으며, 외주제작사 등 협력업체까지 더하면 엄청난 양질의 일자리들이 모여 있는 곳이다. 당연히 행신역은 DMC로 출퇴근하는 사람들에게 훌륭한 배후주거지가 될 수 있다.

하지만 2009년의 DMC는 어땠나? 아직은 신규 일자리 수요가 생겼다기엔 미약한 단계였다. 이런 상황에서 광화문역과 시청역으로 출퇴근하는 행신동 사람들에게 DMC역 개통은 전혀 관심을 끌지 못했다. 이러한 분위기는 시세 그래프에도 그대로 나타난다.

아래의 그림은 광역버스 정류장 인근에 위치한 샘터마을2단지와 행신역세권에 위치한 소만마을6단지의 24평형 아파트 매매가를 보여주는 그래프다. 서울의 부동산이 전반적으로 폭락했던 2008년 이후, 경의선이 DMC까지 연장된 2009년에도 두 아파트의 시세는 새로운 역 개통이 무색할 정도의 큰 변화가 없었다. 오히려 2010년 이후부터 이 지역은 전반적인 하락세를 보여주고 있다.

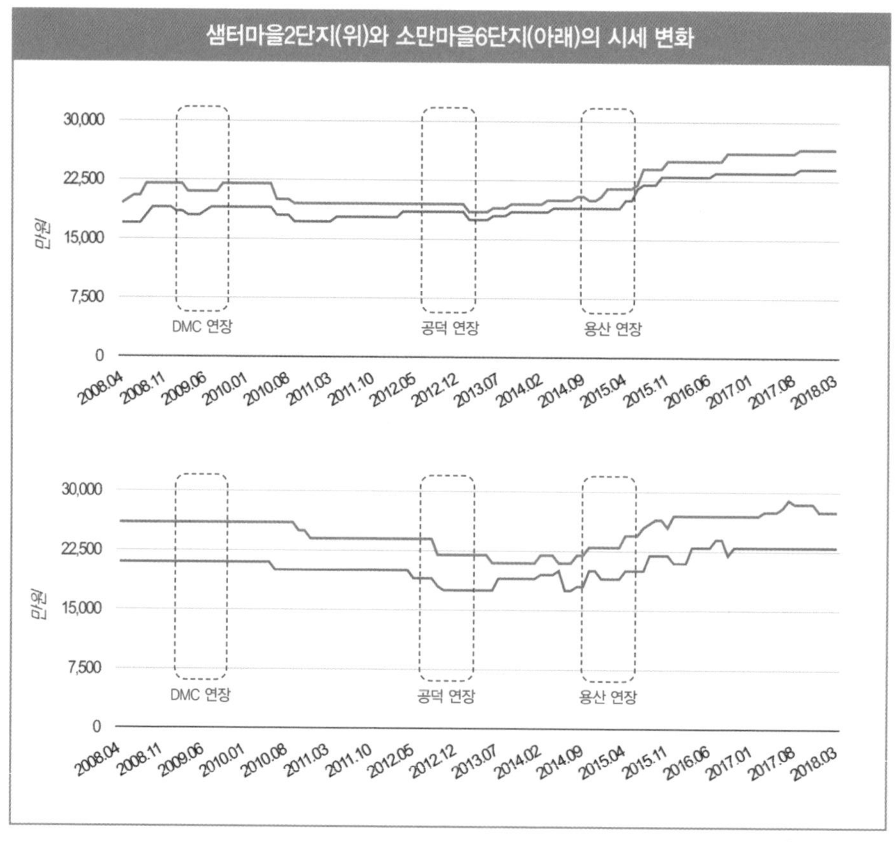

출처 : 부동산 114

2012년 12월 경의선이 공덕역까지 연장 개통되었다. 이제 홍대입구역과 공덕역이 노선에 추가되면서 시청역으로 가는 2호선과 광화문역으로 가는 5호선으로 환승할 수 있게 된 것이다. 하지만 행신동 주민들에게는 여전히 큰 관심을 끌지 못했다. 광역버스를 이용하면 시청역과 광화문역으로 한 번에 갈 수 있지만, 경의선을 이용하게 되면 각각 홍대입구역과 공덕역에서 환승해야 했기 때문이다.

시세 그래프를 살펴봐도 마찬가지다. 공덕역이 연장된 2012년 말에도 샘터마을2단지는 별다른 상승은 없었지만, 광역버스라는 탄탄한 수요 덕분에 여전히 행신동의 대표 아파트 역할을 하고 있다. 반면 소만마을6단지는 오히려 하락이 나타났다. 사람이 모여들지 않으면 아무리 지하철역이 가깝더라도 시세가 오르기 어렵다는 것을 다시 한 번 보여준다.

마지막으로 2014년 12월 경의선이 용산역까지 연장되어 중앙선과 직결되었고, 이름 역시 경의중앙선으로 변경되었다. 바로 이때부터 행신역은 사람들의 관심을 끌기 시작했다. 용산역, 이촌역, 옥수역까지 한 번에 접근이 가능해졌기 때문이다. 덕분에 강남권으로의 접근이 좀 더 수월해졌을 뿐 아니라, 이때부터는 급행열차가 운행을 시작하면서 강남으로 출퇴근하는 주민들의 관심도 끌기 시작했다.

행신역에 대한 수요가 증가하자 이번에는 행신역과 가까운 소만마을6단지의 시세가 먼저 움직이기 시작했다. 뿐만 아니라 전통적으로 광역버스 수요가 탄탄했던 샘터마을2단지의 시세도 상대적으로 적은 폭이긴 하지만 오르기 시작했다. 여전히 시청역과 광화문역으로 출퇴근하는 광역버스에 대한 수요가 풍부할 뿐 아니라, 기존부터 밀집되어 있었던 편의시설 덕분에 계속해서 수요가 유지되기 때문이다. 다만 동시에 행신역세권에도 신규수요가 유입되기 시작했고 주변 상권이 활력을 띄고 있다. 셀프세차장이 음식점으로, 동네빵집이 프랜차이즈로 변신하는가 하면 이전에는 볼 수 없었던 신규 상가분양도 심심찮게 발견할 수 있다. 지역 전체의 유동인구가 증가했다는 점을 보여주는 반증이다.

미래가치 높은 역세권의 3가지 조건

흔히 역세권 아파트라고 하면 무조건 좋다고 생각하는 사람들이 많다. 하지만 그 역세권이 정말 좋은지 아닌지는 옥석을 가려봐야 안다. 옥이 될 만한 역세권 주택을 찾으려면 다음과 같은 것들을 고려해야 한다.

첫째, 개통되었을 때 이용하기 편리한 노선인지를 고려하자. 기존에 운영 중인 버스 등의 교통체계와 비교했을 때 절대우위를 점하지 못한다면 그다지 시세상승에 영향을 주지 못한다.

둘째, 일자리 밀집지역이나 대규모 쇼핑몰 등 많은 사람들이 접근하고자 하는 지역과 연결되는지 살펴보자. 강남역, 선릉역, 삼성역, 잠실역 등 사람들이 많이 모이는 지역과 연결되는 노선은 더욱 관심을 받게 된다. 최근 진행되고 있는 GTX-A노선, 월곶-판교선, 신안산선 등은 모두 강남역, 여의도역, 광명역 등 관심이 집중되는 지역과 연결되기 때문에 사람들의 관심이 높은 것이다. 그저 그런 지역들만 연결하는 노선은 사업성이 좋을 리 없다.

셋째, 지하철에만 국한되지 말고 도로와 함께 연결되는지를 복합적으로 살펴보자. 철도와 도로는 정부가 주도해서 건설하는 사회간접자본SOC이다. 국토의 전반적인 개발을 염두에 둔 커다란 그림 위에서 움직인다는 뜻이다. 그래서 중요한 지역과 지역을 연결할 때에는 철도 하나만 건설하지 않고, 자동차 도로를 함께 계획한다. 앞으로 자세히 살펴보게 될 광명역, 인덕원역, 동탄역 등의 지역은 월곶-판교선이나 GTX 등의 철도노선뿐 아니라 안양-성남고속도로 등 큰 도로와 함께 연결되기 때문에 경쟁력이 높은 것이다. 이렇게 철도와 도로가 만나는 중요 역세권에는 복합환승센터가 자리 잡게 되면서 인근 지역으로의 파급력은 더욱 커질 것이다.

교통호재를 한 발 빠르게 찾아내는 방법

이제 어떤 노선이 좋은 노선인지에 대해 대략 감을 잡으셨을 것이다. 하지만 아무리 좋은 신규노선이라도 언제 착공하고 완성되느냐에 따라 투자수익률은 극명하게 갈린다. 문제는 대부분의 정보를 뉴스나 신문기사에 전적으로 의존하는 사람들이 많다는 점이다. 뉴스나 신문기사는 내용 전체를 보여주지도 않을뿐더러 생각보다 정보의 속도가 늦다. 따라서 지금부터는 좀 더 객관적이고 한 발 빠른 자료를 찾아내서 분석하는 방법을 알아보도록 하자.

뉴스의 원문 출처를 찾아본다

지역 호재는 뉴스와 신문에 대서특필되기 때문에 많은 사람들의 관심을 끌게 된다. 그러나 기자도 사람인지라 모든 뉴스는 사견이 포함되기 마련이므로, 원문 자료 중에서 기자가 중요하게 생각하는 부분을 중심으로 요약하고 가공해서 기사가 나오게 된다. 따라서 정확한 정보를 얻기 위해서는 원문 자료를 찾아보는 습관을 기르도록 하자.

이런 기사들은 대부분 어딘가에 '○○부서에 따르면'이나 '자료출처 : ○○부 보도자료' 등 참고한 원문의 출처를 담고 있다. 우리는 출처를 역추적해서 자료의 전체를 읽어봐야 한다. 주관적 의견이 첨가되거나 내용 일부가 편집되지 않은 원문 그대로를 읽는 연습이 필요하다.

교통 호재 기사는 대부분 그 업무를 주관하는 담당기관 및 지자체가 내놓는 보도자료나 해명자료, 고시 · 공고자료를 바탕으로 한다. 아래는 교통호재를 알기 위해 반드시 모니터링해야 할 정부기관 및 지자체의 홈페이지 주소이므로, 자주 들어가서 자료를 확인해보며 투자자로서의 통찰력을 키우자.

- 국토교통부 www.molit.go.kr
- 기획재정부 www.mosf.go.kr
- 서울특별시 www.seoul.go.kr
- 경기도 www.gg.go.kr
- 인천광역시 www.incheon.go.kr
- 부산광역시 www.busan.go.kr
- 대구광역시 www.daegu.go.kr
- 대전광역시 www.daejeon.go.kr

- 울산광역시 www.ulsan.go.kr
- 광주광역시 www.gwangju.go.kr

국회 및 지방의회 회의록을 살펴본다

지자체들이 내놓는 보도자료는 누구나 쉽게 접근할 수 있다. 다르게 말하면 절대다수에게 노출된다는 뜻이다. 호재를 이용해서 투자를 하려면 진행 상황을 꾸준히 체크해서 남들보다 한 발 빠르게 움직여야 하는데, 지자체들이 확정된 내용을 정리해서 보도자료로 내놓기까지 기다릴 수 없다면 좋은 방법이 있다. 국회나 지방의회 회의록을 살펴보는 것이다.

예를 들어 서울 성북구에는 '광운대역세권 개발'이라는 강력한 호재가 있다. 하지만 이 사업의 진행은 계속 지지부진하며 안개 속을 헤매왔다. 그 이유는 국토교통부, 서울시, 노원구, 코레일 등 수많은 토지소유자들 간에 의견 합의가 이루어지지 않았기 때문이다. 그런데 2016년 9월 서울시의회 회의록에 이와 관련된 중요한 내용이 언급되었다.

오른쪽 그림은 광운대역세권 개발 부지의 토지이용계획이 어떻게 변해왔는지를 보여준다. 사전협상제도 시에 가장 많은 지분을 소유한 코레일은 파란색으로 표시된 철도공공시설 용지를 두 블록 사용하고자 했다. 그만큼 개발 가능 사업지가 줄어들고 사업성은 떨어질 수밖에 없었다.

그런데 다음 그림에서는 이러한 문제들이 해결되었음을 확인할 수 있다. 파란

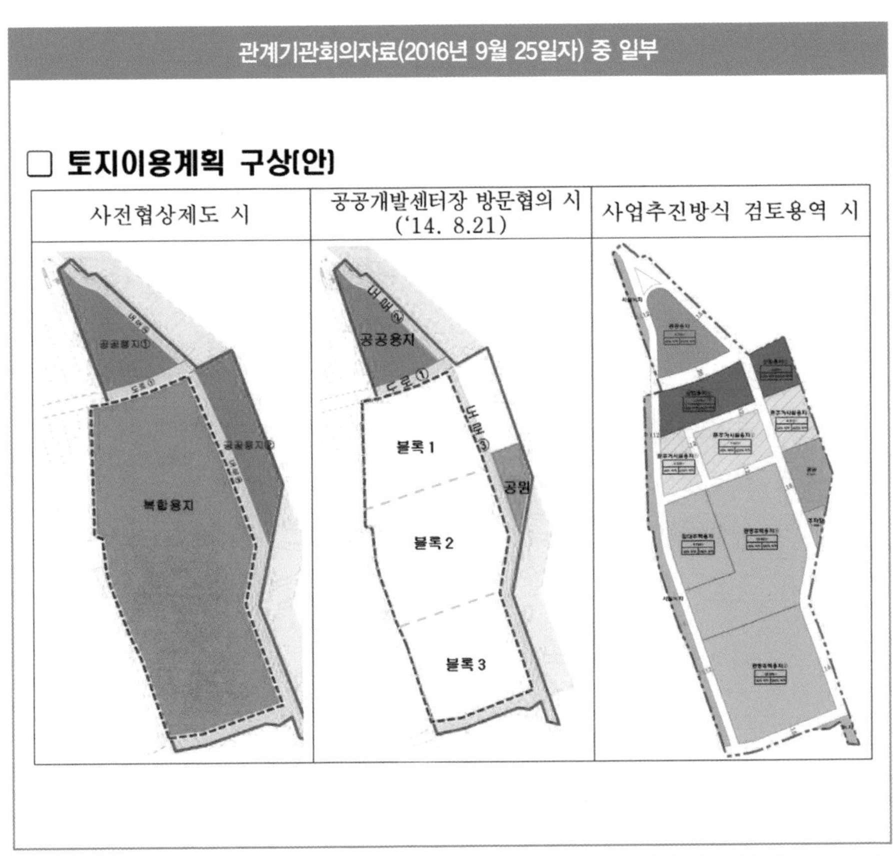

관계기관회의자료(2016년 9월 25일자) 중 일부

□ 토지이용계획 구상(안)

사전협상제도 시	공공개발센터장 방문협의 시 ('14. 8.21)	사업추진방식 검토용역 시

출처 : 정보공개시스템 www.open.go.kr

색 부지가 한 블록으로 줄었으며, 거대한 복합용지가 여러 블록으로 나뉘었고, 일부 블록은 준주거지역으로 변경해서 상업시설과 주거시설이 함께 개발되도록 한 것이다. 이렇게 변경이 이루어지면 사업 속도가 높아질 것은 분명하다. 이런 내용이 실제로 기사화된 것은 2017년 상반기였다.

기사가 나간 후 비로소 이 사업은 인근 지역의 매매가 상승을 견인하게 되었다. 명심하자. 남들도 쉽게 알 수 있는 정보는 별로 가치가 없다. 사업 진행의 여

광운대역세권 개발, 사업방식 확 바꿔 '재시동'

서울시 · 코레일 · 노원구, 9일 MOU…민간 부담 큰 사전협상방식
구역 쪼개 개별적으로 개발…준주거지 비율 늘려 사업성 ↑

서울 동북부 지역 활성화를 위한 광운대역세권 개발사업이 본격화된다. 민간사업자 사전협상방식에서 도시개발사업방식으로 바꿔 사업을 재추진한다. (중략) 결국 서울시와 노원구, 코레일은 2년여 간의 협의를 거쳐 도시개발구역으로 지정해 부지를 분할 개발하기로 했다. 부지 개발의 기준과 원칙을 마련하는 지구단위계획은 부지 전체에 대해 세우고, 사업은 구역별로 진행하는 방식이다. 이른바 '사전협상형 도시개발사업'이다.

출처 : 한국경제신문 2017년 6월 9일자

러 전조현상을 꾸준히 모니터링해야 남들보다 한 발 빨리 선진입할 기회를 만들 수 있다. 아래는 주요 지자체의 시의회 홈페이지이다. 회의자료만 꾸준히 훑어봐도 많은 힌트를 얻을 수 있을 것이다.

- 서울시의회 www.smc.seoul.kr
- 경기도의회 www.ggc.go.kr
- 부산시의회 council.busan.go.kr
- 대구시의회 council.daegu.go.kr
- 광주시의회 council.gwangju.kr
- 인천시의회 www.icouncil.go.kr

■ 울산시의회 www.council.ulsan.kr

■ 대전시의회 council.daejeon.go.kr

상위 레벨 자료를 함께 살펴본다

지자체에서 발표하는 보도자료, 고시 · 공고 자료는 일 년에 수천 건이다. 이 자료들만 보고 있으면 전국에 호재 없는 지역은 찾아보기 힘들 정도다. 그래서 옥석을 가리는 것이 더욱 중요해진다. 지역주민들이 원해서 만들어지는 호재가 아니라 될 수밖에 없는 호재, 즉 정책적으로 반드시 진행될 수밖에 없는 호재에 집중해야 한다. 대표적인 예로 대곡-소사-원시선, 월곶-판교선, 문산-익산고속도로 등을 꼽을 수 있다.

과연 필수적으로 진행될 수밖에 없는 호재란 어떤 것들일까? 국토교통부나 지자체 보도자료, 사업별 예비타당성 보고서를 살펴보면 한 가지 눈에 띄는 것이 있다. 바로 참조된 상위계획이 언급된다는 점이다. 정부가 철도와 도로를 개발하려는 가장 큰 이유는 전국의 균형발전과 효율성이다. 그러기 위해서 어떻게 큰 그림을 그릴지 미리 만들어 놓은 계획이 존재한다. 따라서 이러한 상위 레벨의 자료를 함께 봐야 개별 노선의 파급력을 짐작할 수 있다.

철도망 계획의 가장 상위 레벨 자료는 '국가철도망 구축계획'이다. 2016년 발표된 「제3차 국가철도망 구축계획」을 살펴보면 계획된 노선뿐만 아니라 앞으로 철도 개발의 방향성과 선결조건들을 파악할 수 있다. 여기에는 철도 구축 시 고려되어야 할 사항, 신규 계획, 진행 상황들이 자세히 언급되어 있다. 특히 주요 테마에 맞는 노선은 진행 상황이 빠를 수밖에 없다. 이에 대해서는 뒤에서 자세히 다루도록 하겠다.

'대도시권 광역교통 기본계획', '고속도로건설 5개년 계획'은 광역시 중심의 교통체계가 어떻게 변화될지 감지하게 해준다. 특히 광역교통 기본계획에 의해 만들어질 광역철도 및 광역버스 노선 중에는 다른 곳과 연결되어야만 완성되는 것들이 있다. 이런 노선들은 당연히 진행 상황이 빠를 것이다. 예를 들어 문산-익산고속도로 중 단절구간인 서울-광명고속도로가 그렇고, 여주-원주선과 경강선을 연결하는 월곶-판교선도 그렇다.

지자체별로는 '도시기본계획'을 발표한다. 2017년 5월 서울시에서는 「서울시생활권계획」을 통해 앞으로의 발전 방향, 메인 테마, 관련 호재들을 대대적으로 정리하고 홍보했다. 이렇게 상위계획에서 중요하게 언급된 내용들과 나중에 나올 보도자료를 비교 분석하면 앞으로의 진행 상황을 쉽게 예측해볼 수 있다.

계획에 따라 사업을 진행하기 위해서는 필수적인 요소가 있다. 바로 예산이다. 아무리 중요한 노선이라도 예산 편성이 이뤄지지 않으면 아무것도 할 수 없

반드시 살펴봐야 할 주관기관 별 주요 계획

주관기관	주요 계획
국토교통부	제3차 국가철도망 구축계획, 대도시권 광역교통 기본계획, 고속도로건설 5개년 계획
기획재정부	2018년 예산 주요내용
지자체	도시기본계획, 지자체 및 부서별 업무계획, 도시철도망 구축계획, 2018년 예산 계획

다. 예산을 심의하는 최상위기관인 기획재정부에서 매년 어떻게 예산을 분배하는지 살펴본다면 큰 그림이 어떻게 구체화되는지 짚어볼 수 있을 것이다. 뿐만 아니라 각 기관과 지자체가 매년 수립하는 업무계획과 예산배정 현황을 살펴보는 것도 좋다. 노출빈도가 높을수록 관련 호재를 중요하게 추진하고 있다는 뜻이기 때문이다.

이렇게 흩어진 자료들이 하나로 모이고, 이것을 비슷한 내용으로 분류하다 보면 어느 순간 집중해야 할 호재와 신경쓰지 않아도 될 호재가 구분되기 시작한다. 이를 통해 투자의 리스크를 크게 감소시킬 수 있다.

CHAPTER

02

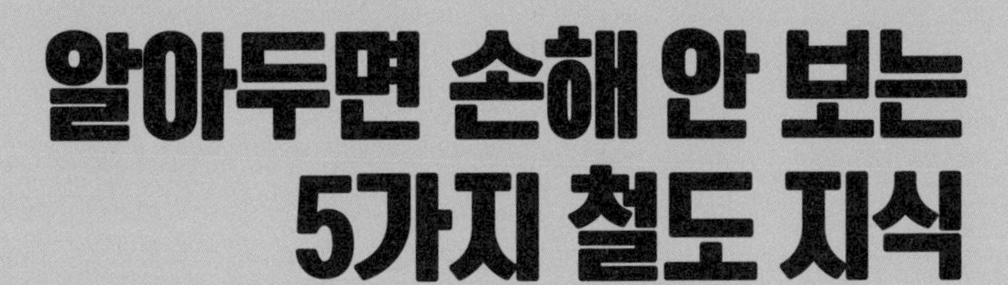

알아두면 손해 안 보는 5가지 철도 지식

BTO냐 BTL이냐?
사업방식이 진행 속도를 좌우한다

국가의 예산은 한정적이고, SOC 사회간접자본 예산은 2015년을 기점으로 계속 하락하고 있다. 뒤쪽에 나오는 그래프는 이러한 상황을 잘 보여준다. 이런 현실에서 철도나 도로를 비롯한 모든 개발 사업을 국가재정으로 진행하는 것은 불가능에 가깝다. 이제는 인프라 사업을 진행할 때 민자사업자를 제외하고는 진행이 어려운 시대다.

민자사업이 도로나 철도, 학교, 하수시설 등 사회기반시설을 지을 때 민간이 참여하여 건설 · 운영하는 방식이라는 것은 많은 사람이 알고 있다. 하지만 어떤 방식으로 진행되는지, 어떤 부분을 눈여겨봐야 하는지 아는 사람은 많지 않다. 이제부터 이런 부분들을 살펴보자.

사회적 병폐를 남기고 폐지된 MRG 방식

민자사업은 MRGMinimum Revenue Guarantee, 최소운영수입보장제의 폐지 전과 후로 나눌 수 있다. MRG란 민간투자사업을 진행할 때 예상 운영수입이 얼마나 될지를 미리 추정하여 협약에 포함시키고, 수입이 그보다 모자랄 경우 부족한 부분을 정부가 메워 주는 방식이다. 그러나 담당자들의 도덕적 해이 문제가 발생하면서 심각한 예산낭비가 생기기 시작했다.

대표적인 사례가 용인경전철에버라인이다. 사업을 진행하기 전 예상 이용인원은 하루 17만6,000명이었지만, 실제 개통하고 난 후 이용자는 10%에도 못 미치는

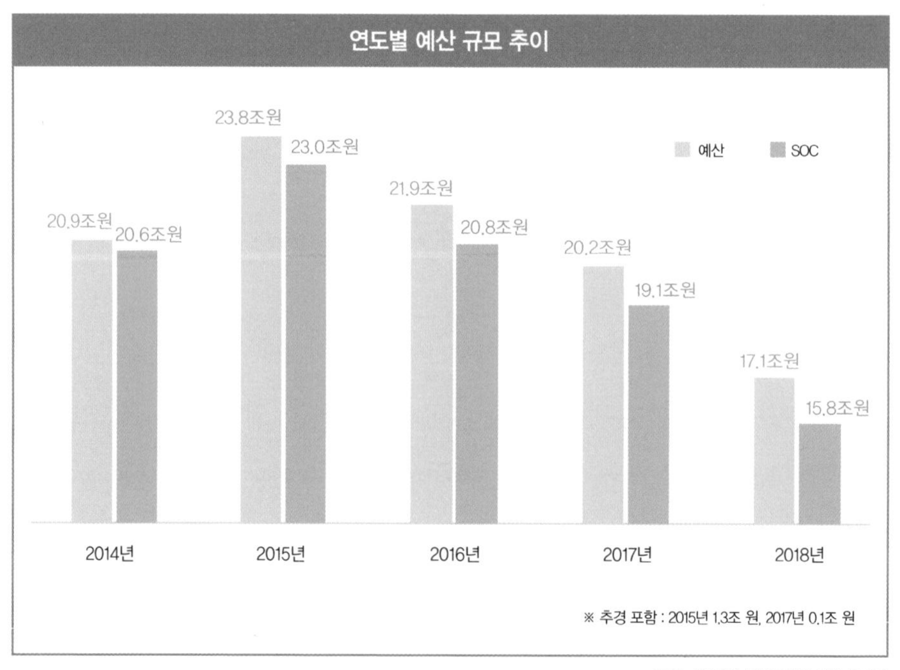

출처 : 2018년 국토교통부 예산 총지출

8,800여 명뿐이었다. 이럴 경우 민자사업자는 엄청난 손실을 입는 것이 정상이다. 하지만 MRG 방식으로 진행된 사업이었기 때문에 79.9%를 용인시에서 보장해 주도록 협약이 되어 있었다. 이 때문에 30년 간 매년 수백억 원씩의 세금이 민자사업자에게 지급된다.

이런 병폐가 발생하자 이후 진행된 의정부경전철은 보장 비율을 50%로 낮췄다. 하지만 이마저도 충족하지 못해 마찬가지로 엄청난 금액을 민간사업자에게 보전해 주어야 했다. 이런 부작용이 계속 발생하자 정부는 민간투자사업 기본계획 개정을 통해 MRG를 폐지하게 된다.

새롭게 도입된 BTO와 BTL 방식

황금알을 낳는 거위나 마찬가지였던 MRG가 폐지되자 민간사업자들은 더 이상 SOC사업에 참여할 동기를 잃었다. 그래서 새롭게 도입된 민자사업 방식이 BTO와 BTL이다.

BTO 방식은 민간사업자가 건설한 후Build, 소유권을 정부에 양도하며Transfer, 일정 기간 동안 운영해서Operate 수익을 얻는다. 반면 BTL 방식은 민간사업자가 건설한 후Build, 소유권을 정부에 양도하며Transfer, 일정 기간 동안 정부로부터 임대료를 받는다Lease. 둘 다 민간사업자가 건설하고 기부채납을 통해 소유권을 정부에 넘기는 것은 같지만, 이후 수익을 내는 방식에서 차이가 난다. 아래 그림은 BTO와 BTL 방식을 간단하게 나타낸 그림이다.

▶ BTO 방식 : 높은 수익률 대신 높은 리스크

BTO 방식은 민자사업자가 시설을 건설하고, 이것을 정부에 기부채납한 후 약정기간 동안 그 시설에서 사업을 운영할 수 있는 권리를 받는 것이다. 정부가 특정 구간의 사업을 담당할 민자사업자를 모집한다는 공고를 내면, 사업에 참여하고 싶은 민자사업자가 수익이 날 수 있는 방식으로 구성한 사업의향서를 제출한다. 정부는 그중에서 적합하다고 생각되는 사업자를 선정한다.

BTO 방식과 BTL 방식의 차이

	BTO 방식	BTL 방식
추진유형	정부고시, 민간제안	정부고시
대상	투자비 회수가 가능한 사업	투자비 회수가 어려운 사업
투자금 회수 방법	최종 사용자의 사용료	정부의 시설 임대료
리스크 부담 주체	민간이 수요 위험 부담	민간의 수요 위험 배제
수익률	상대적으로 높음	상대적으로 낮음

이때 중요한 포인트는 민자사업자가 직접 운영하면서 수익을 내야 한다는 것이다. 개통 후 해당 시설을 이용해서 다양한 수익구조를 만듦으로써 건설에 들어간 비용과 사업수익을 직접 확보해야 한다는 것이다. 즉, 수익과 손실을 모두 민자사업자가 책임지게 된다.

기업 입장에서는 수익이 클 수 있지만 반대로 리스크 역시 커질 수 있기 때문에 쉽게 덤벼들기 어려운 사업이다. 우리나라 대기업의 사내유보금 수준이 사상 최대 수준이라고 한다. 아무리 자금에 여유가 있어도 확실한 수익이 보장되지 않으면 쉽게 사업을 확장하지 않는 기업의 속성을 잘 보여주는 부분이다. 사업은 취미가 아니라 생존과 직결되는 문제이기 때문이다. 그래서 BTO 방식의 민자사업은 사업자 선정 과정이 쉽지 않을 수 있다.

▶ BTL 방식 : 사업자의 안정적 수익을 보장한다

BTL 방식은 민간사업자가 시설을 건설하고, 이것을 정부에 기부채납하는 것은 같지만, 이 시설을 운영하는 것은 기업이 아닌 정부다. 대신 정부는 약정기간 동안 민간사업자에게 매년 약정된 수익을 지급해 준다.

정부가 특정 구간의 상세조건을 결정한 후 건설에 참여할 민자사업자를 모집하면, 참여를 원하는 민간기업은 건설에만 참여를 하고 준공 후 즉시 정부에게 이를 기부채납한다. 이렇게 되면 소유권은 정부에게 있지만, 대신 정부는 민간기업에게 약정기간 동안 사용 권한을 주게 된다. 이 사용 권한을 근거로 민간기업은 정부로부터 임대료를 받을 수 있는 것이다. 일종의 전대차 계약과 같은 형식이라고 생각하면 된다.

민간사업자 입장에서는 BTO에 비해 수익은 상대적으로 적지만, 리스크 없이 꾸준한 수익을 올릴 수 있으므로 오히려 BTL 방식을 선호한다. 그래서 민자사업 중에서도 철도 사업의 경우 BTO 방식은 전무하고, BTL 방식일수록 진행 속도가 빠르다. 대표적인 사례가 BTL 방식을 통해서 진행속도에 탄력이 붙은 대곡-소사-원시선이다.

▶ BTO-rs 방식 : 리스크를 분담하여 진입장벽을 낮췄다

리스크 부담 때문에 기업들이 BTO 방식을 선호하지 않자, 정부는 다른 방식을 도입하기로 했다. 기업의 리스크 부담을 정부가 나누겠다는 것이다. 이렇게 위험을 분담하는risk sharing BTO 방식을 BTO-rs라고 한다. 정부와 민자사업자가 수익과 손실을 50%씩 공유함으로써 사업자의 부담을 덜어주는 것이다.

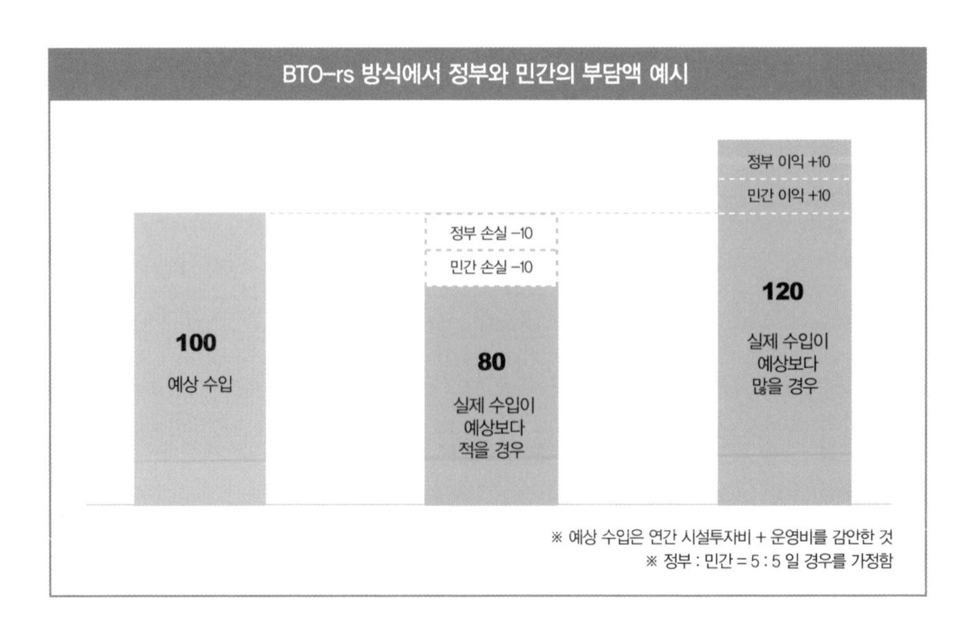

그림은 BTO-rs 방식을 표현한 것이다. 우선 정부와 민간사업자가 부담액을 5:5로 책정한다. 손익분기점이 100이라고 할 때, 실제 수입이 80밖에 되지 않았다고 하자. 그러면 손실은 20이지만 민자사업자와 정부가 각각 10씩 손실을 보전하므로 리스크가 줄어든다. 반면에 수입이 120으로 손익분기점보다 더 많았다고 하자. 이 경우에도 역시 정부와 민자사업자가 각각 10씩 수익을 공유하게 된다.

민간사업자 입장에서는 수익이 줄어든다. 하지만 손실 위험도 줄어들기 때문에 진입장벽이 낮아지는 효과가 있다. 현재 진행 중인 첫 번째 BTO-rs 방식은 신안산선이며, GTX-A 노선 역시 사업방식을 BTO에서 BTO-rs로 변경하면서 추진 속도가 빨라진 경우다.

철도 노선의 종류를 알아두자

어떤 지역에 지하철 등 철도 노선이 들어선다는 발표가 나오면 사람들은 집중하게 된다. 새로운 노선이 들어서고 역이 생기면 이곳이 좋아질 것이라며 투자를 서두르는 사람들도 많다. 착공이나 개통이 아니라 '예비타당성 조사 통과'라는 뉴스만으로도 주변 아파트의 시세가 들썩이는 경우를 자주 본다.

그러나 모든 노선들이 과연 정해진 대로 진행되고 개통될까? 철도는 여러 종류로 나눌 수 있고, 그에 따라 사업을 주관하는 부처와 예산의 배분 비율이 극명하게 차이난다. 예산을 정부가 모두 지원하거나, 지자체가 일부 부담하거나, 아니면 민자사업자가 도맡아서 진행하게 된다. 그리고 이에 따라서 사업 속도 역시 엄청나게 달라질 수밖에 없다.

따라서 철도의 종류가 무엇인지를 알아두는 것은 적절한 투자 타이밍을 잡기 위해 중요한 요소이다. 이번 장에서는 철도의 종류에는 어떤 것들이 있고, 우리가 주목해야 하는 부분은 무엇인지 살펴보도록 하자.

철도의 5가지 종류

철도는 크게 다섯 가지 종류로 구분할 수 있다. 고속철도, 일반철도, 도시철도, 민자철도, 광역철도가 그것이다. 각 철도의 특징은 무엇인지 간단히 살펴보자.

▶ 고속철도

고속철도는 열차가 주요구간을 시속 200km 이상으로 주행하는 철도를 뜻한다. 우리나라에서 이런 속도로 이동할 수 있는 열차는 KTX뿐이기 때문에 흔히 고속철도라고 하면 KTX라고 보면 된다. 정부와 한국철도시설공단이 예산을 각자 부담하지만 한국철도시설공단 역시 정부 산하 공기업이기 때문에 실질적 의사결정권자는 정부라고 볼 수 있다.

▶ 도시철도

도시철도는 상주인구 10만 명 이상 도시에서 건설 · 운영하는 교통수단이다. 그러나 10만 명 이상이라는 기준은 사업을 계획하는 데에 필요한 아주 기본적인 조건일 뿐이고, 실제 타당성조사를 통과하기 위해서는 광역시 승격을 위한 필요조건인 100만 명 이상의 수요 정도는 있어야 사업 진행이 가능하다. 인구가 적은 지자체는 건설비용과 운영비용을 감당하기 어려운 것이 현실이기 때문이다. 그래서 구미, 목포, 포항 등은 인구는 10만 명이 넘지만 실제로 도시철도가 운행되기는 어렵고 주로 서울, 인천, 대전, 대구, 부산, 광주 등에서 운영되고 있다. 이들 지역은 모두 광역시에 속한다. 예산은 정부에서 60%, 지자체에서 40%를 부담하지만 재정자립도가 압도적으로 높은 서울만큼은 반대로 60%를 부담한다.

▶ 일반철도

일반철도는 국가기간사업에 꼭 필요한 노선으로, 통칭 고속철도와 도시철도를 제외한 철도를 의미한다. 뒤에서 다시 한 번 다루겠지만, 우리나라 철도의 최상위계획은 '국가철도망 구축계획'이다. 이 계획에 따라서 꼭 건설해야 하거나 빠르게 추진해야 할 노선들이 정해지며, 이런 노선들은 일반철도로 분류되어 정부가 100% 예산을 집행하게 된다. 꼭 필요한 노선이기 때문에 진행속도 역시 상당히 빠르다. 현재 진행되고 있는 대곡-소사-원시선, 월곶판교선, 인천발KTX, 수원발KTX 등이 여기에 해당된다.

▶ 민자철도

민자철도는 이름 그대로 민간자본이 투입되어 건설 · 운영하는 철도로서 정부와 민간투자자의 예산 비율은 협의에 의해서 결정된다. 예를 들어 인천공항철도는 정부 : 민간자본의 비율이 약 25:75로 진행되었지만, GTX의 경우는 정부 예산 비율을 50% 이상으로 진행하겠다고 보도된 바 있다.

민자철도란 말은 노선의 종류라기보다는 사업 진행의 방식이라고 보아야 한다. 즉 모든 종류의 철도는 민자철도로 진행될 수 있으며, 사업성만 충분하다면

철도의 종류 및 예산배분			
유형	기본 개념	해당 노선	예산 배분
고속철도	주요 구간을 시속 200km 이상으로 운행하는 철도	KTX	호남고속철도는 국가 : 공단 = 50 : 50, SRT(수서KTX)는 국가 : 공단 = 40:60
도시철도	도시교통권역 (상주인구 10만 이상 도시)에서 건설 · 운영하는 교통수단	서울지하철, 부산지하철, 인천지하철, 대구지하철 등	국가 : 지자체 = 60 : 40 (서울시는 40 : 60)
일반철도	고속철도와 도시철도를 제외한 철도	대곡–소사선, 소사–원시선, 월곶–판교선, 인천발 · 수원발KTX	국가 100%
민자철도	민간자본이 투입되어 건설되는 철도		실시협약으로 결정
광역철도	2개 이상의 시 · 도에서 운영되는 도시철도 및 철도	신안산선, GTX–A · B · C	국가 : 지자체 = 70 : 30 (서울시는 50 : 50)

출처 : 2016 철도요람

민자사업자들이 사업의향서를 제출하게 된다.

앞서 살펴본 바와 같이 민자사업은 BTO BTO–rs와 BTL 방식으로 나눠진다. BTO 방식은 사업성의 리스크를 민자사업자가 모두 책임지지만 단, BTO–rs는 50:50, BTL 방식은 매년 고정수익률을 보장받는 방식이다. 따라서 어떤 방식의 민자사업이 선택되느냐에 따라 진행속도 역시 차이가 나기 때문에 꼭 확인해야 하는 요소이다.

▶ 광역철도

마지막으로 광역철도는 두 개 이상의 시 · 도에 걸쳐 운행되는 도시철도 및 철도를 통칭하는 운영수단이다. 예산 비율은 국가 70%, 지자체 30% 서울시의 경우는 50%를 부담하기 때문에 도시철도보다 지자체의 부담이 적다. 이 때문에 진행속도가 빠르겠다고 생각할 수도 있지만, 실제로는 두 개 이상의 시 · 도가 협의를 거쳐서 진행해야 하기 때문에 진행속도는 상당히 더딘 편이다.

하지만 문재인 대통령의 후보 시절 공약사항과 취임 이후 국정운영 보고서를 살펴보면 광역교통청을 신설하겠다는 내용이 포함되어 있을 뿐 아니라 실제로 설립 절차가 진행되고 있다. 이 기구가 설치됨으로써 지자체 사이의 조정 사항을 해결하는 강력한 중재기관이 나타난다면 어떨까? 노선의 사업성이 뛰어나기만 하다면 진행속도에 탄력이 붙을 것으로 예상된다.

지금까지 설명한 내용을 한 장으로 정리하면 앞의 표와 같다. 각 철도의 특징을 알고 있으면 이 노선이 지나가는 지역이 앞으로 어떤 변화를 겪게 될 것인지 예상하는 데에 큰 도움이 될 것이다.

사업 절차를 알아야 투자 시점을 잡는다

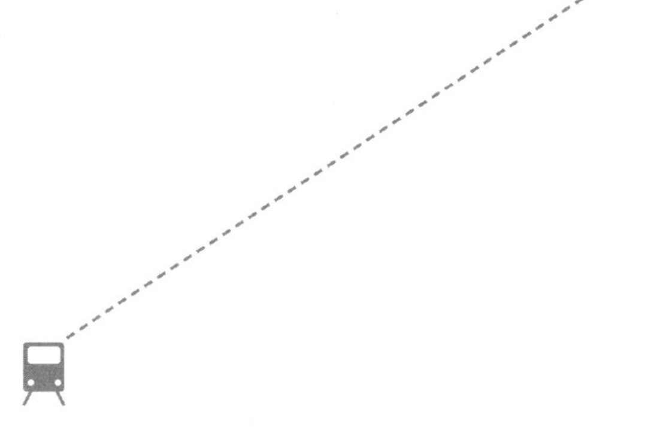

"○○역 예비타당성 조사 통과! △△당이 해냈습니다!"

사거리나 지하철역 앞에 붙어 있는 형형색색 현수막에서 흔히 볼 수 있는 문구다. 교통 호재 현수막은 정치인들이 본인의 치적을 홍보할 수 있는 가장 손쉬운 수단이다. 하지만 명심해야 한다. 예비타당성 조사가 통과된 후에도 아직 진행되지 못한 노선들이 절대다수란 사실을 말이다. 철도 사업은 많은 절차를 거쳐 진행된다. 그중에서 예비타당성 조사는 아주 초반부에 속한다. 이후 수많은 절차를 거치다 보면 사업이 늦어질 수도 있고, 심지어 완전히 무산될 수도 있다. 현수막만 보고 투자를 결심하는 것은 어리석은 일이다.

대부분의 투자자들은 인프라 사업, 특히 철도 사업에는 한 없이 관대한 편이다. 모델하우스나 신문기사에서 "여기 어떤 노선이 생길 예정이니 투자가치가 있다"라고 하면 그런가보다 하며 쉽게 접근하곤 한다. 그러나 철도사업이야말로 절차를 알아야 한다. 계획부터 개통까지 짧게는 10년, 길게는 20년에서 30년이 소요되기 때문이다. 따라서 진행 철차를 알고 있어야 진입 시기를 객관적으로 결정할 수 있다. 이번 장에서는 철도사업의 절차는 어떻게 이루어지고 진입 포인트는 언제인지 알아본다.

철도 사업은 어떤 단계를 거쳐 진행될까

하나의 철도 노선이 들어서기까지는 크게 잡아도 최소한 8단계를 거쳐야 한다. 이 과정을 모두 거치려면 대략 10년이 넘게 걸린다. 그러므로 지금 이 노선이 어떤 단계에 와 있는지도 모르고 투자한다면 몇 년을 하염없이 기다려야 할지 모른다.

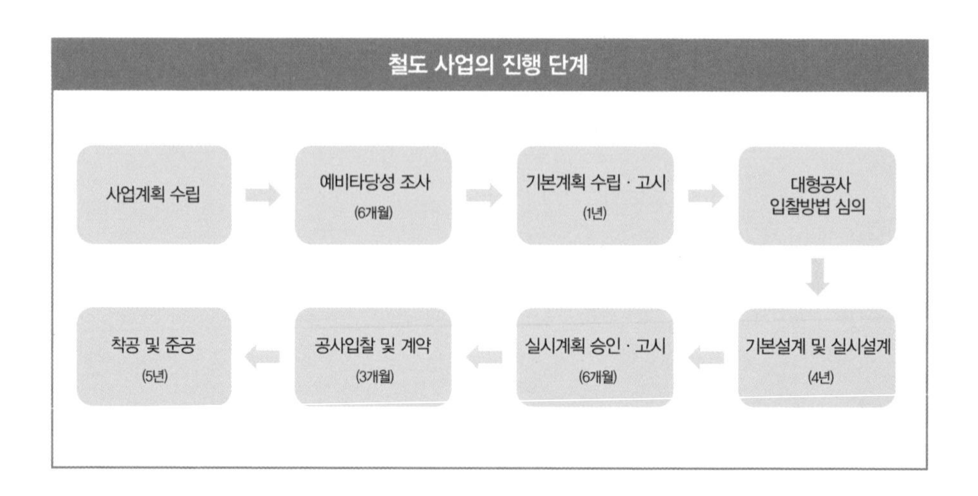

출처 : KB부동산 Liiv On

▶ 1단계 : 사업계획 수립

첫 번째 단계는 철도건설법 제4조국가철도망 구축계획 수립에 의한 철도의 중장기계획 수립 단계다. 이것은 어느 한 노선에 대한 것이라기보다는 전체 교통체계를 아우르는 큰 계획이다.

2016년 「제3차 국가철도망 구축계획」이 발표되었다. 세간의 관심이 집중되었고 언급된 노선에 연결되는 지역에서는 매수세가 급격히 상승하였다. 대표적인 것이 신분당선의 삼송 · 호매실 연장, 원종-홍대입구선 신규 개통 등이었다.

문제는 그때만 해도 아직 예비타당성 조사조차 진행되지 않은 시점이라는 것이다. 1년 후인 2017년 12월 현재 신분당선 호매실 연장선의 예비타당성 조사 결과는 B/C가 0.39밖에 나오지 않아 불합격 통보를 받았으며, 원종-홍대입구선의 경우는 신정차량기지를 공유하려고 했던 계획이 무산되면서 원점에서 재검토가 불가피해졌다.

사업성을 떠나서 2011년에 발표된 「제2차 국가철도망 구축계획」에 포함된 노선들조차 대부분 수면 아래에서 머물고 있으니, 어떤 노선의 계획이 잡혔다고 해서 곧 개통될 것처럼 성급하게 투자하는 것은 지양해야 한다.

▶ 2단계 : 예비타당성 조사

예비타당성 조사는 대규모 공공투자사업을 할 때 우선순위를 선정하고 예산을 효율적으로 배분하기 위해 경제적 · 정책적 타당성을 미리 검토하는 단계다. 즉 이 사업이 경제적 · 정책적으로 얼마나 가치가 있는지 조사하는 것이다. 사업 추진의 모든 과정을 대상으로 기술 · 재정 · 교통 등 필요한 요소를 고려하여 조사하며 조사 기간은 대략 15개월 정도가 소요된다.

중요하게 봐야 할 것은 B/C Benefit/Cost 와 AHP Analytic Hierarchy Process 라는 두 가지 지표다. B/C는 주로 경제성이 있는가를 나타내는 것으로 숫자가 1.0 이상이면 통과된다. AHP는 정책성 타당성, 즉 지역균형발전이나 낙후도 등의 판단사항을 종합하여 나타내는 것으로 숫자가 0.5 이상이면 통과된다.

▶ 3단계 : 기본계획 수립 · 고시

이 단계에서는 공사 내용, 공사비, 공사 기간, 노선의 기점과 종점, 주요 경유지, 정차역, 철도 차량기지의 위치 등 사업의 개략적인 사항들을 결정한다. 약 12개월 정도 소요된다.

▶ 4단계 : 대형공사 입찰 방법 심의

기본계획의 수립 · 고시 후 해당 건설공사의 규모와 성격을 고려하여 공사 시행 방법을 결정하는 단계이다. 일괄입찰, 대안입찰 등의 공사 방법을 놓고 국토교통부 중앙건설기술심의위원회가 심의한다.

▶ 5단계 : 기본설계 및 실시설계

본적격인 설계를 하는 단계다. 주요 구조물의 형식, 지반, 토질 등을 조사하고 개략적인 공사비를 산정한다. 뿐만 아니라 역사의 위치, 출입구 방향 등이 결정되므로 준비 단계의 핵심이라고 할 수 있다. 이 단계가 완료되면 신문과 뉴스에서 "ㅇㅇ지역에 역이 건설되고 역세권 개발계획이 확정되었다"라는 종류의 소식을 접할 수 있다.

환경 및 교통영향평가도 여기에서 이루어진다. 기본설계와 실시설계는 각각 2년의 시간이 소요되는 중요한 작업이다.

▶ 6단계 : 실시계획 승인 · 고시

모든 설계가 완료된 후 철도 건설 사업 내용에 대해 관계기관의 의견 수렴을 거쳐 국토부에서 "○○노선의 계획이 확정되었습니다"라고 승인 · 고시를 하는 단계다. 이 단계까지 오면 사업의 내용이 거의 변경 없이 확정되었다고 볼 수 있다. 약 6개월 정도가 소요된다.

▶ 7단계 : 공사 입찰 및 계약

시공사들이 입찰에 참여하고, 적격심사를 통해 낙찰자를 결정하고, 계약을 체결하는 단계다. 단, 민자사업일 경우에는 하나의 건설사나 컨소시엄이 처음부터 끝까지 일괄적으로 담당하는 '턴키turn-key 방식'으로 입찰하므로 건설사의 선정은 민간사업자들이 한다.

▶ 8단계 : 공사 착공 및 준공

각종 중장비를 동원해서 공사를 시작하므로 일반인들이 직접 체감할 수 있는 단계이다. 사거리의 도로를 보강한 후 공사를 시작하며 완료 후 준공 및 개통 과정을 거치면 모든 사업이 마무리된다. 공사 기간은 약 5년 정도다.

사업을 지연시키는 요소들

이렇게 수많은 절차가 진행되기 때문에 신문에서 빈번히 등장하는 '○○년도 개통 예정'이라는 문구는 좀처럼 지켜지지 않을 가능성이 많다. 수많은 과정을 거치다가 중간에 예상 밖의 사건이 발생하면 그만큼 시간이 더 소요되기 때문이다. 주로 다음과 같은 사건들이다.

▶ 용지 매수 문제

2008년 2월에 일어난 숭례문 방화 사건을 기억하는가? 그때 잘못된 선택을 한 사람은 고양시 일산서구 일산동 일대가 개발되면서 이루어진 토지보상에 불만을 품은 70대 남성이었다.

철도를 구축하기 전에 철도가 지나는 땅에 대해 토지보상 절차를 거쳐야 한다. 지상철이라면 노선이 지나가는 곳 전부에 대해서, 지하철이라면 한계심도 윗부분과 정거장 인근에 대해서 보상이 필요하다. 토지의 소유자가 지자체나 공공기관일 때는 협의를 거쳐 갈등을 해결하면 되지만 민간일 때는 상황이 여의치 않다. 조금이라도 보상을 더 받고 싶은 마음은 누구나 마찬가지이기 때문에 협상이 난항을 겪을 가능성이 크다. 정부는 용지 매수에 걸리는 기간을 약 20개월로 잡고 있지만, 이 기간은 고무줄처럼 늘어날 수 있다.

▶ 문화재 조사

두 번째는 문화재 조사다. 문화재 조사에 걸리는 기간은 국토부 자료에도 3개월에서 2년으로 기록되는 등 편차가 상당히 크다. 조사를 진행했는데 아무것도 나오지 않으면 바로 공사를 진행할 수 있으니 3개월이면 충분하다. 하지만 빗살무늬토기, 옛 집터 등이 발굴되면 어떻게 될까? 일단 문화재청에 신고를 해야 하고 해당 기관에서는 조사발굴단을 파견하여 인근을 살펴봐야 한다. 만약 집락촌이나 고인돌 수십 기가 발견되면 그 기간은 더욱 연장된다.

춘천 중도에 지어질 예정이었던 테마파크 '레고랜드'가 대표적 사례다. 문화재조사 진행 중에 고인돌과 청동기시대 유구 등 수만 점의 유물이 발굴되면서 착공이 계속 늦어지고 있다. 더욱이 민자사업은 한 번 시기를 놓치면 언제 다시 시작할 수 있을지 알 수가 없다. 경기가 하락하거나 대체부지가 확보될 수 있기 때문이다. 레고랜드의 경우도 당초에 투자하겠다고 나섰던 해외 투자회사들이 이런저런 문제로 하나 둘 발을 빼면서 착공이 더욱 어려워졌다.

이 외에도 사업이 진행되다 보면 다양한 곳에서 뜻밖의 문제가 발생한다. 따라서 철도사업의 초기단계에서 투자를 결정하는 것은 매우 위험한 투자 방법이라고 말하고 싶다. 심지어 아직 타당성조사 통과조차 되지 않는 사업에 진입한다면 뜻하지 않게 장기투자의 길로 진입할 수 있음을 기억하자.

어떤 단계에서 투자를 결정하는 게 좋을까

그러면 투자에 적합한 단계는 언제일까? 사업 계획이 시세에 가장 크게 반영되는 단계는 '착공 및 개통'이라고 한다. 그러나 이 단계가 되면 너무 많은 사람들에게 호재가 알려져서 막상 투자하려고 보니 시세가 이미 너무 올랐을 수 있다.

착공하기 전에 다른 사람보다 한 발 먼저 진입한다면 리스크를 상당히 줄일 수 있을 것이다. 남들은 모르는 착공 전의 전조현상을 발견하고, 그에 맞춰 투자하는 것이다. 착공 전의 전조현상으로 활용할 수 있는 게 바로 '기공식 대행용역' 공고다.

기공식이 무엇일까? 정 · 재계 인사를 초정하여 기념식을 하고, 착공한다는 것을 외부에 알리는 의식이다. 리본도 자르고 꽃가루도 날리는 화려한 장면들이 연출된다. 기공식이 진행된 후 착공식을 거치면 공사가 시작된다. 바로 이 기공식을 진행하기 전에 정부는 기공식을 대행할 용역업체를 발주한다. 대부분의 공공사업은 조달청에서 공개입찰 공고를 한 후 업체를 선정하게 되어 있기 때문에, 이 공고가 나온다면 착공을 준비하고 있다는 뜻이다. 이것을 확인하고 진입하면 리스크를 최소화할 수 있을 것이다.

수많은 단계가 투자자들을 유혹하고 있지만 가장 확실한 것은 착공이다. 그리고 그 직전에 진입한다면 투자 리스크를 현저히 줄이면서 괜찮은 수익을 올릴 수 있을 것으로 생각한다. 입찰공고를 볼 수 있는 곳은 아래와 같다. 입찰공고란에서 관심 노선을 검색하면 쉽게 확인할 수 있으니 활용해 보도록 하자.

- 조달청 www.pps.go.kr
- 한국철도시설공단 www.kr.or.kr
- 철도산업정보센터 www.kric.go.kr

사업 진행 중에 발생하는 여러 가지 변수

이처럼 철도사업은 생각보다 복잡한 단계를 거치기 때문에 실제 개통까지는 오랜 시간이 필요하다. 그런데 더 큰 문제는 그 과정에서 또 다른 변수가 발생하기도 한다는 것이다. 이번 장에서는 사업 진행을 방해하는 변수에 어떤 것들이 있는지 살펴보고자 한다.

뜻밖의 상황으로 인한 공기 연장

서울지하철 9호선의 3단계 사업은 두 개의 구간으로 나눠서 진행되었다. 1구간은 잠실종합운동장역에서 올림픽공원역 사이로 2009년 12월에 착공하고, 2구간은 올림픽공원역에서 보훈병원역 사이로 2010년 9월에 착공하여 2016년 2월에는 모든 공사를 완공하는 것이 목표였다.

잠실 지역에 생긴 싱크홀의 모습

하지만 2014년 8월 사업 진행에 적신호가 켜졌다. 잠실의 석촌지하차도 앞에 대형 싱크홀sink hole이 발생한 것이다. 싱크홀이란 땅속을 흐르던 지하수가 어떤 이유에서인지 빠져나가면서 그 공간이 함몰되고, 땅이 푹 꺼지면서 구멍이 뚫리는 현상을 말한다. 싱크홀은 하나만 생긴 것이 아니라 잠실 인근의 여기저기에서 계속 발생했다. 지질에 대한 전면조사가 실시되면서 지하철 공사가 지연된 것은 어찌 보면 당연한 일이었다.

잠실의 역사를 살펴보면 싱크홀이 왜 발생했는지 쉽게 이해할 수 있다. 잠실은 60년대까지 부리도와 잠실도로 이루어진 한강 한가운데의 섬이었다. 하지만 개발로 인해 1978년 송파강과 신천강이 메워지고 지금의 잠실동과 신천동이 탄생한 것이다. 지금의 석촌호수는 예전 송파강의 일부분이었다.

강을 메우고 개발을 한 곳의 지반이 튼튼할 수는 없다. 그런 곳에 싱크홀까지 생겼으니 지하철 노선을 만들기 위한 보강공사에 장시간이 소요될 수밖에 없었다. 이에 따라 개통예정일은 2016년 상반기에서 2018년 상반기, 다시 2018년 10월로 연기되었다.

공사 지연은 인근 부동산 시장에 안 좋은 영향을 미쳤다. 해당 구간의 방이사거리역 주변을 살펴보면 2016년부터 인근 상가의 신축 및 리모델링 공사가 한창 진행되었다. 건물주들이 2016년 상반기에 9호선이 개통될 시점을 목표로 공사를 시작한 것이다. 하지만 개통이 지연되면서 예상과 달리 수익이 나오지 않았고, 곤란한 상황을 맞이한 사람들이 많다. 이렇게 착공 후에도 변수들이 발생해서 개통이 지연되는 상황에 직면할 수 있으니 관련 자료들을 항상 꼼꼼히 살펴봐야 한다.

지역갈등과 정치적 이해관계

여러 지자체가 공통적으로 고민하는 부분은 어떻게 하면 지역주민들의 지지를 한 몸에 받을 수 있느냐이다. 철도를 건설하고, 도로를 개통하고, 주민 편의시설을 건설하면 지역주민들의 지지도는 급상승하게 된다. 이것을 위해 가장 중요한 것은 예산을 확보하는 일이다. 하지만 문제가 있다. 예산은 한정적이고, 마음대로 늘렸다 줄였다 할 수 없다는 것이다. 그렇기 때문에 각 지자체는 언제나 해당 지역에 연관된 호재와 예산을 끌어오기 위해 혈안이 되어 있다.

인덕원에서 수원의 영통과 병점까지 이어지는 인덕원-수원선은 예비타당성 조사 통과 후 2017년 현재 기본계획을 수립하고 있었다. 일반철도로 분류되었기 때문에 진행속도가 빠르고 상황도 상당히 양호해서 해당 지역 주민들의 기대를 한 몸에 받고 있었다. 하지만 인근 지자체의 요구로 인해 기존 노선에 호계사거리역, 북수원역, 흥덕역, 능동역이 추가되면서 사업비가 눈덩이처럼 불어나버렸다.

이로 인해 기획재정부는 늘어난 사업비에 대해 KDI한국개발연구원에 심층분석을 의뢰했고, 기본설계는 중지되었다. 이런 상황에서 해당 노선은 2017년에 이어 2018

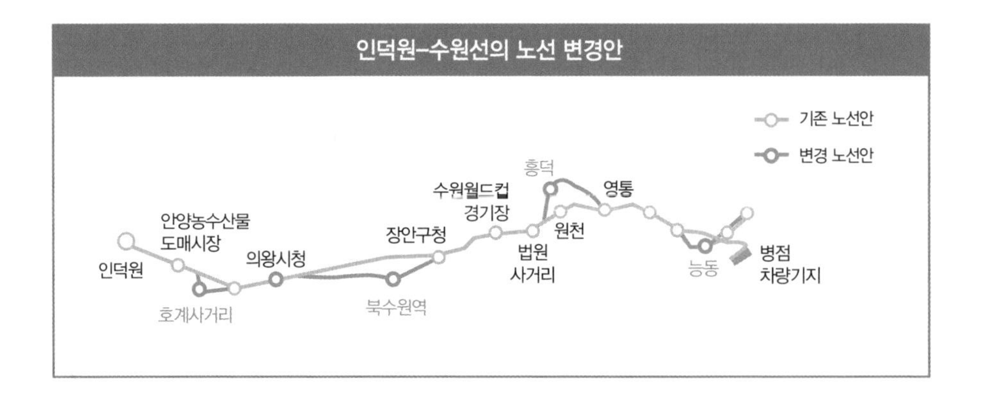

년에도 예산을 배정받았다. 하지만 예비타당성 조사에서는 B/C가 1.0을 넘어야 사업성이 있다고 평가되어 통과되는데, 2018년 1월 현재 추가된 네 개의 역사 중에서 B/C 1.0을 넘은 곳은 북수원역과 능동역뿐이다. 호계사거리역과 흥덕역은 사업성이 많이 부족하기 때문에 기획재정부는 두 역이 속해 있는 안양시와 용인시에게 역사 건설 예산의 50%를 부담할 것을 요구했다. 안양시의회는 이를 받아들여 사업 진행이 확정되었으나, 용인시의회는 아직 진통이 예상된다.

불가항력적 요소로 인한 설계 지연

강남과 판교, 광교 등을 연결하는 신분당선은 이 지역의 교통 편의성을 획기적으로 개선하고 있다. 2011년 강남역-정자역 구간이 개통되고 2016년 정자역-광교역 구간이 개통되면서 강남으로 출퇴근하는 사람들이 신분당선 인근 지역으로 대거 몰려들었다. 이렇게 편의성이 확보된 신분당선은 한강 이북 구간으로의 확

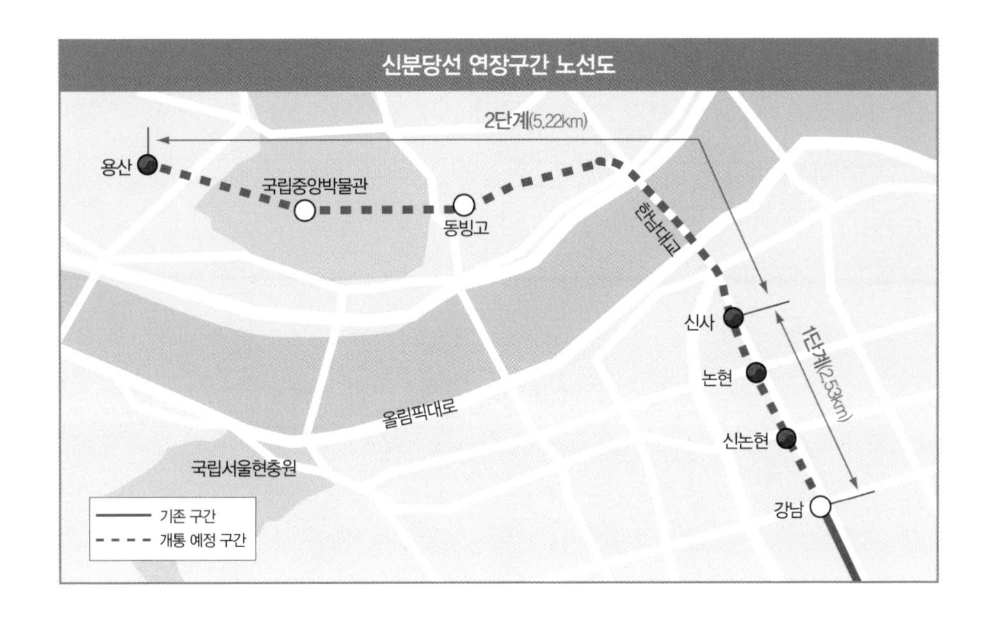

장 계획이 수립되면서 강남역-용산역까지 연장이 결정되었다.

하지만 확장은 우선 강남역-신사역의 1단계 구간만 진행되고 있다. 전체 7.75km 밖에 되지 않는 노선을 왜 굳이 1 · 2단계로 나눠서 진행할까? 그 이유는 용산 미군기지 때문이라고 추측된다. 과거 일제의 조선군본부가 자리 잡고 있던 이곳에는 1945년 일제의 패망과 함께 미군기지가 들어섰고 현재는 2018년 평택 이전을 준비 중인 것으로 보도되고 있다.

그런데 무엇이 문제일까? 기본설계 및 실시설계를 진행하려고 해도 미군기지 내 부지에 대해서는 어떠한 정보도 확보하지 못한 상태라는 점이다. 설계를 위해서는 문화재조사나 지질조사가 필요하지만, 미군이 주둔하고 있는 상황에 무작정 찾아가서 관련 사항들을 조사할 수 없는 것이 현실이다.

그렇다면 핵심은 미군이 언제 이전을 완료하느냐가 될 것이다. 용산 미군기지는 2018년 평택으로 이전을 완료한 후 반환받기로 되어 있다. 하지만 어떤 변수가 있을지 아무도 모르는 일이다. 각종 신문이나 뉴스에서는 '2018년 이전'을 공식화하고 있지만, 실제로는 아래 보도자료처럼 단지 '미군기지 이전 이후'라고만 언급될 뿐이다.

신분당선 연장선 신사-강남 구간 착공

2022년 개통 시 수원 광교에서 강남 신사까지 40분이면 간다

(전략) 국토부는 본 사업의 조기 추진을 위해, 신사-강남 구간(3개 역사)을 1단계로, **용산 미군기지를 통과하는 한강 북측구간(용산-신사)은 미군기지 이전 이후** 2단계로 추진하는 방안을 강구하여, 4월 26일 민간투자사업 심의위원회(기재부) 심의를 거쳐, 7월 27일 사업시행자와 변경실시협약을 체결하였고, 30일 공사에 본격 착수하였다. (후략)

출처 : 국토교통부 보도자료 / 2013년 12월 9일자

미군기지 이전 후 문화재조사와 지질조사가 이루어진다 해도 착공과 개통까지는 얼마나 많은 시간이 필요할까? 현재 용산에 흩어져 있는 수많은 호재들이 자리 잡을 때쯤이면 용산역에도 신분당선이 개통되지 않을까 생각되기는 한다. 하지만 「제3차 국가철도망 구축계획」에 포함된 '삼송역 연장'까지는 과연 언제 가능할지 한 번쯤 고민해 볼 일이다.

10년에서 20년 정도의 장기투자를 계획하는 분들은 큰 상관이 없지만 그렇지 않다면 이야기가 달라진다. 신분당선의 용산 개통이라는 호재를 감안해서 예상

수익을 계산했다면, 매도할 시점에 신분당선 연장의 후광을 충분히 누릴 수 있을지 고민해야 한다. 막연히 "지하철이 개통된다더라" 하는 '카더라 통신'이 우리의 수익률을 갉아먹지 않도록 항상 경계해야 한다.

예상치 못한 노선의 변경

신문기사나 뉴스에서 "○○노선 확정"이라는 정보를 접했던 경험이 있을 것이다. 그런데 이런 정보를 바탕으로 해당 지역을 매수하고 나니 갑자기 노선이 변경되면서 내가 생각했던 역이 사라진다면 어떨까?

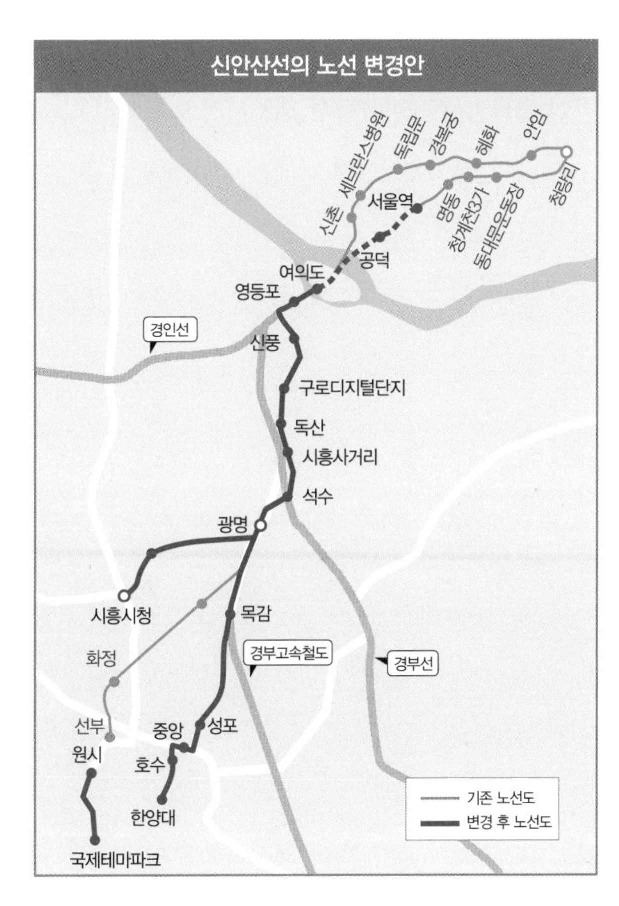

신안산선의 노선 변경안

시흥과 안산 지역의 교통 혁신을 가져다 줄 것으로 생각되는 신안산선을 살펴보자. 처음 계획되었을 당시에는 선부역, 명동역, 청계천3가역, 동대문운동장역, 청량리역 등이 포함되어 있었다. 하지만 예비타당성 재조사 과정에서 이들 역이 폐지되었고 대신 시흥사거리역, 대림역, 도림역이 추가되었다.

특히 선부역의 경우 2018년 상반기에 개통 예정인 소사-원시선의 역사가 위치해 있는 곳이다. 만약 신안산선이 변경되지 않아서 이곳을 지나가게 되었더라면 더블역세권이 되었을 텐데, 그것을 노리고 투자했던 사람들도 분명 있었을 것이다. 하지만 현재의 상황은 완전히 달라졌다.

따라서 예비타당성 조사를 통과했다고 절대 마음을 놓고 있으면 안 된다. 시간이 흐르면서 예비타당성 재조사가 이루어지고, 그 결과 예정역사가 폐지될 수도 있다. 선부역에서처럼 낭패를 당하게 되면 수익률에 큰 타격을 입는 것은 피할 길이 없다.

차량기지의 위치를 알아두자

우리가 타고 다니는 전철이나 기차도 어딘가에는 주차를 해야 한다. 뿐만 아니라 이상이 없는지 주기적으로 검사도 하고 필요하면 수리도 해야 한다. 이런 일을 수행하기 위한 곳이 바로 차량기지다.

여러분은 차량기지를 어떻게 생각하는가? 집에서 차량기지가 보인다면 어떤 느낌일까? 드넓은 부지에 건물은 낮으며 대부분 선로와 나무가 심어져 있으니 탁 트인 조망을 확보할 수 있을까? 또는 차량기지로 입고되는 열차들의 소리를 듣고 있으면 집중력 향상 기계를 사용하듯이 무엇인가에 몰두하게 될까? 가족들과 함께 시간을 보내고 싶을 때 차량기지에서 산책을 하고 캠핑도 하면서 자유로운 일상을 보낼 수 있을까?

독자들은 이게 지금 무슨 소리냐고 할 것이다. 만약 정말 그렇다면 차량기지 주변의 아파트는 쾌적한 생활환경 덕분에 선호도가 높고 시세도 비싸게 형성될 것이다. 하지만 현실에서는 그와 정반대이다.

차량기지는 1급 보안시설로 철저하게 보안이 유지되는 곳이다. 전쟁이 발생할 때 지하철이 운행을 멈추게 되면 도시는 엄청난 혼란에 휩싸이게 된다. 특히 서울의 경우 직접적인 영향을 받기 때문에 상황은 더욱 심각해질 것이다. 서울지하철 5호선의 경우는 그런 이유 때문에 터널이 한강 밑으로 깊게 시공되었다. 다리가 파괴되어 운행을 멈추는 일이 없어야 하기 때문이다.

이렇게 보안에 각별히 신경을 쓰고 있는 차량기지에 일반인들의 출입이 가능할까? 드넓은 차량기지가 한 가운데를 차지하고 있는 지역에서는 어떤 일들이 발생할까?

지역을 단절시켜 발전을 방해하는 차량기지

창동차량기지와 구로차량기지를 살펴보자. 이 두 곳의 주변에는 아파트 단지를 비롯한 주거지역이 많이 형성되어 있다. 일부러 주거지역이 밀집된 곳을 골라서 차량기지가 자리 잡은 것은 아니다. 오히려 그 반대로, 차량기지가 지어질 당시에는 이곳이 도시 외곽지역이라서 한산했는데 도시가 확장하면서 점차 차량기지를 둘러싼 형태로 주거지역이 생겨난 것이다. 이 두 곳의 주민들은 차량기지가 다른 지역으로 이전하기를 간절히 바라고 있다. 차량기지는 일종의 혐오시설이다. 지역 간 단절을 유발하는 것이 첫 번째 이유이다.

아래 그림은 서울2호선의 신정차량기지 인근 지역을 보여주고 있다. 차량기지

신정차량기지의 위치

의 북쪽은 대부분의 사람들이 소유하고 싶어 하는 목동 아파트단지다. 최고의 학군은 물론이고 마곡지구, 여의도, 공덕, DMC 등 양질의 일자리가 풍부한 지역으로 연결되고 쾌적성, 편리한 교통, 다양한 생활 편의시설 등 높은 매매가를 형성하는 여러 가지 요인을 두루 갖춘 곳이다.

하지만 신정차량기지의 남쪽은 우리가 알고 있는 목동과는 완전히 다른 분위기다. 목동의 뛰어난 입지 때문에 주거지역은 계속 확장되었지만 차량기지에 막힌 반대쪽은 난개발이 될 수밖에 없었다. 이곳의 아파트들은 목동의 프리미엄을 누리려고 대부분 단지 이름에 '목동'이라는 단어를 붙이

신정차량기지 주변

고 있다. 하지만 실제 목동과는 분위기가 완전히 다르다.

이렇게 차량기지가 있는 곳은 지역의 단절이 생겨나기 때문에 차량기지의 위치를 잘 알고 있는 것이 좋다. 관심 지역 인근에 차량기지가 위치하면 악재로 작용하기 때문에다. 뿐만 아니라 차량기지가 이전하는 경우도 있으므로 이전하게 될 부지의 위치와 신규 노선을 정확하게 숙지하는 것이 좋다.

차량기지가 이전하면 호재가 된다

차량기지가 이전하면 어떤 일이 일어날까? 최근 서울시 동북권의 대표적 호재로 꼽히는 것은 바로 창동차량기지의 이전을 포함한 창동역세권 개발 계획이다. 그동안 지역 단절, 확장 차단 등 수많은 문제의 원인이 되었던 창동차량기지가 진

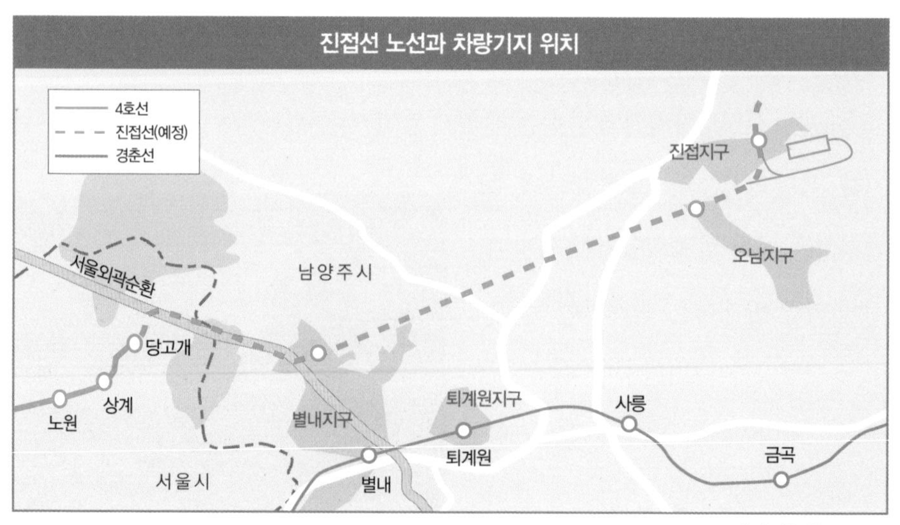

출처 : 한국철도시설공단

접으로 이전된다는 계획이 발표된 후 창동차량기지 인근 상계동 일대의 주공아파트들은 일제히 시세가 급등했다. 그만큼 차량기지 이전이라는 호재는 강력한 것이다.

모든 차량기지가 악재로 작용하는 것은 아니다. 악재라 할 수 없는 대표적인 노선이 바로 서울경전철이다. 서울경전철은 서울시 내에서 운행되는 도시철도이기 때문에 차량기지 또한 서울 내에 건설해야 한다. 하지만 이미 고밀도로 개발되어 있는 서울시는 차량기지를 지을 땅이 없고, 설령 짓는다 해도 지역 간 단절을 유발하게 된다. 운영 중인 차량기지조차 외곽으로 이전하는 마당에 전혀 현실성이 없다.

그래서 서울경전철의 경우는 면목선을 제외한 모든 노선의 차량기지를 지하에 건설한다. 차량기지가 지하로 들어가면 지상으로 단절이 생기지 않을 뿐 아니라 소음이나 미관상의 문제를 해결할 수 있다. 또한 동북선을 필두로 해서 차량기지에 새로운 역을 추가하려는 움직임이 있기 때문에 인근 주민들에게는 호재로 작용할 수 있다.

CHAPTER

03

국가철도망 구축계획으로 한 발 앞선 투자자가 되자

모든 철도는 국가철도망 구축계획에 따라 움직인다

지금까지 철도의 종류와 사업이 진행되는 과정, 그리고 모니터링이 필요한 사항에 대하여 알아보았다. 이번 장에서는 정부가 수립하는 최상위의 철도계획인 '국가철도망 구축계획'에 대해 알아보려고 한다. 이것이 중요한 이유는 철도가 어떤 계획에 따라 구축되고 있는 것인지, 앞으로는 어디가 어떻게 개발될 것인지 등의 흐름을 파악하게 해주기 때문이다. 주변 사람들의 말만 듣고 투자를 할 것이 아니라, 객관적인 자료를 바탕으로 해야 투자의 실패 위험을 줄일 수 있다.

국가철도망 구축계획이란 정부가 투자를 효율적 · 체계적으로 수행하기 위하여 수립하는 전국 단위의 철도 계획이다. 국가기간교통망 계획, 교통시설 투자계획 및 대도시권 광역교통 계획과 연계하여 고속철도, 일반철도, 광역철도의 건설 계획과 함께 필요한 재원을 어떻게 조달할 것인지도 함께 계획한다. 말하자면 철도 분야의 국토종합계획이라 할 수 있다.

국가철도망 구축계획은 10년 단위의 중장기 계획인데, 5년마다 한 차례씩 타당성을 검토하여 변경이 가능하다. 현재까지 발표된 가장 최신의 계획은 2016년 6월에 발표된 '제3차 국가철도망 구축계획'이다. 그러나 이는 2011년 발표되어 2020년까지 유효한 '제2차 국가철도망 구축계획'을 반영한 계획이기 때문에 두 가지를 함께 살펴야 한다.

투자자 입장에서 가장 중요한 것은 5년마다 고시되는 계획 중에서 이전 계획과 연속성이 있는 테마를 찾아내는 것이다. 제2차 계획에서 제3차 계획으로 넘어갔음에도 여전히 연속성이 있다면 정부가 그 부분에 집중하고 있다는 의미이기 때문이다.

제2차 국가철도망 구축계획 훑어보기

먼저 2011년에 고시된 「제2차 국가철도망 구축계획」부터 살펴보자. 발표된 자료의 맨 앞부분을 보면 계획의 목표와 주요 추진과제가 나와 있다. 이것을 중요하게 봐야 한다. 정부가 어떤 의도를 가지고 철도망을 구축하려 하는지가 드러나기 때문이다. 오른쪽은 국토교통부에서 발표한 「제2차 국가철도망 구축계획」의 내용 중 일부이다.

제2차 계획의 목표는 '전국 주요 거점을 일상 통근시간대인 1시간 30분대로 연결하여, 하나의 도시권으로 통합'한다는 것이다. 이런 큰 목표를 위한 주요 추진과제로 몇 가지가 언급되는데, 그중에서 주목해야 할 것들만 골라보자.

제2차 국가철도망 구축계획(2011~2020)

가. 비전 및 목표

1) 비전 : 철도망을 통해 국토를 통합 · 다핵 · 개방형 구조로 재편

2) 목표 : 전국 주요거점을 일상 통근시간대인 1시간 30분대로 연결하여 하나의 도시권으로 통합

3) 주요 추진과제

① 전국 주요 거점을 고속 KTX망으로 연결

② 대도시권 30분대 광역 · 급행 철도망 구축

③ 녹색 철도 물류 체계 구축

④ 편리한 철도 이용 환경 조성

출처 : 제2차 국가철도망구축계획 추진과제

▶ 고속철도에 주목하라

전국을 1시간 30분 안에 연결할 수 있는 철도는 무엇일까? 바로 고속철도, 즉 KTX다. 실제로 주요 추진과제를 보면 1번에 언급된 것이 '전국 주요거점을 고속 KTX망으로 연결'이다.

기존에 수도권에서 KTX를 이용하기 위해서는 용산역이나 서울역까지 이동해야 했다. 수도권 남부 주민들의 경우는 KTX를 타고 지방에 내려가는 시간이 한 시간 반 정도라면 KTX를 타러 가는 시간도 한 시간 반이 소요되는 상황이다. 이런 이유로 개통된 것이 수서역에서 출발하는 KTX인 SRT이고 현재 제2, 제3의 SRT가 준비되고 있다.

또한 현재에는 경상권에서 전라권, 또는 강원권으로 한 번에 이동하기 어려

운 것이 현실이다. 전국을 1시간 30분 이내로 연결한다는 목표가 서울과 수도권만을 포함하지는 않을 것이다. 실제로 전국적인 고속철도망이 운영된다면 이동시간에 부담을 덜어주고 경제 발전에 플러스 요인이 될 수 있다. 따라서 익산역, 광주송정역, 부전역, 울산역 등 지방의 주요 거점 도시 역할을 하게 될 곳들은 집중해서 살펴볼 가치가 있다.

▶ GTX에 주목하라

주요 추진과제 2번에는 '대도시권 30분대 광역 · 급행 철도망 구축'을 언급하고 있다. KTX가 전국 주요거점을 빠르게 연결한다면 대도시권을 빠르게 연결할 수 있는 방법은 무엇일까? 바로 광역고속철도, 즉 GTX다. 최근 몇 년간 GTX에 대한 관심이 뜨거웠던 이유도 바로 2차 계획에서 GTX 개발 계획이 포함되었기 때문이다.

GTX는 A노선(운정역-삼성역-동탄역), B노선(송도역-마석역), C노선(금정역-의정부역) 등 세 개 노선으로 계획되어 있지만, 2018년 3월 현재를 기준으로 예비타당성 조사를 통과한 것은 A노선뿐이다. 이런 이유로 A노선이 정차하는 파주의 운정역, 일산의 킨텍스역과 대곡역, 은평구의 연신내역, 화성의 동탄역 등이 큰 관심을 받고 있다. 이들 지역은 강남권으로의 접근성이 상대적으로 떨어진 곳이었지만 GTX-A노선이 생기면 삼성역으로 연결되기 때문에 큰 호재가 된다.

현재 B노선과 C노선은 예비타당성 재조사를 진행 중이다. 통과가 될 경우 B노선은 송도역, 인천시청역, 부평역, 청량리역, 별내역을 지나게 되고 C노선은 금정역, 광운대역, 창동역, 의정부역을 지나게 되어 이들 지역의 교통 편의성이 크게 증대될 것으로 예상된다. GTX에 대한 자세한 이야기는 뒷부분에 별도의 장을 할애하여 알아보도록 하자.

제3차 국가철도망 구축계획 들여다보기

그렇다면 2016년 발표되어 2025년까지 유효한 3차 계획은 2차 계획의 어떤

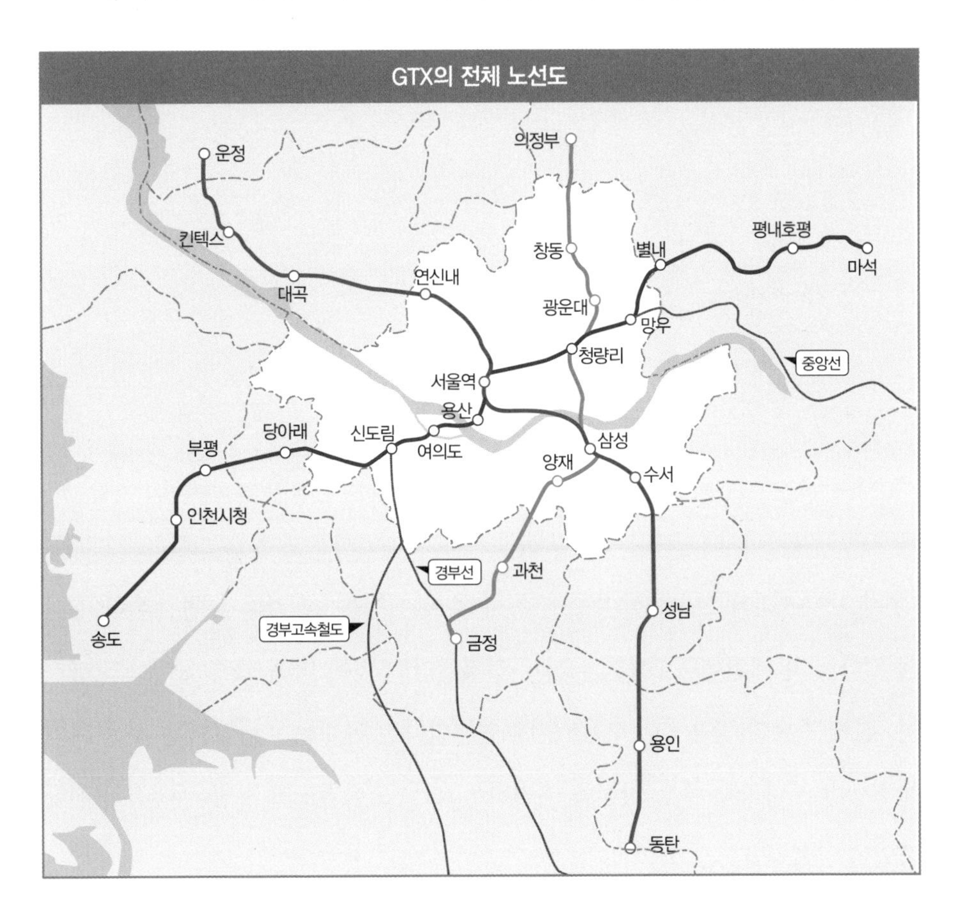

GTX의 전체 노선도

부분을 승계했으며 또한 새롭게 등장한 테마는 무엇일까? 아래는 국토교통부에서 발표한「제3차 국가철도망 구축계획」의 내용 중 일부이다.

II 국가철도망 비전 및 주요 추진과제

□ 비전 : 국민의 행복과 지역발전을 실현하는 철도

□ 목표 : 효율적이고 경쟁력 있는 철도, 지역발전을 선도하는 철도, 안전하고 편리한 철도

□ 주요 추진과제

① 용량부족 해소, 단절구간 연결 등 철도운영 효율성 대폭 제고

② 전국 주요거점을 2시간대로 연결

③ 대도시권 통근시간을 30분 이내로 단축

④ 안전하고 이용하기 편리한 시설 조성

⑤ 산업경쟁력 강화를 위한 철도물류 활성화

⑥ 통일시대를 대비한 한반도 통합철도망 구축 대비

출처 : 제3차 국가철도망 구축계획 추진과제

주요 추진과제 2번을 살펴보면 '전국 주요 거점을 2시간대로 연결'한다고 나와 있다. 2차 계획에서 1시간 30분대 연결한다던 것에 비해 30분 늘어나긴 했지만, 전국 주요 거점을 짧은 시간 안에 연결한다는 목표는 변함없다는 것을 확인할 수 있다. 따라서 주요 거점을 연결하는 KTX 고속철도망 사업은 여전히 진행 중임을 알 수 있다.

주요 추진과제 3번에는 '대도시권 통근시간을 30분 이내로 단축'이라는 내용도 있다. 이는 2차 계획과 동일하므로 관련 사업인 GTX 역시 3차 계획에 승계되고 있음을 확인할 수 있다.

KTX와 GTX 외에도 주목해야 할 것들이 있다. 바로 3차 계획에서 새롭게 추가된 내용들이다. 그중에서 5번 '산업경쟁력 강화를 위한 철도물류 활성화'와 6번 '통일시대를 대비한 한반도 통합철도망 구축 대비'는 장기적 관점에서 봐야 할 사업이므로 일단 보류해 두고, 우리는 1번부터 4번까지에 집중해 보자. 이제부터는 이 내용들을 중점적으로 살펴보도록 하겠다.

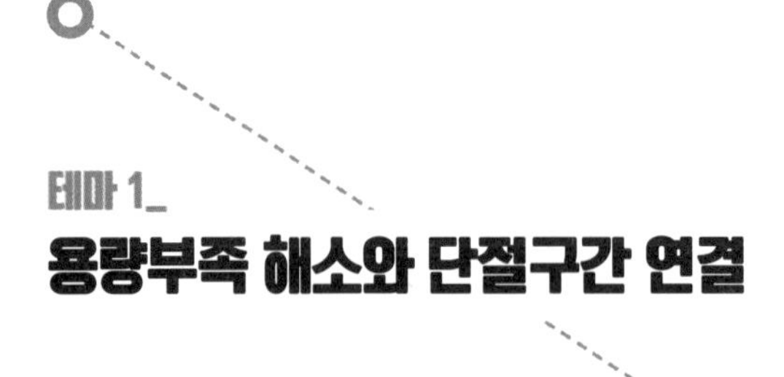

테마 1_

용량부족 해소와 단절구간 연결

3차 계획의 주요 추진과제 중 가장 앞자리를 차지한 것은 '용량부족 해소, 단절구간 연결 등 철도 운영 효율성 대폭 제고'이다. 이것은 정부가 앞으로 다른 어떤 과제보다도 이 부분에 집중하겠다고 천명한 것이나 다름없다. 이때의 '용량부족'이란 흔히 서울지하철 9호선처럼 이용자가 너무 많다는 것을 의미한다고 생각하기 쉽지만, 실제로는 조금 다르다. 정확히 말하면 '선로용량'의 부족을 의미하는 것이므로 헷갈리지 말아야 한다.

KTX를 이용해서 서울에서 부산이나 광주로 이동할 때 서울역-용산역-금천구청역 구간을 지나게 된다. 이때는 명색이 KTX인데 왠지 속도가 빠르지 않다고 느낀 분들이 많을 것이다. 실제로 그렇다. 이 구간에서는 KTX와 국철1호선, 경의중앙선, 경춘선 등의 다른 노선들이 선로를 공유하기 때문에 속도를 낼 수 없는 것이다. KTX가 제 속도를 내는 것은 이 구간을 벗어난 이후부터다.

전국 어디든지 2시간 이내로 접근하려면 KTX가 정상속도로 이동해야 하지만 현재로서는 선로용량이 턱없이 부족한 관계로 일부 구간에서는 불가능하다. 그래서 선로용량 부족을 해결하는 것은 제3차 국가철도망 구축 계획의 핵심이라고 할 수 있다.

선로 용량 확보를 위해 추가되는 노선들

수도권에서 철도의 병목현상이 심각한 대표적인 구간은 서울역-금천구청역 구간과 용산역-망우역 구간이다. 서울역-금천구청역 구간은 KTX, 새마을호, 무궁화호, 국철1호선, 경의중앙선 등 수많은 철도노선이 얽히고설켜 있다. 때문에 KTX도 이 구간에서는 고속으로 이동이 불가능하다. 여기에 앞으로 개통될 대곡-소사-원시선, 신안산선, 월곶-판교선 등이 추가되면 선로용량 부족은 더욱 심각해질 것이다. 이런 문제를 사전에 방지하기 위해 '용량부족 해소'를 선결과제로 선정한 것이다.

아래는 「제3차 국가철도망 구축계획」의 심의 · 의결에 대한 보도자료에 등장하는 그림이다. 이를 보면 KTX 경부고속선에는 수색역-서울역-금천구청역 구간과 평택역-오송역 구간이, 중앙선에는 용산역-청량리역-망우역 구간이, 그리고 수서-광주선 등이 추가될 계획임을 알 수 있다.

KTX를 신규 운행하기 위해서는 또 하나의 중요한 사항이 있다. 바로 중정비가 가능한 차량기지와 선로를 연결하는 것이다. 정비를 하지 못하면 운행도 불가능하기 때문이다. 현재 서울 · 수도권에서는 고양시 덕양구 강매동에 위치한 고양차량기지가 그 역할을 하고 있다.

하지만 열차가 고양차량기지까지 가는 데에는 현재도 KTX 외 여러 노선이 선로를 공유하기 때문에 선로용량은 한계에 부딪힐 수밖에 없다. 위의 노선들이

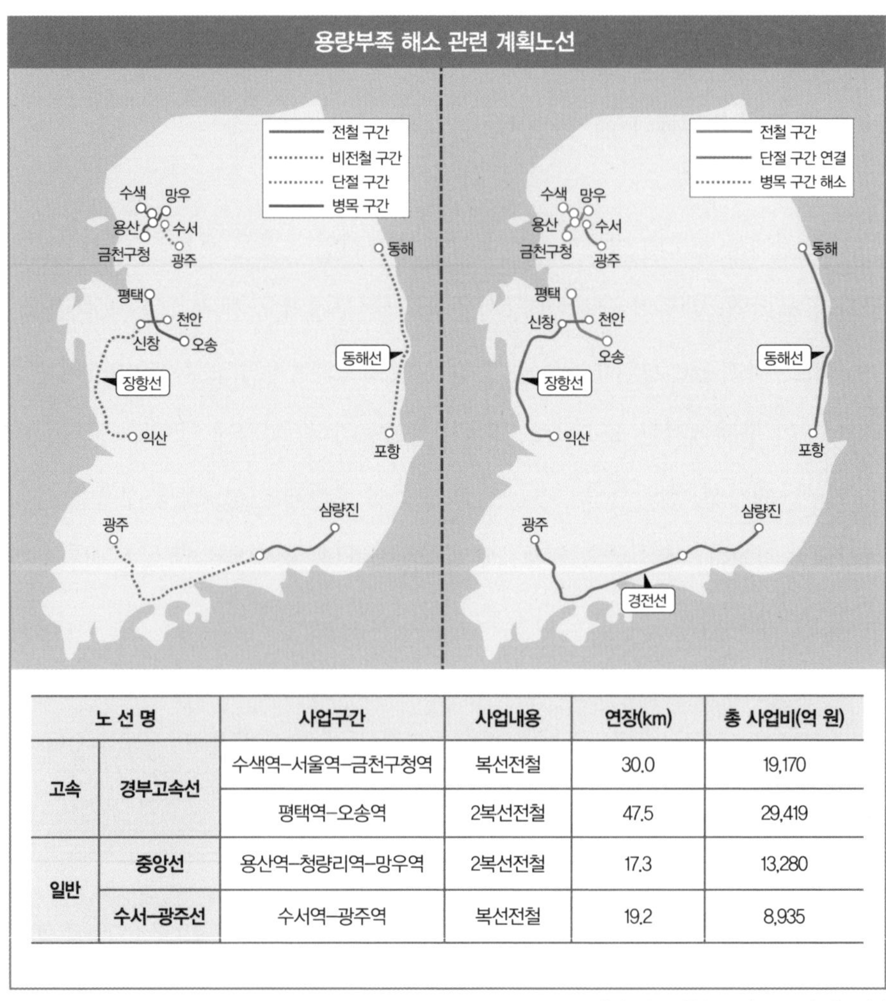

노 선 명		사업구간	사업내용	연장(km)	총 사업비(억 원)
고속	경부고속선	수색역–서울역–금천구청역	복선전철	30.0	19,170
		평택역–오송역	2복선전철	47.5	29,419
일반	중앙선	용산역–청량리역–망우역	2복선전철	17.3	13,280
	수서–광주선	수서역–광주역	복선전철	19.2	8,935

출처 : 국토교통부 보도자료 2016년 6월 17일자

추가될 경우 이런 문제를 해결할 수 있다.

이 노선들은 현재 계획 단계 혹은 예비타당성 통과 단계에 머물러 있다. 하지만 다른 KTX 노선이 운영되기 위해서는 필수적인 노선이기 때문에 신안산선, 월곶-판교선 등 신규 KTX 노선이 운행할 때쯤에는 함께 진행되지 않을지 상황을 살펴봐야 한다.

단절구간이 연결되면 사업성이 높아진다

전국 주요 거점을 2시간 이내에 이동하려면 KTX를 이용하는 것이 필수다. 하지만 모든 노선을 KTX 전용철도로 건설하기는 어렵다. 무엇보다 예비타당성 조사라는 큰 산을 통과해야 한다. 현재 운행 중인 경부선과 호남선의 경우는 이용 승객의 수가 예비타당성 조사 통과를 위한 수준을 가뿐하게 넘어서기 때문에 전용철로를 건설할 수 있었다. 하지만 앞으로 계획된 노선들은 예상 이용 승객의 수가 턱없이 부족할 수밖에 없다. 이미 운행 중인 서울, 대전, 광주, 목포, 대구, 부산 등 인구가 많은 대표 도시들과 달리 앞으로 건설될 곳은 상대적으로 인구가 적은 도시들이기 때문이다. 그래서 전용철도를 구축하기가 어려운 것이 사실이다.

이런 현실을 반영해서 기존 선로를 개량하고 단절된 곳을 연결해서 KTX와 일반철도가 선로를 공유하는 방법을 채택하고 있다. 현재 서울역-금천구청역 구간을 KTX와 다른 노선이 공유하는 것과 같은 방식으로 부족한 사업성을 보충하려는 것이다.

▶ 경강선(동서고속철도망)

아래 그림은 경강선으로 불리는 동서고속철도망의 완성된 모습이다. 그런데 이 노선은 여러 노선들이 연결되어 구성된다. 송도역에서 월곶역 구간은 수인선, 판교역에서 여주역 구간은 성남-여주복선전철, 서원주역에서 신강릉역 구간은 평창동계올림픽의 성공적인 개최를 위해 개통된 원주-강릉선으로 운행 중이다. 현재 단절된 구간인 월곶-판교선과 여주-원주선이 개통되면 모든 노선이 하나로 연결되어 인천 송도역에서 신강릉역까지 KTX 운행이 가능한 완전체의 모습으로 변신하게 된다.

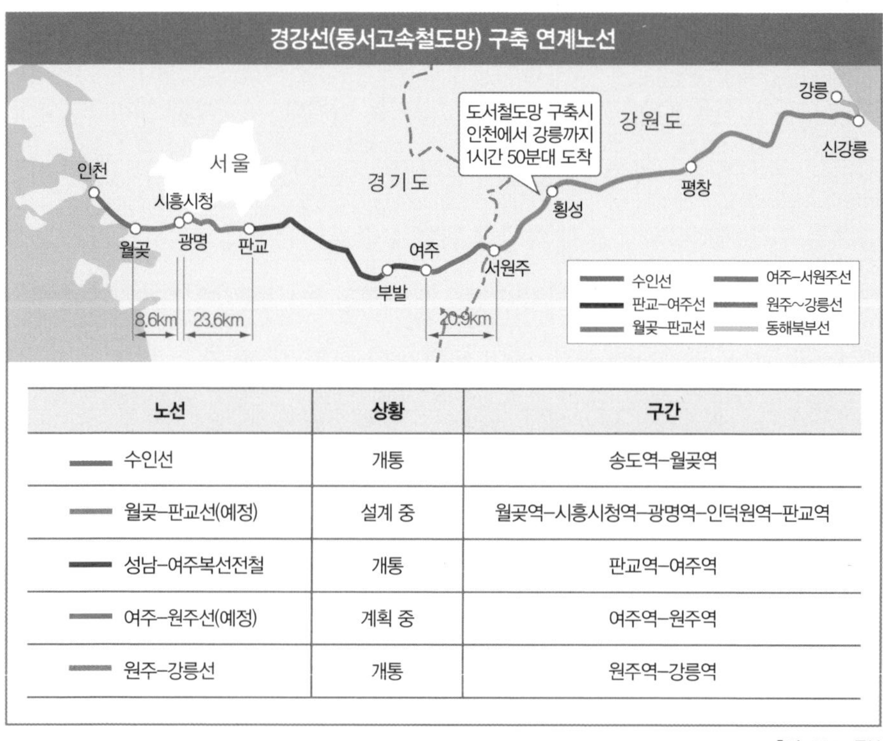

노선	상황	구간
수인선	개통	송도역-월곶역
월곶-판교선(예정)	설계 중	월곶역-시흥시청역-광명역-인덕원역-판교역
성남-여주복선전철	개통	판교역-여주역
여주-원주선(예정)	계획 중	여주역-원주역
원주-강릉선	개통	원주역-강릉역

출처 : 국토교통부

단절된 곳이 연결되면 어떤 효과가 나타나게 될까? KTX 접근성이 열악한 경기 남부지역의 경우 교통편의성이 크게 증가하면서 특히 집중 조명을 받을 것으로 예상된다. 따라서 월곶-판교선, 여주-원주선의 진행 상황을 면밀히 관찰할 필요가 있다. 현재 설계 중이므로 가까운 미래에 착공이 예상된다.

▶ 경전선

경상도와 전라도를 연결하는 철도라는 뜻에서 이름 붙여진 경전선은 현재 계획 중인 광주송정-순천 구간이 연결되면 이름에 걸맞게 국토의 남단을 동서로

노선	진행상황
보성역–임성리역 단선전철	2020년 개통 예정(시공 중)
광주송정역–순천역 단선전철	계획 중
진주역–광양역 복선전철	2016년 개통
삼량진역–진주역 복선전철	2012년 개통
부전역–마산역 복선전철	2020년 개통 예정(시공 중)

출처 : 국토교통부

연결하는 빠른 교통수단으로 각광받을 것이다. 구간 중에서 광주송정역과 부전역에는 복합환승센터 개발 계획이 수립되어 있어, 완성된다면 인근 지역의 랜드마크가 될 것이다.

현재 광주송정-순천 구간의 타당성이 충족되어 사업이 진행되면 단절구간 연결 기능까지 포함하기 때문에 진행될 가능성이 높다.

▶ 동해선 · 동해남부선

여기에서 말하는 동해선은 부산도시철도의 일부인 동해선을 말하는 것이 아니라, 동해안을 따라 연결되는 일반철도 노선을 말한다. 이중 부산의 부전역에서 울산의 태화강역을 지나 포항까지 연결되는 노선을 동해남부선이라 부르는데,

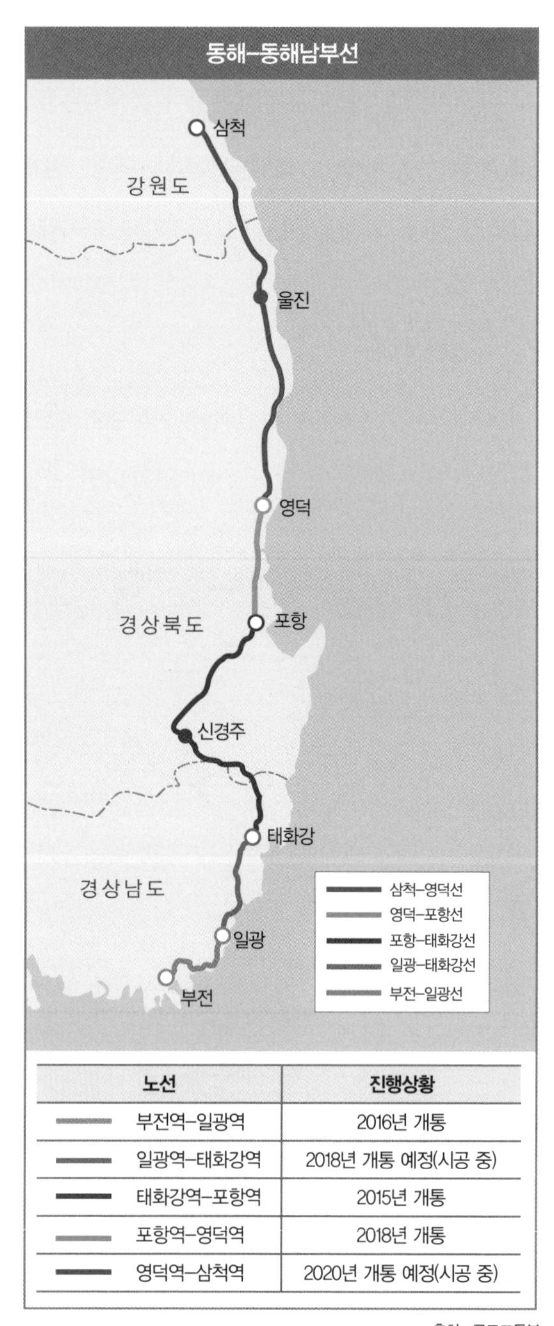

노선	진행상황
부전역-일광역	2016년 개통
일광역-태화강역	2018년 개통 예정(시공 중)
태화강역-포항역	2015년 개통
포항역-영덕역	2018년 개통
영덕역-삼척역	2020년 개통 예정(시공 중)

출처 : 국토교통부

이곳의 노후된 선로를 개량하여 강원도 영덕과 삼척까지 연결할 예정이다.

이후 삼척에서 강릉까지는 기존 노선을 이용해서 동해안을 따라 KTX 연결이 가능하다. 따라서 부전역, 태화강역, 포항역은 거점역사로 만들겠다는 계획이 수립되어 있기 때문에 관심 있게 지켜봐야 한다.

위 세 노선은 KTX 전용 철로를 건설하기에는 사업성이 부족하지만 일반철도와 선로를 공유하면 사업성이 상승한다. 따라서 연결되는 지역의 편의성이 크게 상승할 것으로 생각한다.

테마 2_
전국 주요 거점을 2시간대로 연결

역시나 2차 계획에서부터 추진되어 왔던 '전국 주요 거점 1시간 30분대 연결'은 3차 계획에서도 시간만 약간 달라진 채 이어지고 있다. 전국을 2시간대로 연결하려면 역시 KTX를 이용할 수밖에 없다. 따라서 이 사업을 추진하려면 첫 번째 과제에서 나온 단절구간 연결이 먼저 해결되어야 한다.

하지만 이것만으로는 부족하다. 특히 KTX를 탈 수 있는 역이 턱없이 부족한 것이 문제다. 이른바 SRT라 불리는 수서발 KTX가 개통되기 전까지만 해도 KTX를 이용하기 위해서는 무조건 용산역이나 서울역으로 갈 수밖에 없었다.

물론 광명역, 검암역, 수원역 등 KTX가 정차하는 역이 상당수 운행 중이긴 하지만 두세 시간씩 벌어져 있는 배차간격으로는 이용자들의 호응을 이끌어내기는 힘들다.

그래서 KTX의 출발역사를 분산시키려는 계획이 진행 중이다. 수원발 KTX

사업의 핵심인 지제연결선, 인천발 KTX 사업의 필요조건인 어천연결선 등이 이를 위한 노선이다.

KTX 출발역을 분산하기 위한 지제연결선 · 어천연결선

지제연결선은 평택의 서정리역과 SRT수서발 KTX 선로를 연결하는 사업이다. 현재는 수원역에서 KTX를 출발시켜서 경부고속철도로 운행하는 것이 불가능한데, 그 이유는 서울역-금천구청역 구간의 병목현상 때문이다. 그래서 서정리역에서 SRT 선로를 직결함으로써 수원역에서 바로 KTX가 출발할 수 있도록 여건을 마련하는 것이다.

어천연결선은 현재 운행 중인 수인선과 경부고속철도를 연결하는 사업이다. 송도역에서 출발한 열차는 안산 초지역과 화성 어천역까지 수인선과 선로를 공유한 후, 어천연결선을 통해 경부고속철도에 진입할 수 있게 된다. 이렇게 지제

지역 거점 간 고속연결 관련 계획노선

노선명		사업구간	사업내용	연장(km)	총 사업비(억원)
일반	어천연결선	어천역-경부고속선	복선전철(직결선)	2.4	1,540
	지제연결선	서정리역-수도권고속선	복선전철(직결선)	4.7	2,800
	남부내륙선	김천역-거제역	단선전철	181.6	47,440
	강원선	춘천역-속초역	단선전철	94.0	19,632
	평택부발선	평택역-부발역	단선전철	53.8	16,266

출처 : 「제3차 국가철도망 구축계획」 관보고시문

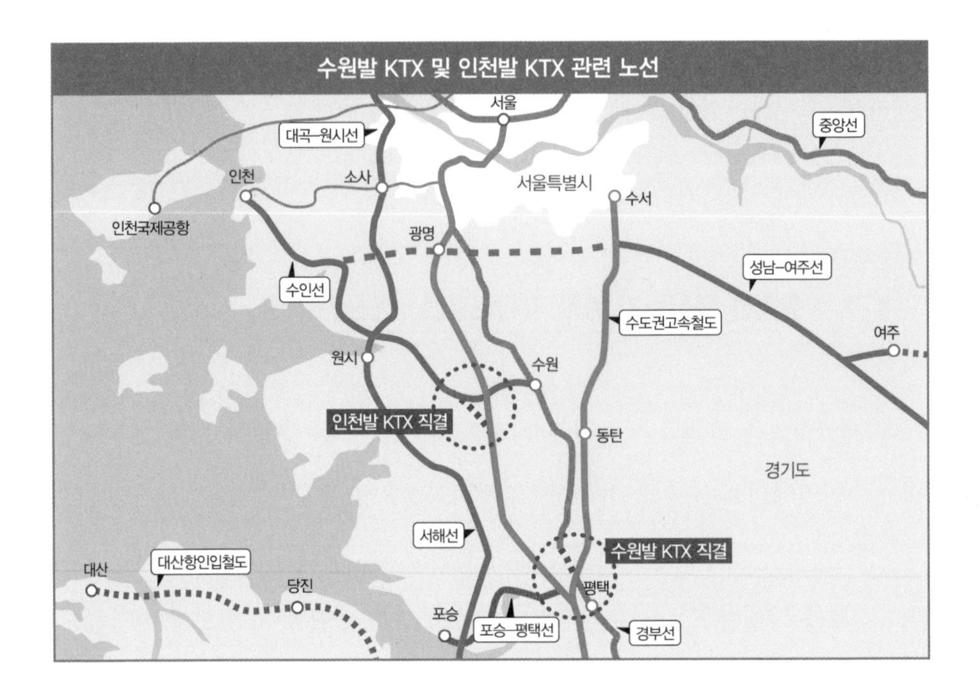

연결선과 어천연결선 사업이 진행된 후에는 인천발 KTX 및 수원발 KTX가 추진될 것이다.

이들 노선은 주요 병목구간에 속해 있기 때문에 용량부족 문제를 해소하는 데에도 지대한 공언을 하리라 예상된다. 뿐만 아니라 수도권 KTX의 사각지대인 인천과 수원의 교통 편의성을 높여줄 것으로 생각된다.

직 · 간접적 영향을 받는 철도노선들

위 그림에는 인천발 KTX와 수원발 KTX가 생길 경우 직 · 간접적으로 연결되는 다섯 개의 철도노선이 나와 있다. 수인선, 대곡-소사-원시선, 성남-여주선, 포승-평택선, 수도권 고속철도SRT가 그것이다. 여기에서는 이런 노선이 KTX의 영향을 받는다는 큰 그림만 기억해 두고, 자세한 내용은 뒤에서 다루도록 하자.

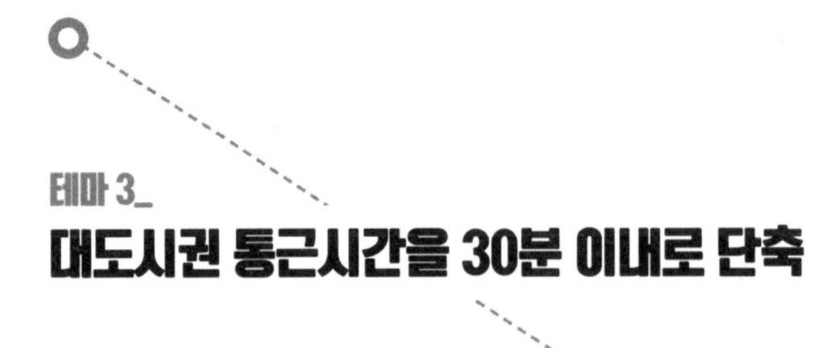

테마 3_

대도시권 통근시간을 30분 이내로 단축

2017년 기준 전국 주택보급률은 100%를 넘어서고 있다. 통계를 살펴보면 수요보다 공급이 많기 때문에 가격은 당연히 하락해야 한다. 하지만 현실은 그렇지 않다. 전체 평균만 보면 공급이 충분한 것처럼 보이지만 사람들이 거주하고 싶어 하는 지역입지가 뛰어난 지역만 살펴보면 공급보다 수요가 훨씬 많기 때문이다.

그중에서도 약 1,000만 명의 인구가 거주하고 있는 서울은 단순히 공급이 부족하다는 것만으로는 표현할 수 없을 정도다. 주택 부족을 해결하려면 공급을 대량으로 해야 하지만, 서울에는 마곡지구를 마지막으로 더 이상 택지개발을 할 만한 토지가 남아 있지 않다. 그럼에도 사람들은 일자리와 편의시설이 밀집한 서울에서 떠나려 하지를 않는다. 공급은 없지만 수요는 꾸준히 늘고 있는 것이다.

방법은 서울의 거주 수요를 수도권으로 분산시키는 것뿐이다. 그러기 위해서는 반드시 획기적인 교통수단이 신설되어야 한다. 서울로 출퇴근하는 시간이 길다면 수도권으로 나가서 살려는 사람이 적을 것이기 때문이다. 문재인정부는 '국정운영 5개년 계획'을 발표하면서 다음과 같은 내용을 포함했다.

수도권 상생 – 빠르고 안전한 대중교통, 깨끗하고 청정한 대기환경

- ㅇ 미세먼지 집중 배출지역 특별 관리로 근본적인 미세먼지 감축
- ㅇ GTX A노선(예비타당성 조사 중인 파주 연장 구간 포함) · B노선 · C노선 건설 추진
- ㅇ 지하철 급행화, 광역순환철도 건설로 출퇴근시간을 획기적으로 단축
- ㅇ 연간 10조 원 규모의 도시재생 뉴딜사업 본격 추진

문재인정부 국정운영 5개년 보고서 중 '지역공약 이행방안'

이 계획에는 GTX의 A · B · C노선을 건설하고, 지하철을 급행화하며, 광역순환철도를 건설하는 것 등이 포함되어 있다. GTX의 경우 A노선은 설계단계에 진입하면서 많은 관심을 받고 있는데, 자세한 내용은 나중에 나올 GTX 관련 챕터에서 다루도록 하겠다.

기존 노선 위에 급행노선을 운영하는 경우

그리고 국정운영보고서에서 또 한 가지 주목해야 할 것이 지하철 급행화 사

업이다. 실제로 2017년 7월 7부터는 열차 운행 스케줄 조정만으로 급행열차 운영이 가능한 노선경인선, 경의선, 수인선, 안산선에서 급행열차가 운행되기 시작했다. 이들 노선은 별도의 예산편성 없이 일반열차를 급행열차로 전환하여 운행하기 때문에 바로 운영이 가능했다.

▶ **경인선(용산역–동인천역)**

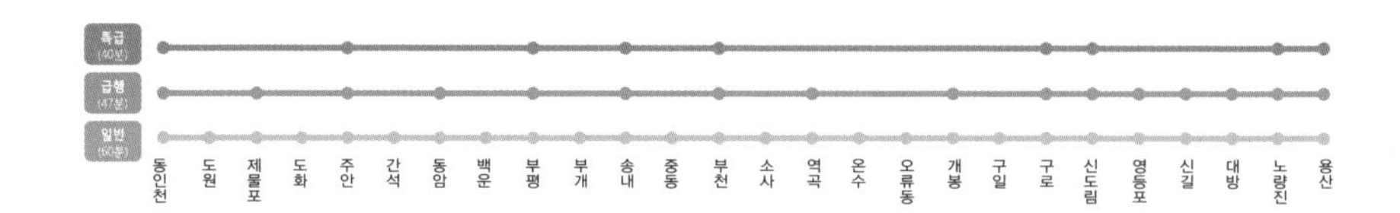

용산역에서 동인천역 구간을 운행하는 경인선1호선 노선은 이미 급행열차를 운행하고 있다. 하지만 서울과의 접근 거리가 멀기 때문에 더욱 빠른 급행열차가 필요하다는 목소리가 높았다. 이런 이유로 일반열차보다 20분, 급행열차보다 7분을 더 빨리 이동할 수 있는 특급열차가 운행을 시작했다. 낮 시간대9시~18시 사이에 총 18회 운행되는 우리나라 최초의 특급전동열차다. 이에 따라 동인천역, 주안역, 부평역, 송내역, 부천역 등 서울과 거리가 있는 역들의 접근성이 개선되었다.

▶ **경의선(서울역–일산역)**

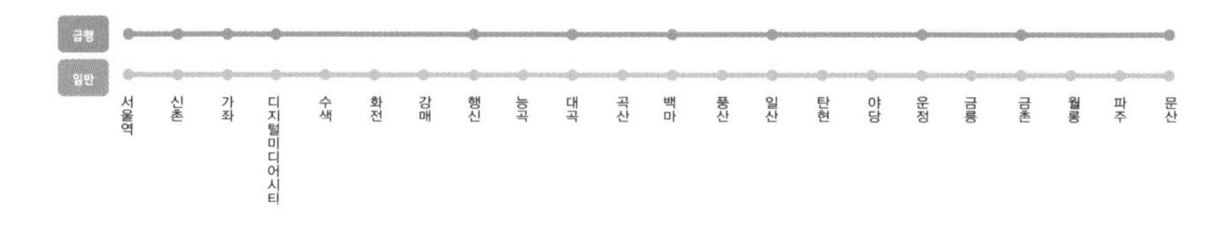

경의선은 현재 중앙선과 연결되어 경의중앙선으로 불리고 있다. 서울지하철

5호선이 강동역에서 분산되어 상일동행과 마천행으로 나뉘듯 경의선은 가좌역에서 서울역행과 용산역행으로 분산된다. 그중에서도 서울역행은 일반열차만 운행되었다. 하지만 이 구간에 낮 시간대9시~18시에 10회의 급행열차가 투입되면서 약 6분 빨라졌다. 이에 따라 고양시에서 서울로의 접근성이 한층 개선되면서 일산역, 백마역, 대곡역, 행신역 등이 수혜를 받게 됐다.

▶ 수인선(인천역–오이도역)

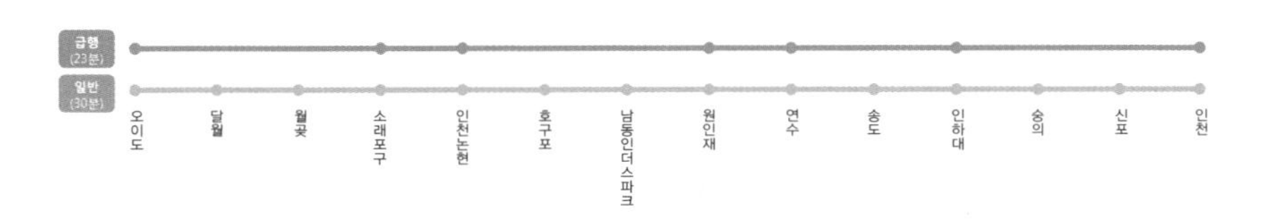

인천역과 오이도역을 연결하는 수인선은 급행열차가 투입되면서 7분의 시간을 단축했다. 출퇴근시간대7시~9시, 18시~20시에 총 8회의 급행열차가 운영된다. 또한 오이도역에서는 안산선4호선 급행열차를 환승할 수 있어 시간 단축 효과가 더욱 커졌다. 인천논현역, 원인재역, 연수역, 인하대역, 인천역 등이 수혜를 입게 되었다. 수인선은 이후 안산선의 한대앞역–수원역 연결공사가 완료되면 분당선과 연결되어 왕십리까지 한 번에 이동이 가능해진다.

▶ 안산선(오이도역–금정역)

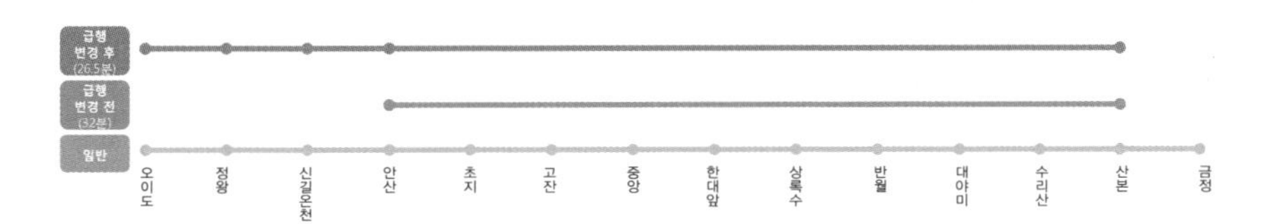

안산선은 서울지하철 4호선 중 오이도역-금정역 구간을 가리킨다. 기존에도 안산역에서 산본역까지 운행하는 급행열차가 있긴 했지만, 급행 구간이 오이도역에서 산본역까지로 확대되면서 일반열차보다 5.5분의 시간이 단축되었다. 특히 오이도역에서는 수인선과 환승이 가능해서 이동시간이 더욱 개선되었다. 정왕역, 신길온천역, 안산역 등의 교통편의성이 증대되었다.

▶ 신규 급행열차 운행을 논의 중인 노선들

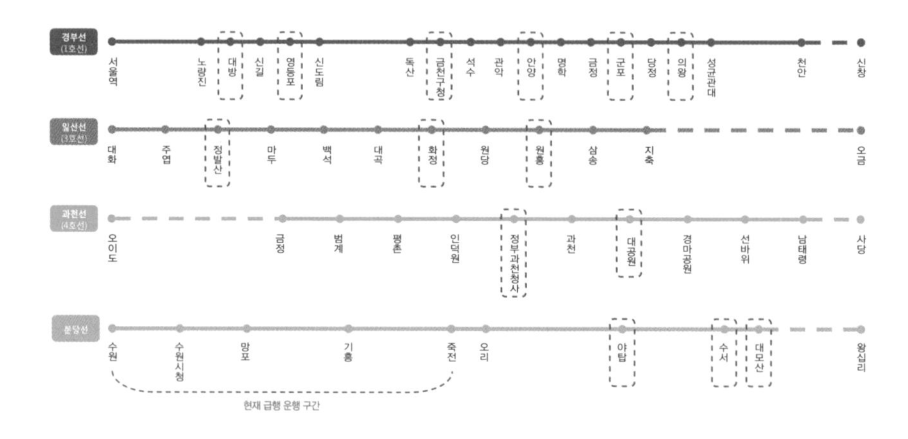

앞서 언급한 네 개의 노선 외의 구간들은 현재 사업성을 조사하고 있다. 하지만 이들 노선에 급행열차를 운행하려면 별도의 예산이 필요하다. 급행이 운영되기 위해서는 열차가 교차해서 지나갈 수 있는 대피선을 신설해야 하기 때문이다.

따라서 시간 단축 효과가 미비한 일산선3호선이나 과천선4호선보다는 효과가 큰 경부선이나 분당선의 실현 가능성이 더욱 커 보인다. 특히 분당선은 수인선과 연결되어 급행열차를 운행하게 되면 인천역-왕십리역까지 더욱 빠르게 접근이 가능해진다. 경쟁 관계인 광역버스를 압도할 수도 있을 것이다.

교통난 해소를 위해 새로 도입되는 노선들

그밖에도 3차 계획에서 발표된 신규노선 계획은 아래 표와 같다. GTX-B노선 송도역-청량리역-마석역, GTX-C노선 금정역-의정부역은 아직 예비타당성 조사가 진행 중이며 신분당선의 광교역-호매실역 구간은 예비타당성 조사 결과 불합격 통보를 받았다. 원종역-홍대입구역 구간의 경우는 본래 이용하고자 했던 신정차량기지의 시설

대도시권 교통난 해소 관련 계획노선

	노선명	사업구간	사업내용	연장(km)	총 사업비(억원)
일반	수도권광역급행철도	송도역-청량리역	복선전철	48.7	58,319
	수도권광역급행철도	의정부역-금정역	복선전철	45.8	30,736
	신분당선	호매실역-봉담역	복선전철	7.1	6,728
	신분당선 서북부 연장	동빙고역-삼송역	복선전철	21.7	12,119
	원종홍대선	원종역-홍대입구역	복선전철	16.3	21,664
	위례과천선	복정역-경마공원역	복선전철	15.2	12,245
	도봉산포천선	도봉산역-포천역	복선전철	29.0	18,076
	일산선 연장	대화역-운정역	복선전철	7.6	8,383
	서울 9호선 연장	강일역-미사역	복선전철	1.4	1,891
	충청권 광역철도(2단계)	신탄진역-조치원역	2복선전철(기존선)	22.5	5,081

출처 : 「제3차 국가철도망 구축계획」 관보고시문

을 공유하기 어렵다는 통보를 받고 원점에서 재검토 중이다. 도봉산역-포천역 구간, 일산선 연장대화역-운정역 사업은 아직 시작조차 하지 못했다. 급행열차 운행 사업은 앞으로 계속적인 모니터링이 필요하다.

이처럼 철도 계획에는 우리가 몰랐던 수많은 노선들이 계획되어 있다. 하지만 이것을 호재라고 홍보하며 인근 부동산에 투자하라고 유혹하는 손길에 함부로 눈길을 주어서는 안 된다. 명심하자. 이중에는 아직 타당성조사를 통과한 노선이 단 한 곳도 존재하지 않는다는 것을.

테마 4_

안전하고 이용하기 편리한 시설 조성

수도권 철도망은 점점 세밀해지고 있다. 1호선에서 9호선뿐 아니라 분당선, 신분당선, 경의중앙선, 경춘선 등 중심지에서 주변지로 연결되는 철도망이 계속 확장되고 있다.

노선이 많아지면 필연적으로 노선끼리 겹치는 환승역도 많아지게 된다. 그러나 그동안의 관련 인프라는 노선의 증가 속도를 따라가지 못한 것이 현실이다. 환승동선은 길고, 민자역사 개발은 부진했으며, 버스 등 다른 교통체계와의 환승도 불편했다.

이런 문제를 해결하기 위해 '제1 · 2차 복합환승센터 개발 기본계획'이 발표되었다. 복합환승센터는 단순히 환승만 할 수 있었던 기존의 역사를 넘어서 인근의 토지이용계획과 연계하여 주거 · 상업 · 업무기능이 한 곳에 집약된 랜드마크의 기능을 한다. 정부가 생각하기에 '이용하기 편리한 시설'의 핵심은 승객들이 직접적으로 이용하는 복합환승센터의 개선이라고 본 것이다.

우리나라 수도권 철도노선의 환승역은 평균 이동거리가 선진국에 비해 상당히 긴 편이다. 아래의 표를 보자. 외국의 사례를 살펴보면 타 교통과의 평균 환승거리는 베를린 중앙역이 131m, 런던 세인트판크라스역이 135m에 불과하다. 그에 비해 서울역은 378m, 용산역은 348m, 부산역은 308m로 약 두 배 이상의 거리를 걸어야 환승이 가능하다.

유럽의 경우는 철도를 만들 때 1900년대 중반부터 도시계획에 따라 노선 계획을 세웠다. 때문에 기존 노선과 신규노선과의 환승거리를 최소한으로 만들 수 있었다. 하지만 우리나라 철도의 근간은 어떠한가? 일제 강점기에 수탈한 물자를 실어 나르기 위해 만들어진 경인선, 경의선 등이 철도의 시작이었다. 이것을 연결해 만든 것이 서울지하철 1호선이고, 이후의 지하철은 이를 기준으로 진행되었다. 신규노선과의 연결 동선을 고려한 설계가 아닌 것이다.

주요 고속철도역 연계 교통수단별 환승거리

접근 교통수단	서울역	용산역	부산역	동대구역	대전역	광주 송정역	베를린 중앙역 (독일)	런던 세인트 판크라스역 (영국)
지하철	430m	280m	380m	490m	200m	140m	50m	151m
버스	390m	440m	280m	170m	280m	190m	185m	50m
주차장	450m	330m	300m	320m	150m	140m	150m	310m
택시	240m	340m	270m	150m	180m	90m	140m	30m
평균	378m	348m	308m	283m	203m	140m	131m	135m

출처 : 제2차 복합환승센터 개발 기본계획

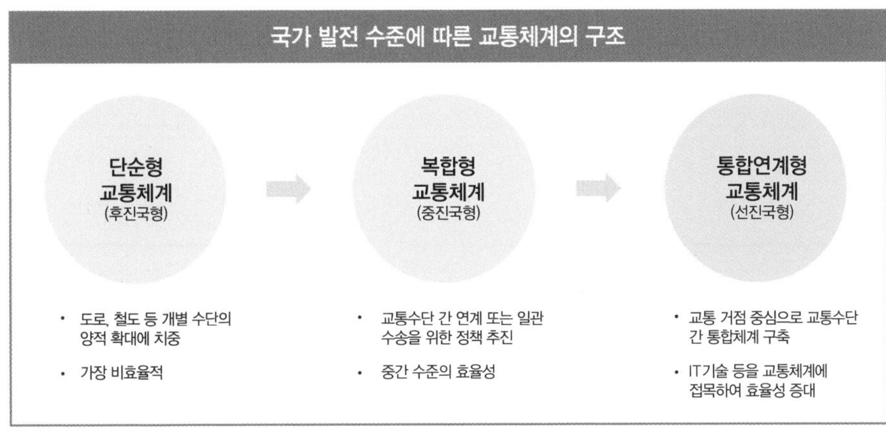

출처 : 제1차 복합환승센터 개발 기본계획

반면 광주송정역의 경우는 지하철끼리의 환승거리도 140m에 불과하지만 버스정류장까지도 180m밖에 되지 않는다. 계획에 따라 노선이 만들어졌기 때문에 환승거리도 짧게 설계할 수 있었던 것이다. 이것을 보면 우리나라도 이제 철도 중진국에서 선진국으로 넘어가는 과도기에 진입한 것으로 보인다.

핵심은 승객 중심의 복합환승센터 조성

통합연계형 수송 구조로 전환하기 위해서는 반드시 개선해야 하는 상황이 있다. 바로 복합환승센터의 구조 개선이다. 영등포역, 용산역처럼 주변은 낙후되어 있지만 역사 자체는 웅장하고 깔끔한 민자역사들을 우리는 자주 접한다. 하지만 환승동선은 여전히 복잡하고, 철도 관련시설보다는 판매시설과 주차장 비율이 압도적으로 많은 것이 대부분이다. 철도를 이용하는 승객들의 편의성보다 상업시설을 최대한 노출시키는 동선으로 구성된 것이다. 또한 민자역사는 민간사업자들이 주도하여 건설하지만, 민간사업자는 경제 상황이 좋지 못하면 언제든 사업을 중단하기 때문에 종종 진행 과정에서 문제가 생기곤 했다.

정부 역시 이러한 현실을 잘 인식하고 개선하려 한다. 따라서 복합환승센터는 민간보다는 정부가 주도적으로 개발함으로써 사업자보다는 이용자의 편의성을 증대시키는 방향으로 진행될 예정이다.

복합환승센터의 출발은 285m에 달하는 평균 환승거리를 150m 정도로 대폭 단축시켜서 이동시간을 효율적으로 개선하는 것이다. 또한 역사 조성 비용을 확보하기 위해 주변지역과 역세권을 결합하여 재탄생시킨다.

결과적으로 새로운 복합환승센터의 방향은 환승거리를 단순하게 구성하며,

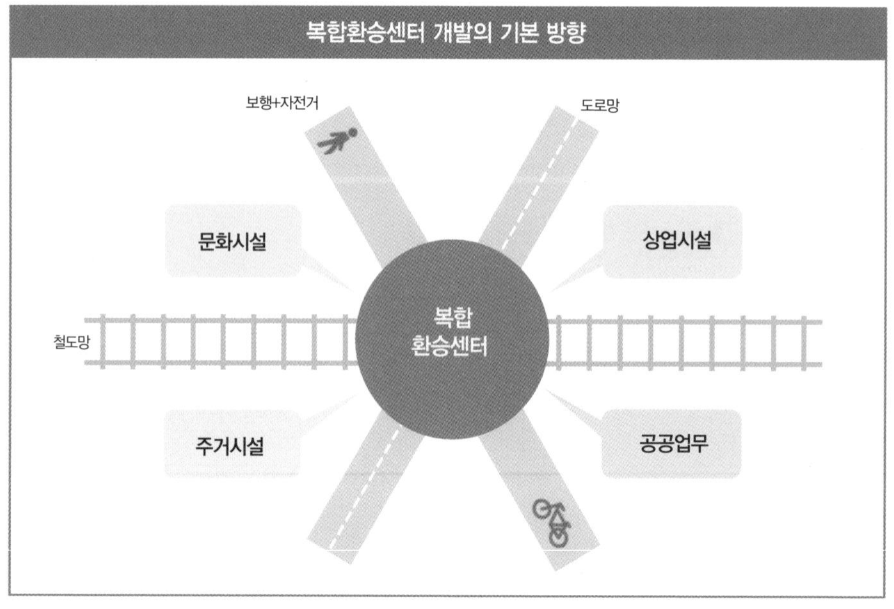

출처 : 제1차 복합환승센터 개발 기본계획)

단순 환승 기능뿐 아니라 문화 · 상업 · 주거 등 복합적 기능을 수행하고, 이용자 중심의 개발을 통해 편의성을 증대하는 것이다. 또한 교통계획과 토지이용계획을 결합하여 역사뿐 아니라 인근 지역까지 함께 개발하여 그 지역의 랜드마크를 만드는 것을 목표로 한다.

인근 지역의 개발도 탄력받는다

2011년에 발표된 제1차 복합환승센터 개발계획에서 선정된 지역 중 첫 번째로 개장한 곳은 동대구역 복합환승센터이다. 이와 함께 2016년 12월 노후도가 심각한 동대구역 일대를 복합개발하면서 인근 부동산 경기가 더욱 활력을 띠게 되었다. 이제 동대구역은 교통만 이용하려고 방문하는 곳이 아니라 남녀노소 구분 없이 문화를 즐기며 소비하는 곳으로 탈바꿈했다.

이곳은 계획 초기부터 사람이 많이 모여들 것을 예상하여 주변 도로를 확장하는 것까지 포함하여 종합계획을 세웠다. 가장 핵심 시설은 새로 입점한 신세계 백화점이다. KTX역사와 3층으로 연결되며 버스정류장이 백화점 내부에 위치해 있어 이동이 상당히 편리하게 동선이 구성되어 있다. 또한 백화점 본래의 기능뿐만 아니라 서점, 아쿠아리움, 테마파크, 키즈카페 등 가족 단위 이용자들이 즐길 만한 공간을 제공하기 때문에 인근 지역 상권까지 흡수하고 있다. 주차장은 별도의 건물에 위치시켜 내부가 상당히 쾌적하다. 버스정류장은 총 4층으로 구성되어 있는데 1 · 2층은 하차 전용, 3층은 경상도를 제외한 기타 지역용 버스의 승

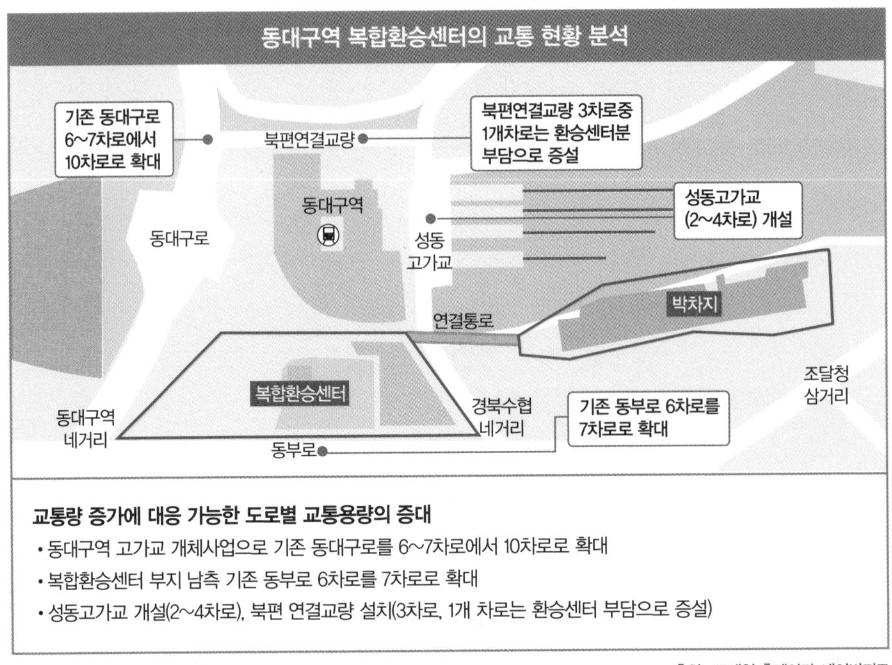

출처 : 코레일 홈페이지, 네이버지도

차, 4층은 경상권 지역을 운행하는 버스의 승차를 위해 이용된다. 동선이 겹치지 않아 환승시간이 대폭 줄었다.

동대구역 인근은 과거 대구권에서도 대표적인 낙후지역으로 평당가격이 저렴했다. 이런 이유로 재개발 · 재건축 사업의 진행이 지지부진했는데, 복합환승센터 개장 이후 재개발 · 재건축도 탄력을 받게 됐다. 사람들이 모여들자 인근 부동산 가격이 상승했고, 사업성 또한 상승하면서 사업진행의 희망을 이어나갈 수 있었던 것이다.

놀랍게도 2017년 백화점 매출 순위를 보면 신세계백화점 동대구역점이 전국 10위, 대구 1위를 기록했다. 이것만 살펴봐도 어느 정도 영향이 있는지 금방 알 수 있다. 바로 이것이 복합환승센터의 힘이라고 말하고 싶다. 오직 교통체계의 이용만을 위한 곳에서 벗어나 상업, 업무, 주거지역이 한 데 모이고, 사람들이 모여들면서 인근 노후지역에 활력을 불어넣어 준다.

복합환승센터 후보지 미리 둘러보기

투자자라면 어느 지역에 어떤 복합환승센터가 계획되어 있는지 파악하는 것이 대단히 중요하다. 다음 쪽의 표는 제2차 복합환승센터 개발 기본계획에 올라 있는 전국의 복합환승센터 검토지점을 정리한 것이다. 이중에서 실현이 유력한 후보지들을 간단히 살펴보자.

▶ 사당역

사당역은 서울지하철 2호선과 4호선이 교차하고 수도권으로 향하는 광역버스가 집중된 곳이다. 게다가 지하보도를 통해 이수역까지 연결되면 7호선까지 환승이 가능하기 때문에 유력한 복합환승센터의 후보지 중 하나다. 사당역은 인천, 수원, 시흥, 용인 등으로 운행하는 광역버스들이 모여드는 접점 역할을 하고 있어 지금도 출퇴근시간이면 광역버스를 이용하려는 승객들로 북새통을 이룬다.

2016년 개통된 강남순환고속도로는 광명까지 이어지고, 2017년 개통된 안양-성남고속도로는 판교까지의 접근성을 한층 강화해 주었다. 문제는 이렇게 차량들이 몰려들다 보니 인근의 교통체증이 심각하다는 것인데, 이를 개선하기 위해서 현재 사당역-남태령고개 사이의 2.8km 구간에 중앙버스전용차선 설치 공사가 진행 중이다. 이후 동작대로와 연결되면 대중교통 편의성이 더욱 개선될 것이다.

▶ 시흥시청역

긴 시간이 소요되겠지만 시흥시청역도 복합환승센터의 유력한 후보지 중 한 곳이다. 미래에 양질의 일자리가 생성될 광명 · 시흥 테크노벨리가 인접해 있고 대곡-소사-원시선, 월곶-판교선, 신안산선이 교차하는 곳이기 때문이다. 물론 완전한 트리플 역세권으로 자리 잡기 위해서는 오랜 시간이 필요하겠지만 세 노

수도권 복합환승센터 검토 지역

역명	위치	환승 가능 노선
킨텍스역	경기 고양시	GTX-A
행신역	경기 고양시	KTX, 경의중앙선
수색역(DMC)	서울 은평구	경의중앙선, 서울6호선, 공항철도
복정역	서울 송파구	서울8호선, 분당선
수서역	서울 강남구	서울3호선, 분당선, KTX, GTX-A
삼성역(봉은사역)	서울 강남구	서울2호선, 서울9호선, 위례신사선(예정), KTX(예정), GTX-A, GTX-C(예정)
사당역	서울 서초구	서울2호선, 서울4호선, 남부광역급행철도(예정)
시흥시청역	경기 시흥시	소사-원시선(예정), 신안산선(예정), 월곶-판교선(예정)
동탄역	경기 화성시	KTX, GTX-A, 인덕원-수원선, 신교통수단 등
지제역	경기 평택시	KTX, 수도권전철, BRT
검암역	인천 서구	공항철도, 인천2호선

출처 : 제2차 복합환승센터 개발 기본계획

선 모두 KTX가 운행되기 때문에 교통의 중심지가 될 가능성이 높은 편이다. 그래서 시흥시청역과 가까운 택지인 장현지구는 시흥시 내에서 가장 주목받는 곳이기도 하다.

▶ 동탄역

동탄역은 진행속도가 양호한 GTX-A노선에 위치해 있으며, 앞으로 지역의 랜드마크가 될 가능성이 높다. 동탄은 경기 남부에 위치한 대표적 계획도시로, KTX뿐만 아니라 현재 공사 중인 GTX-A노선, 인덕원-수원선, 그리고 동탄지하철 1 · 2호선이 계획되어 있어 교통의 중심지가 될 가능성이 풍부하다. 상단에는 동탄테크노벨리가 위치해 있어 일자리 수요도 풍부하고, 경부고속도로가 관통하고 있어 '광역 비즈니스 콤플렉스'라는 이름의 복합환승센터가 계획 중이다.

▶ 수서역

서울시에서 복합환승센터로서 가장 빠른 진행속도를 보이는 곳은 수서역이다. 2016년 12월 9일 개통한 수서발 고속철도SRT는 1년만인 2017년 12월 현재 누적승객 1,880만 명을 돌파했다. 뿐만 아니라 수서역은 서울지하철 3호선과 분당선, 개통 예정인 삼성-동탄 광역급행철도, 수서-광주선까지 향후 총 다섯 개 철도노선이 지날 예정이다. 광역철도망의 결절점으로 입지조건이 매우 뛰어나게 변모하는 것이다.

이 지역은 개발제한구역으로 지정되어 상대적으로 낙후되어 있었다. 그러나 SRT역 일대 약 38만6,000㎡가 철도시설환승센터을 중심으로 개발되어 업무 · 상업 · 주거기능 등이 조화된 미래형 복합도시로 탈바꿈할 예정이다. 개발계획에는 수서차량기지 부지와 탄천 건너에 위치한 문정법조타운 및 지식산업센터와 연계하는 것도 포함되어 있다.

▶ 삼성역

동남권의 절대강자인 삼성역은 인근의 영동대로 지하 복합환승센터가 예정되어 있다. 규모가 가장 크기도 하지만 사업 진행속도 또한 빠르다.

이곳은 여러 노선이 모여드는 핵심 지역이다. 2호선 삼성역과 9호선 봉은사역 사이에 있는 영동대로가 지하6층짜리 대규모 시설로 연결되고, 2호선과 9호선뿐 아니라 도심공항터미널, GTX A · C노선, KTX, 위례-신사선, 시외버스 터미널이 모두 한 곳에 자리잡으면서 명실상부한 서울 동남권 교통의 중심지로 발돋움하게 된다.

복합환승센터가 완공되면 보행동선이 단순 · 최적화되고 평균 환승거리 및 시간이 서울역의 3분의 1 수준으로 개선된다. 여기에 향후 이 지역의 버스 수요가 증가할 것에 대비하여 영동대로 중앙버스 전용차로와 연계해 지상과 지하1층 사이에 버스환승정류장이 설치된다. 마지막으로 복합개발이 예정되어 있는 인근의 국제교류복합지구잠실 MICE 단지까지 하나로 연결되면 서울 동남권을 대표하는 랜드마크로 자리 잡게 될 것이다.

▶ 지방의 복합환승센터

복합환승센터는 지방에도 계획되어 있다. 1차 계획에 포함된 곳은 GTX-A노선과 밀접한 관련이 있는 대곡역, 대곡-소사-원시선과 서해안복선전철 그리고 장항선으로 연결되는 익산역, 동해남부선과 남부내륙선이 만나는 부전역, 경부선 KTX가 운행 중인 울산역, 호남선 KTX가 운행 중인 광주송정역이다.

또한 2차 복합환승센터 개발 기본계획에 포함된 곳은 아래 표와 같은데, 이중에서 동대구역과 함께 대구권 교통을 책임질 서대구역 복합환승센터를 특히 집중해서 살펴보기 바란다.

지금까지 우리는 국가철도망 구축계획에 대해 알아봤다. 특히 제3차 계획에 등장하는 네 가지 테마에 대해서 알아보았다. 이 모든 사항이 실현되면 최종적으로는 전국 어디서든지 KTX를 이용해서 2시간 생활권을 달성하는 것이 계획의

지방 복합환승센터 검토 지역

역명		위치	진행 상황
1차 예정지	대곡역	경기 고양시	고양시 역세권 개발사업과 연계, 개발계획 수립 중
	익산역	전북 익산시	지방교통위원회 심의 완료
	부전역	부산 부산진구	부산시 개발계획 수립 중
	울산역	울산 울주군	민간제안 철수, 제3차 공모 중
	광주송정역	광주 광산구	우선협상대상자 개발계획 수립 중
2차 예정지	오송역	충북 청주시	기본구상 단계
	유성터미널	대전 유성구	사업기간 : 2013년 7월 ~ 2018년 4월
	서대구역	대구 서구	기본구상 단계
	노포역	부산 금청구	기본구상 단계
	목포역	전남 목포시	사업기간 : 2016년 ~ 2020년
	제주국제공항	제주시 용담2동	사업기간 : 2016년 ~ 2020년

출처 : 제2차 복합환승센터 개발 기본계획

목표다.

그러나 중요한 것은 이런 계획이 언제 실현되느냐이다. 부동산 시장에는 수많은 호재 소식이 떠돌고 있지만, 계획만 무성한 그 수많은 노선들은 아직 타당성조사 통과조차 못 하고 있는 것이 현실이다.

2015년부터 국토교통부의 SOC 예산은 매년 감소하고 있다. 집행할 수 있는 예산은 이렇게 한정되어 있지만 지자체의 요구는 계속 증가하고 있다. 따라서 어떤 노선이 진행될 만하고 어떤 노선이 진행되지 못할 것 같은지 옥석을 가릴 능력을 키워야 한다. 그것이 우리가 신문기사나 뉴스에 의지하지 말고, 원 자료를 찾아보고, 전체 수립계획에 부합하는 노선에 집중해야 하는 가장 큰 이유이다.

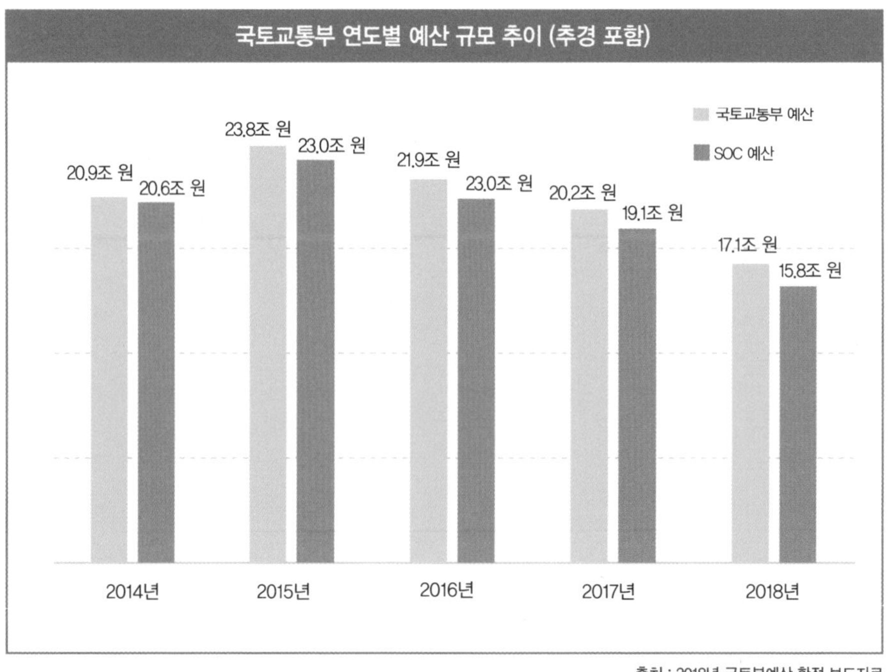

출처 : 2018년 국토부예산 확정 보도자료

CHAPTER

04

신안산선
자세히 들여다보기

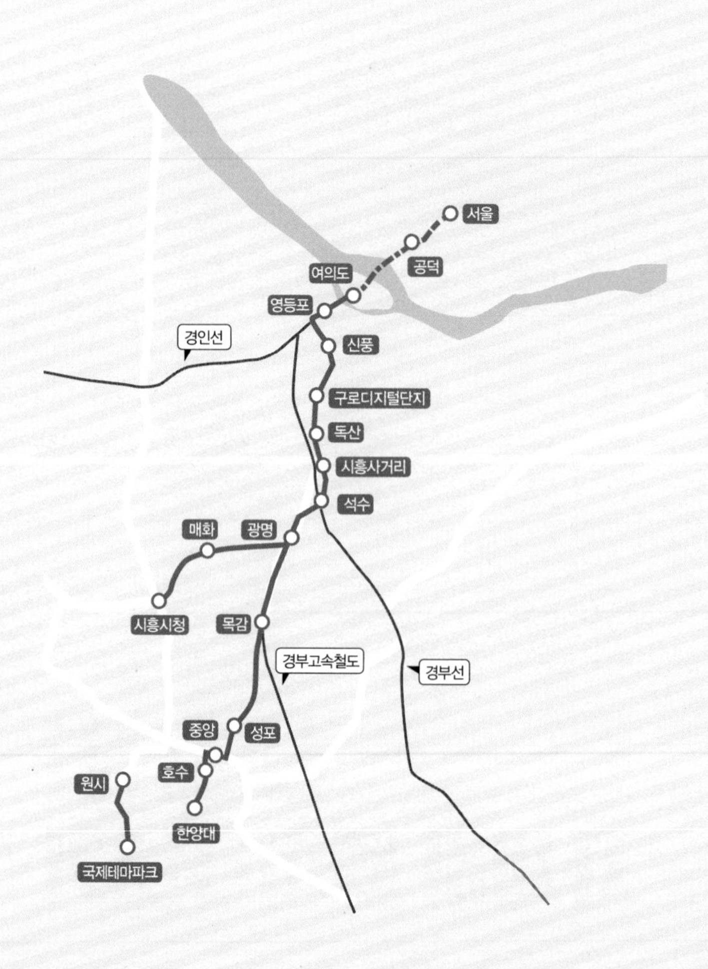
서울
공덕
여의도
영등포
경인선
신풍
구로디지털단지
독산
시흥사거리
석수
매화
광명
시흥시청
목감
경부고속철도
경부선
중앙
성포
호수
원시
한양대
국제테마파크

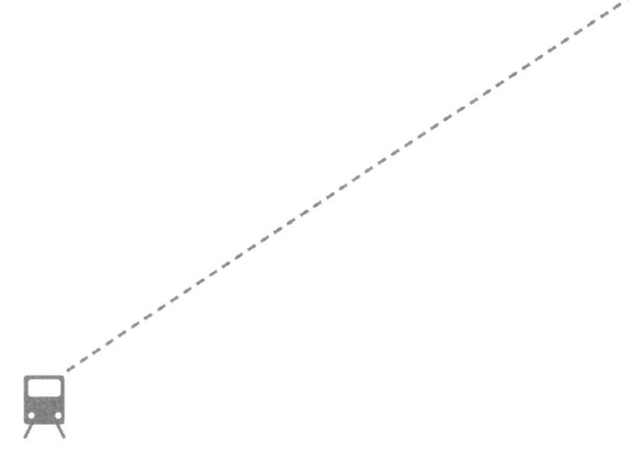

경기 서남부권 교통 문제의 해결사, 신안산선

신안산선은 서울역에서 여의도역과 광명역을 지나 안산의 한양대역까지, 그리고 광명역에서 뻗어나와 시흥시청역을 지나 국제테마파크역까지 이어지는 총연장 43.6km의 광역철도 노선이다. 이중에서 광명역-시흥시청역 구간은 현재 공사가 진행 중인 월곶-판교선과 노선을 공유하고, 시흥시청역-원시역 구간은 역시 공사가 진행 중인 소사-원시선과 노선을 공유할 예정이다. 사업 방식은 수익과 손해를 정부와 민자사업자가 반반씩 나누는 BTO-rs이다.

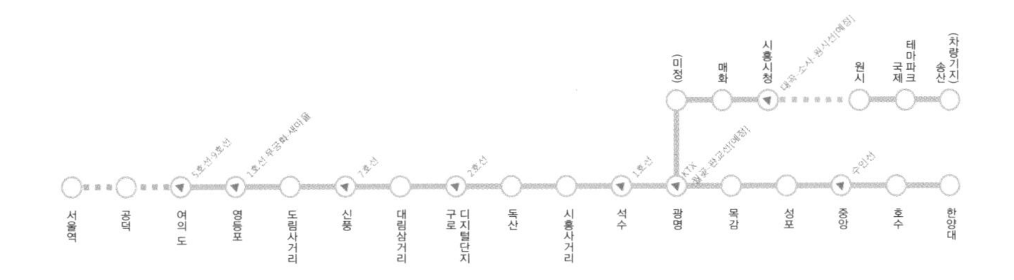

환승역으로는 여의도역5 · 9호선, 영등포역1호선 · 무궁화호 · 새마을호, 신풍역7호선, 구로디지털단지역2호선, 석수역1호선, 광명역KTX, 월곶-판교선(예정), 중앙역수인선, 시흥시청역대곡-소사-원시선(예정), 화랑역KTX(예정), 4호선 등이 계획되어 있다.

1차 계획은 여의도까지만

신안산선의 공사는 총 2단계로 진행될 예정인데 1단계는 여의도역-한양대역 그리고 광명역-국제테마파크역까지로 2023년 개통이 목표다. 2단계는 나머지 여의도역-서울역 구간으로 아직 공사기간이 확정되지는 않았다.

이렇게 두 단계로 나눠진 중요한 원인 중 하나는 바로 한강에 설치될 다리 건설비용이다. 다리 건설에는 수천억 원의 비용이 들어가는데 그 비용을 무릅쓰고 수익을 내기 위해서는 그만큼 이용승객수가 많아야 한다. 따라서 1단계로 다리를 건설하기 직전인 여의도역까지만 먼저 운행하고, 이후 월곶-판교선과 KTX의 운행이 더욱 활발해지면 2단계 서울역까지 노선을 연장하려는 것이다.

선로 공유 구간인 시흥시청역-광명역 구간에는 역사 건설이 예정된 곳이 있다. 이때의 '예정'이란 확실히 건설이 된다는 뜻이 아니라, 만약 건설이 된다면 여기에 한다는 뜻이다. 위치는 현재 추진 중인 광명 · 시흥테크노밸리를 관통하는 곳이다. 광명 · 시흥테크노밸리의 사업이 원활히 진행되어 부지를 민간에 매각하려면 전철역 건설이 필수적이므로 이때를 대비해서 미리 계획해둔 위치다. 그러나 아직은 수요가 적기 때문에 굳이 역 건설 예산을 추가함으로써 예비타당성 조사에 악영향을 끼칠 이유가 없다. 이후 광명 · 시흥테크노밸리가 활성화되면 철길 위에 역사만 새로 신설하겠다는 구상이다.

서부간선도로 정체를 해결할 기대주

신안산선이 기대되는 가장 큰 이유는 경기 서남부 지역에서 서울 서남부 지역으로 접근하는 도로 사정이 현재 너무나도 열악하기 때문이다. 수원이나 안산에서 광명, 마곡, DMC디지털미디어시티 등으로 이동하기 위해 전철을 이용하려면 몇 번의 환승을 거쳐야 한다. 그래서 도로를 이용하는 수요가 많은데, 이때 이용 가능한 도로는 서부간선도로가 유일하다.

하지만 서부간선도로는 왕복 4차선에서 6차선으로 수요에 비해 도로 용량이 턱없이 부족해서 늘 정체가 심각하다. 실제로 서부간선도로는 서울에서 운영하는 도시고속도로 중 평균이동속도 최하위를 기록하고 있다. 다음 장의 그림을 보면 총 8개의 도시고속도로 중 서부간선도로의 최저시속은 27km에 불과하다. 이곳을 이용하는 사람들에게는 엄청난 스트레스가 되는 것이다. 신안산선이 개통되면 이렇게 서부간선도로에만 몰려 있는 수요가 어느 정도 분산될 수 있다.

뿐만 아니라 신안산선은 안산, 시흥, 광명 인근에 호재가 될 수 있는 환승역을 두루 갖추고 있다. 광명역월곶—판교선, KTX, 중앙역4호선, 석수역1호선, 구로디지털단지역2호선, 신풍역7호선, 영등포역1호선, 여의도역5 · 9호선 등이 그것이다.

현재는 안산에서 여의도까지 갈 때 전철을 이용하면 1시간 30분 이상이 소요

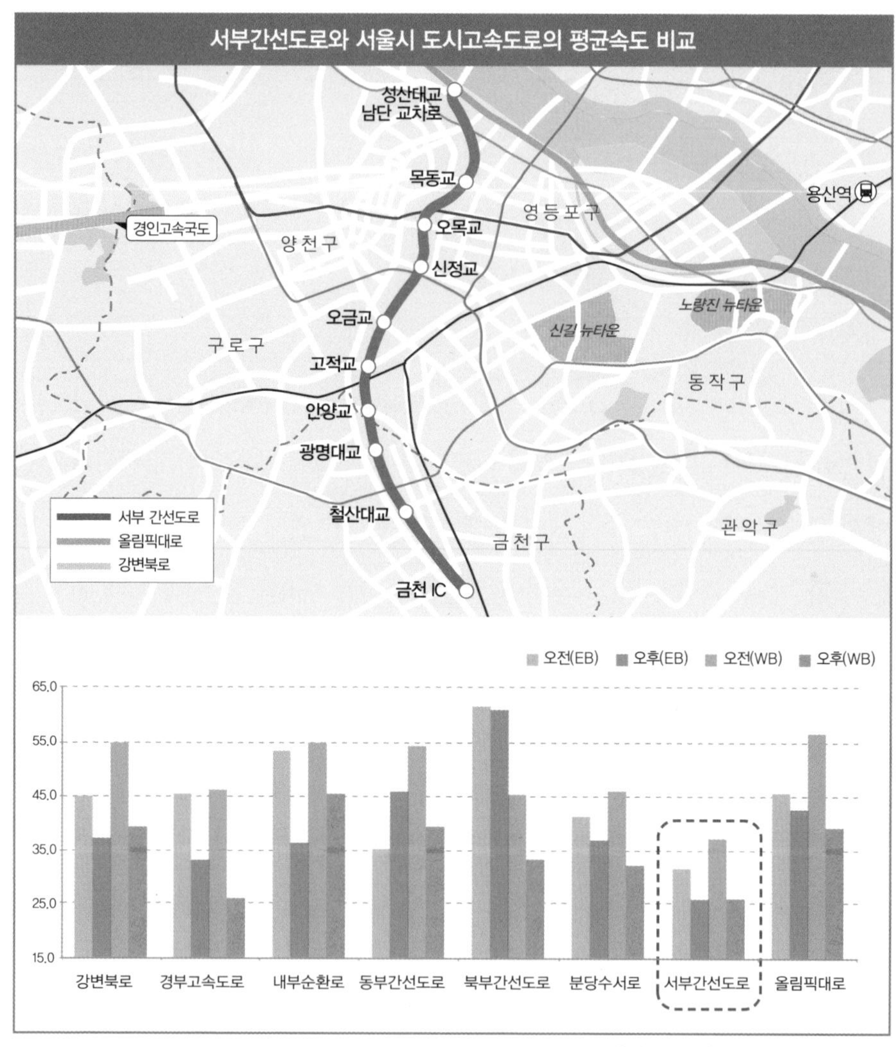

출처 : 2015 서울특별시 차량통행속도 보고서

된다. 하지만 신안산선이 개통되면 30분대에 도착할 것으로 예상된다. 그만큼 수도권 서남부 지역에서 서울로 출퇴근하는 주민들의 교통편의성은 크게 높아질 것으로 기대된다.

민간사업자들은 왜 신안산선에 적극적일까

신안산선은 광역철도로 구분되어 있으며, 정부와 민간이 수익 가능성과 실패 리스크를 반반씩 부담하는 민자 BTO-rs 방식으로 진행되는 국내 최초의 노선이다. 사업자로는 포스코건설, 롯데건설, 국민은행 등이 함께 만든 '포스코컨소시엄'이 유력하다.

신안산선 민자사업자 선정은 다소 굴곡을 겪으며 진행되고 있다. 첫 번째 민간사업자 공모에서는 아무도 입찰을 하지 않아서 사업자 선정이 무산되었다. 그러다가 2차 공모에서는 포스코컨소시엄과 또 다른 사업자가 입찰했는데, 사실 포스코컨소시엄은 여기에서 한 번 탈락했었다. 하지만 절차상의 하자로 경쟁사가 우선협상대상자 지위를 박탈하면서 재공모 과정을 거쳤고, 2018년 3월 현재 포스코컨소시엄이 사업자로 협상 중이다.

여의도 개발과 포스코컨소시엄

포스코컨소시엄은 왜 신안산선에 그토록 관심을 보였을까? 아마도 여의도 파크원 개발사업 때문이라고 추측된다. 2006년 공사가 시작되었으나 오랜 시간 흉물로 남아있었던 파크원은 현재 포스코건설이 건설수주를 하고 국민은행이 투자하여 다시 공사가 진행 중이다. 이 두 회사는 여의도역과 연결되며 탄력을 받은 IFC몰의 사업성을 직접 확인했다.

파크원은 이미 준공 시점부터 현대백화점의 장기임차계약이 체결된 상태고, NH투자증권이 지상 53층의 연면적 5만 평이 넘는 오피스Ⅱ를 매입하는가 하면, 페어몬트앰베서더호텔이 입점하는 등 관심이 계속 높아지고 있다. 또한 인근에 위치한 옛 MBC 부지 개발 사업도 건설사 선정을 앞두고 있어, 이 지역이 개발되면서 높아질 사업성에 대한 기대가 한층 커졌다.

여기에 여의나루 개발 사업도 네 단계로 나눠서 진행되고 있다. 현재 1단계 사

여의나루 개발사업의 개요

구분		시설규모	도입용도
1단계	여의나루 (통합선착장)	건축연면적 2,100㎡ 부유체 2,400㎡ 부잔교 3,000㎡	선착장(마리나) 전망대 및 지원시설 선박계류
2단계	여의정 (피어데크)	건축연면적 7,000㎡ (둔치상 설치)	식음시설, 특화상품 판매 선상체험시설
3단계	여의마루 (여의테라스)	건축연면적 8,500㎡ 보행교(220×4.5m)	Life-Style Shop 관광 및 판매시설 문화커뮤니티
4단계	아리문화센터 (복합문화시설)	건축연면적 8,000㎡ 야간조명	상설전시(한강전시관/커미션워크) 대관전시, 어린이 과학 체험관

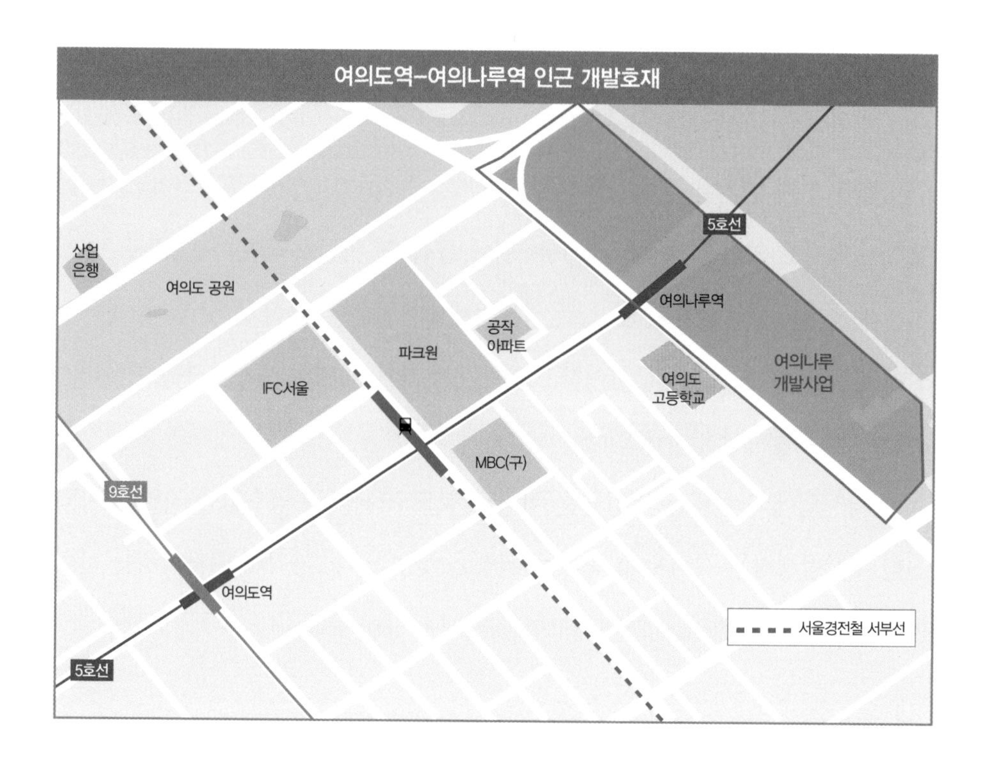

업인 여의나루 통합선착장은 공모를 통해 본 설계가 진행되고 있다. 해당 사업들이 제 모습을 갖추게 되면 여의나루역에서 여의도역 인근의 모습이 완전히 바뀌게 되어 더욱 큰 수익을 창출할 것으로 생각된다.

영등포 민자역사와 롯데백화점

신안산선에 참여하는 기업 중에는 롯데건설도 있다. 잘 알다시피 롯데건설은 영등포역에 입점해 있는 롯데백화점의 계열사다. 「2017년 국토부업무계획」을 살펴보면 2017년에 점용기간이 만료되는 세 개의 민자역사구 서울역, 영등포역, 동인천역에 대한 향후 관리지침을 마련하겠다는 내용이 언급되어 있다.

영등포역에 위치한 롯데백화점의 임대기간은 2017년 말로 종료되었고, 2019년까지 임시로 영업을 계속한다. 1987년에 문을 연 영등포역 롯데백화점은 여러 지점 중에서도 상징성이 큰 곳으로, 경쟁업체에게 좋은 타깃이 될 수 있다. 롯데건설이 신안산선 사업에 적극 참여하고 있는 것은 영등포역의 사용기간을 연장하기 위한 것과 무관하지 않아 보인다.

민자사업에 참여하는 기업들은 이처럼 철도 자체의 운영수입 못지않게 사업 진행으로 발생하는 시너지 효과에 큰 관심을 갖고 있다. 따라서 민자역사를 살펴볼 때에는 이처럼 관련 사항을 체크하는 것이 상당히 중요하다.

신안산선의 영향을 받는 지역들

신안산선의 직접적인 영향을 받을 만한 곳은 어디일까? 개통이 되면 기존의 교통 사각지대에서 비교적 큰 혁신이 일어날 만한 지역이 가장 큰 수혜 대상일 것이다. 그중에서 가장 먼저 꼽히는 곳이 시흥의 목감과 장현택지지구, 서울의 석수역과 시흥사거리 인근이다.

목감지구 : 시흥휴게소 개통으로 교통이 편리해진다

시흥시는 지리적으로 주거지와 산지가 산재되어 있어 넓은 지역을 한 번에 개발하기가 어려운 곳이다. 때문에 그동안 인프라 사업에서 소외된 경향이 없지 않았는데, 신안산선이 개통되면 갈증이 어느 정도 해소될 수 있을 것이다.

신안산선 주변 개발계획

지역명	개발계획	진행 상황	세대수(세대)	수용인구(명)	면적(천㎡)	완공년도	반영년도	비고
안산시	안산 신길온천지구 택지개발사업	사업계획 승인	948	2654	70	2010	2015	기반영
시흥시	장현 택지개발사업	택지공급 승인	6350	49050	2931	2012	2015	기반영
	능곡 택지개발사업	택지공급 승인	5755	17259	962	2009	2009	기반영
	목감 택지개발사업	택지공급 승인	11585	34752	1747	2009	2015	기반영
화성시	송산그린시티 개발사업	개발계획 승인	60000	150000	57820	2022	2024	기반영
시화 멀티테크노밸리 조성사업		착공	국가 산업단지	76296	9.26	2016	2019	수정 반영

출처 : 신안산선 예비타당성 보고서

시흥시에서 신규 공급된 택지지구인 목감지구는 시흥시 동쪽에 위치한 곳으로 서울외곽순환고속도로, 서해안고속도로와 가깝다. 총 1만2,096호의 주택 중 아파트는 1만1,819호, 도시형생활주택은 188호, 단독주택은 89호로 구성되어 있다. 인근에 물왕저수지를 끼고 있어 자연환경이 뛰어난 곳이기도 하다. 목감지구는 호반베르디움1차를 기점으로 2019년까지 지속적인 입주가 계획되어 있다. 향후 양질의 일자리가 제공되는 광명 · 시흥테크노밸리의 영향을 직접 받을 곳으로 주목받고 있다.

이곳 신시가지는 구시가지와 연결되는 지역에 조성되는데 2018년 현재는 구시가지에서 서울로 가기 위해서는 광역버스를 이용해서 외곽순환고속도로를 통해야만 한다. 바로 이곳에 신안산선 개통이 예정되면서 서울 접근성이 향상될 것이라는 기대가 커지고 있다.

목감지구 및 장현지구의 위치

목감지구 내 아파트 분양 상황

1차 개발은 목감역 인근이 될 예정이지만, 이후 광역버스 정류장 인근의 발전도 기대되고 있다. 가장 큰 이유는 최근에 개장한 시흥휴게소 때문이다. 서울외곽순환고속도로 위에 떠 있는 모양으로 지어져 '하늘 휴게소'로 불리는 이곳은 단순히 쉬었다 가는 곳 이상의 역할을 수행한다. 바로 광역버스 환승정류장의 역할이다. 이곳에서 광역버스를 이용한 후 목감지구로 갈 때에는 정기적으로 운행되는 마을버스를 이용하면 되기 때문에 광역교통의 편의성이 크게 향상될 것으로 예상된다.

SOC 예산이 점차 줄어들고 있는 상황에서 상대적으로 저렴한 예산으로 활용할 수 있는 교통시스템이 바로 광역버스 운행이다. 철도에 비해 건설 및 유지비용이 현격이 낮기 때문이다. 그렇지만 상대적으로 적게 든다고 해도 모든 지역에 광역버스를 운행하기는 여전히 예산 부담이 너무 크다. 그래서 휴게소를 건설하고 여기에 환승정류장을 만들어서 여러 노선을 운행하는 것과 같은 효과를 거두려는 것이다. 시흥휴게소뿐 아니라 수도권의 다른 광역버스 경유지에서도 비슷한 시도가 진행되고 있다.

장현지구 : 트리플역세권이 예정된 시흥 내 최고 입지

목감지구의 서쪽에 위치한 장현지구는 시흥시청을 끼고 있는 시흥의 대표적 개발 지역으로, 시흥의 다른 택지지구보다 조금 늦게 분양을 시작해서 입주는 2020년부터 예정되어 있다. 2018년 6월 개통 예정인 소사-원시선은 물론 월곶-

시흥휴게소 전경

출처 : 풀무원

경기순환버스 및 환승정류장 연계 노선도

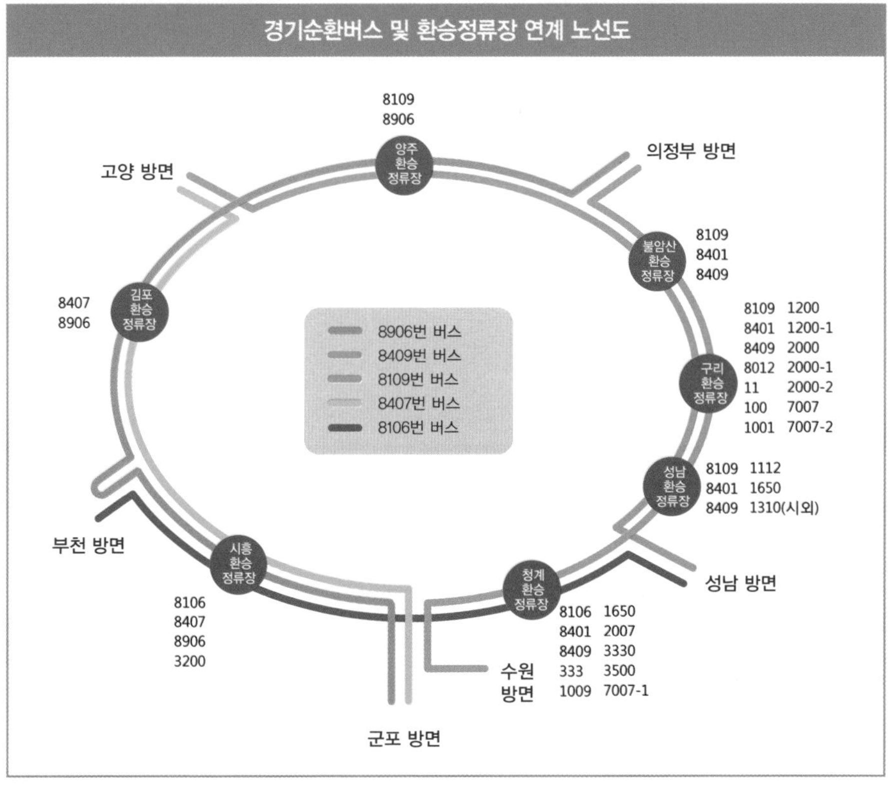

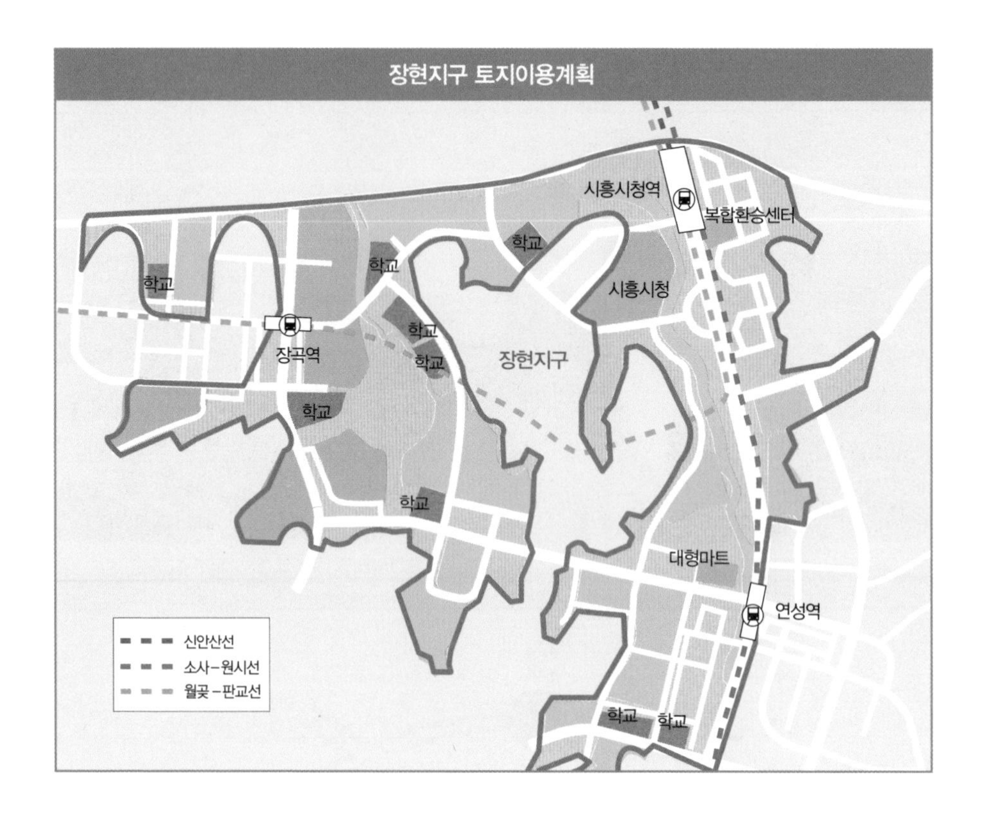

판교선, 신안산선 등 세 개의 노선이 만나는 이른바 트리플역세권에 자리 잡고 있기 때문에 시흥에 조성되는 택지지구 중에서 교통편의성이 가장 양호하다고 평가받는다. 뿐만 아니라 경기도 지역 중 미래에 일자리가 가장 많이 증가할 것으로 예상되는 광명과 인접해 있어 가장 큰 시너지 효과가 기대되는 곳이기도 하다.

또한 트리플역세권이 조성된 후 시흥시청역에는 복합환승센터가 만들어질 예정이며, 준고속열차도 정차할 계획이 세워져 있어 미래 시흥시의 중심이 될 가능성이 크다. 복합환승센터는 교통의 편의성만을 위한 시설이 아니라 업무 · 상업 · 주거시설이 공존하는 랜드마크 역할을 한다. 이런 시설이 시흥시 중에서도 장현지구에 계획되어 있다는 것은 그만큼 입지가 뛰어나다는 반증일 수 있다.

신안산선 중 시흥시청역-매화역-광명역 구간은 시흥시청역에서 월곶-판교선과 교차하며 노선을 공유한다. 월곶-판교선에는 장곡역이 신설될 예정인데 이 역시 장현지구 내에 위치하고 있다. 바로 인근에 개발되고 있는 광명 · 시흥테크노밸리는 장현지구에서 월곶-판교선을 이용하면 바로 연결되기 때문에, 장차 이곳의 수요층들이 장현지구로 유입될 가능성이 크다.

시흥에는 여러 택지지구가 동시에 개발되고 있고 2018년에서 2019년 사이에는 배곧지구, 목감지구, 은계지구 등의 입주가 몰려 있다. 따라서 이 시기에는 입주물량이 쏟아지면서 시흥시 전체의 아파트 시세가 조정을 받을 가능성이 있다. 그러나 장현지구는 2017년 하반기부터 분양을 시작해서 2020년부터 순차적으로 준공이 예정되어 있다. 시흥시에 불어 닥칠 입주대란 위기에서 한 발짝 벗어나 있다는 뜻이다.

석수역 인근 : 더블역세권과 광명역세권 개발의 긍정적 영향

서울시와 광명시, 안양시의 경계에 위치한 1호선 석수역 인근은 노후한 중소제조업체들이 밀집한 지역이다. 인근에 관악산이 있음에도 불구하고 주거환경이 썩 좋은 편은 아니다. 1호선 철로와 나란히 위치한 경수대로는 왕복 10차선에 중앙버스전용차선이 운용될 만큼 차량통행이 많은 곳이어서 인근 지역에는 소음이 상당하다.

게다가 금천구 시흥동 바로 밑에 위치한 석수푸르지오, 석수e편한세상2차, 힐스테이트석수 아파트는 인근에 학교가 없다. 그래서 이곳에 사는 학생들은 넓은 경수대로와 석수역을 지나서 건너편 연현초등학교와 연현중학교로 통학을 해야 한다. 당연히 학군 측면에서도 크게 선호하는 지역이 아니다.

석수역 인근의 모습

하지만 석수역에 신안산선이 개통되면 더블역세권으로서 교통편의성이 한층 개선될 것으로 생각된다. 게다가 인근에 위치한 강남순환도로, 안양-성남고속도로, 서해안고속도로, 광명-수원고속도로, 그리고 지하화가 될 서부간선도로와 연계될 수 있다. 양질의 일자리가 풍부해질 것으로 예상되는 광명에서도 가깝기 때문에 석수역의 발전 가능성은 꽤 크다고 봐야 한다.

또한 국토교통부는 2018년 2월에 새로운 BRT간선급행버스체계 노선을 발표했는데, 그중 수원-구로 구간을 2018년 내로 설계 완료하겠다는 계획이 포함되어 있다. BRT란 별도의 차선을 신설하여 신호대기 없이 운행하는 새로운 버스 교통체계를 말한다. 사거리에서는 지하터널을 설치하거나 버스가 접근하기 전 녹색신호등으로 점멸하는 시스템을 구축하여 정류장과 정류장 사이의 이동을 원활하게 한다. 즉, 전철과 비슷한 효과를 만들어내는 것이다. 국토교통부가 발표한 수원-구로 BRT 구간은 석수역 인근에서 중앙버스전용차선과 연결되어 구로디지털단지역까지 운영될 예정이다. 이렇게 되면 석수역은 철도와 도로가 만나는 접점의 역할을 하게 된다.

석수역은 서울시에 포함되어 있긴 하지만 외곽에 위치해 있어 그동안 난개발과 자연훼손이 심각한 개발 소외지역이었다. 그러나 철도와 도로의 접점 역할을 하는 중요 지역인 만큼, 서울시는 석수역과 비슷한 상황의 몇몇 지역들을 관문도시로 관리하겠다는 계획을 보도했다. 석수역은 물론 사당, 양재, 수서, 강일, 신내, 도봉, 구파발, 수색, 개화, 신정, 온수 등의 지역을 관문도시로 조성하여 보존과 개발을 동시에 진행하겠다는 것이다.

교통편의성이 좋아지면 사람이 몰리고, 역세권 주변 개발의 사업성을 높여준

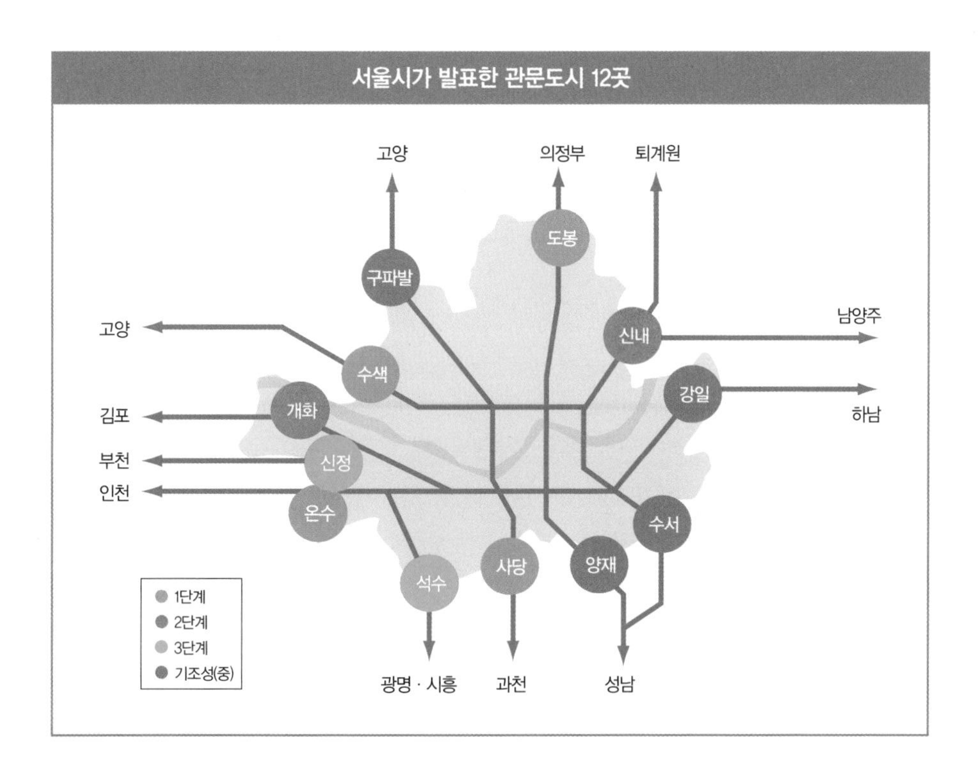

다. 2017년 「서울시 생활권계획」의 금천구 편을 살펴보면 석수역세권 개발과 석수 지구단위계획을 연계하여 근린생활기능을 강화하겠다는 내용이 언급되어 있다. 노후한 철공소들이 밀집한 지역에 지구단위계획이 수립되었으며, 이는 석수역에 있는 코레일 유휴부지와 연계해서 진행한다는 계획이 수립되어 있다.

목표2 : 석수역 일대 통합 역세권 재생을 통해 산업 및 생활중심기능 강화

전략 2-1) 석수역세권 통합재생을 통한 광역연계거점 조성 및 생활중심기능 강화

○ 석수역 환승역세권 전환에 따라 수도권 서남부를 연계하는 광역환승체계 구축

- 신안산선 신설(2023년 예정)에 따라 석수역과 연계한 광역환승복합공간 조성(교통, 상업, 유통 등 복합용도 도입 및 복합환승센터, 환승주차장 설치 검토)
- 신안산선-경부선-시외 · 내버스 등 대중교통 환승거리 최소화를 위한 복합환승 시스템 구축

○ 석수역세권 지구단위계획과 연계한 상업 · 문화 등 근린생활기능 강화

- 특별계획가능구역 개발계획과 연계하여 노후제조업 시설 및 창고시설의 이전 유도
- 주거지역 내 입지한 중앙철재유통상가 등 특계가능구역 복합개발 시 석수역과 연계한 상업 · 문화 중심기능 및 지역주민을 위한 주차장, 체육시설 등 지역 내 필요시설 입지 유도

전략 2-2) 시흥유통상가 유통 · 물류 집적지의 산업 보호 및 육성

○ 시흥유통상가 일대 고부가가치 융합형 물류산업 육성

- 국토교통부 도시첨단물류단지 시범단지 지정(2016.06.30.)에 따라 첨단물류단지 시설, 지원시설(주거 · 문화 · 의료시설 등) 도입
- 입체형 복합건축을 통해 저층부 물류 · 유통시설, 고층부 주거 · 업무시설 공급 유도

○ 시흥유통상가에서 석수역으로의 보행접근성 개선

출처 : 2017년 서울시 생활권계획(금천구)

그중에서도 석수역 서남쪽에 위치한 주거밀집지역에 주목할 필요가 있다. 좌측으로는 안양천, 우측은 철도와 도로로 둘러싸여 있어서 현재는 마치 인공섬처럼 존재하고 있지만, 그 안에는 초등학교와 중학교를 포함해서 학원, 마트 등 각종 편의시설이 위치해 있다. 이곳에 실제 거주하는 사람들은 크게 불편함을 느끼지 않는 것이다. 또한 철도나 도로와도 상당히 떨어져 있어서 소음 문제도 크게 일어나지 않는다.

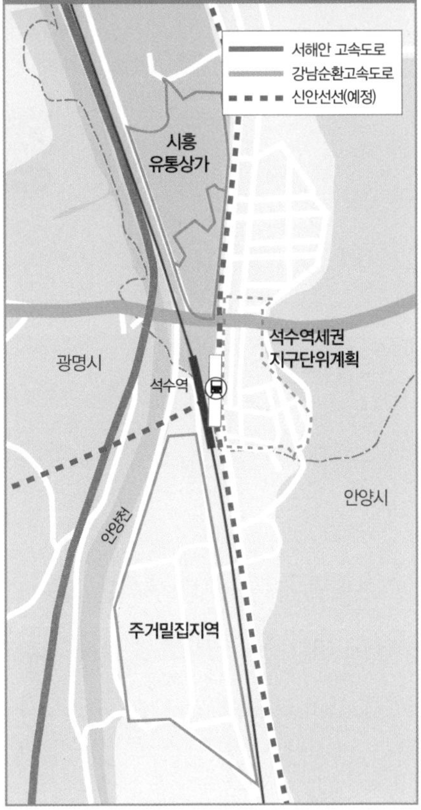

단절된 지역이면서 주거환경이 좋지 않으면 악재이지만 그렇지 않고 주거환경이 괜찮다면, 게다가 인근지역이 낙후된 상황이라면 다르다. 오히려 이러한 단절 덕분에 해당 지역의 쾌적성을 유지하는 효과가 나타날 수 있다.

게다가 이 지역에 위치한 90년대식 아파트나 노후한 빌라들은 교통이 좋아지면서 재건축·재개발 이야기가 나올 수 있고 이러한 사업 분위기에 편승할 수도 있다. 또한 여러 가지 호재들이 모여 있는 광명KTX 역세권과 가깝기 때문에 간접적인 영향도 충분히 받을 수 있는 지역이다.

이 지역에 주목하라!

광명

수도권 부동산 시장에서는 교통 관련 호재가 가격에 절대적인 영향을 미친다. 기존에 접근성이 떨어지던 곳에 신규노선이 개통하면 편의성이 엄청나게 개선되기 때문이다. 이에 따라 새로운 시설이 들어서고 주거환경이 쾌적해지는 선순환이 일어나기도 한다.

신안산선과 관련된 지역 중에서 이러한 곳은 과연 어디일까? 바로 광명이다. 광명은 서울과 가까워서 전화 지역번호도 02를 사용하는 곳이지만, 외곽 취급을 받으며 다소 낙후된 이미지를 가지고 있었다. 하지만 현재는 경기 서남부지역의 교통, 일자리, 상업시설, 주거시설이 한 곳에 모여드는 곳으로 새롭게 주목받고 있다. 광명은 어떤 곳인지 이모저모 살펴보도록 하자.

수도권에서 교통편의성이 개선된다고 하면 대부분 철도를 떠올리기 마련이다. 하지만 우리는 철도 마니아가 아닌 투자자라는 점을 명심해야 한다. 도로와 철도의 구분 없이 얼마나 지역의 교통편의성이 높아지는지를 파악하는 것이 중요하다. 여기에서는 두 가지를 구분하지 않고, 또한 신안산선 외에 이 지역에 연결되는 다른 교통망도 아울러서 살펴보도록 하겠다.

교통 : 4개의 철도, 5개의 고속도로가 만나는 핵심지역

▶ 월곶-판교선

광명역을 살펴볼 때에는 신안산선 외에도 월곶-판교선을 함께 떠올려야 한다. 월곶-판교선은 그 자체만으로도 가치가 있지만, 이후 인천발 KTX가 개통되면 이를 이용해서 강릉까지 국토의 동서를 한 번에 연결하는 노선이다. 자세한 내용은 이후 나올 월곶-판교선 부분에서 다루겠지만, 이렇게 되면 광명은 국토의 동과 서, 남과 북으로 연결되는 KTX의 결절점으로서 전국 어디든지 2시간대에 갈 수 있는 교통의 요지가 될 것이다.

▶ 서해안벨트 관련 노선들

신안산선은 광명역에서 두 줄기로 갈라지는데, 한 쪽은 목감역과 한양대역으로 이어지고 다른 한 쪽은 시흥시청역을 거쳐 원시역과 송산역으로 이어진다. 이중 시흥시청역 방향으로 가는 노선은 대곡-소사-원시선과 노선을 공유하게 된다.

이 노선을 이용하면 현재 공사 중인 서해안복선전철과 연결되고, 이것은 다시 장항선으로 연결되면서 국가사업으로 주목받고 있는 새만금 지역까지 이어지게 된다. 이는 문재인 정부의 핵심공약인 서해안벨트 개발사업과도 일치된다. 2017년 발표된 「문재인정부 국정운영 5개년 계획」을 살펴보면 남북 간 경제협력을 재개하며 대 중국 무역을 통한 서해안 산업·물류·교통 벨트를 구축하겠다는 내용이 언급되어 있다. 서해안벨트로 이어지는 철도노선은 이러한 공약을 이행하기 위한 핵심 사업이기도 하다.

신안산선은 남쪽으로는 서해안복선전철과 장항선으로 연결되지만 북쪽으로는 대곡-소사-원시선을 따라 다시 경의중앙선과 연결되어 파주 문산까지 한 번에 접근이 가능해진다. 뿐만 아니라 대곡-소사-원시선이 소사역에서 경인선1호선과 연결되면 영등포역에서 다시 신안산선으로 이어지는데, 이렇게 되면 신안산선 1단계 사업에 의해 여의도까지, 2단계 사업에 의해 서울역까지 동력분산식 고속열차인 EMU-250이하 준고속열차을 이용한 접근이 가능하게 될 예정이다.

서해안벨트는 현재 계획을 수립하고 있는 포승-평택선 및 평택-부발선과 연결될 경우 부발역에서 경강선으로 환승이 된다. 경강선을 이용해서 KTX가 운영될 수 있기 때문에 「제3차 국가철도망 구축계획」의 핵심 주제인 '전국 어디든지 2시간 이내로 접근'이라는 목표에 가까워지게 된다.

▶ 광명KTX

광명역에 웅장한 KTX역사가 처음 개통되었을 당시에는 이에 대한 비판이 상당히 많았다. 아무것도 없는 평지에 KTX역만 덩그러니 있으니 보통 사람들이 보기엔 이른바 혈세 낭비로 보였을 것이다. 하지만 2018년 1월 현재 광명역을 나쁘게 보는 사람은 거의 없다. 이곳에 교통, 일자리, 상업시설이 한 번에 모이면서 주

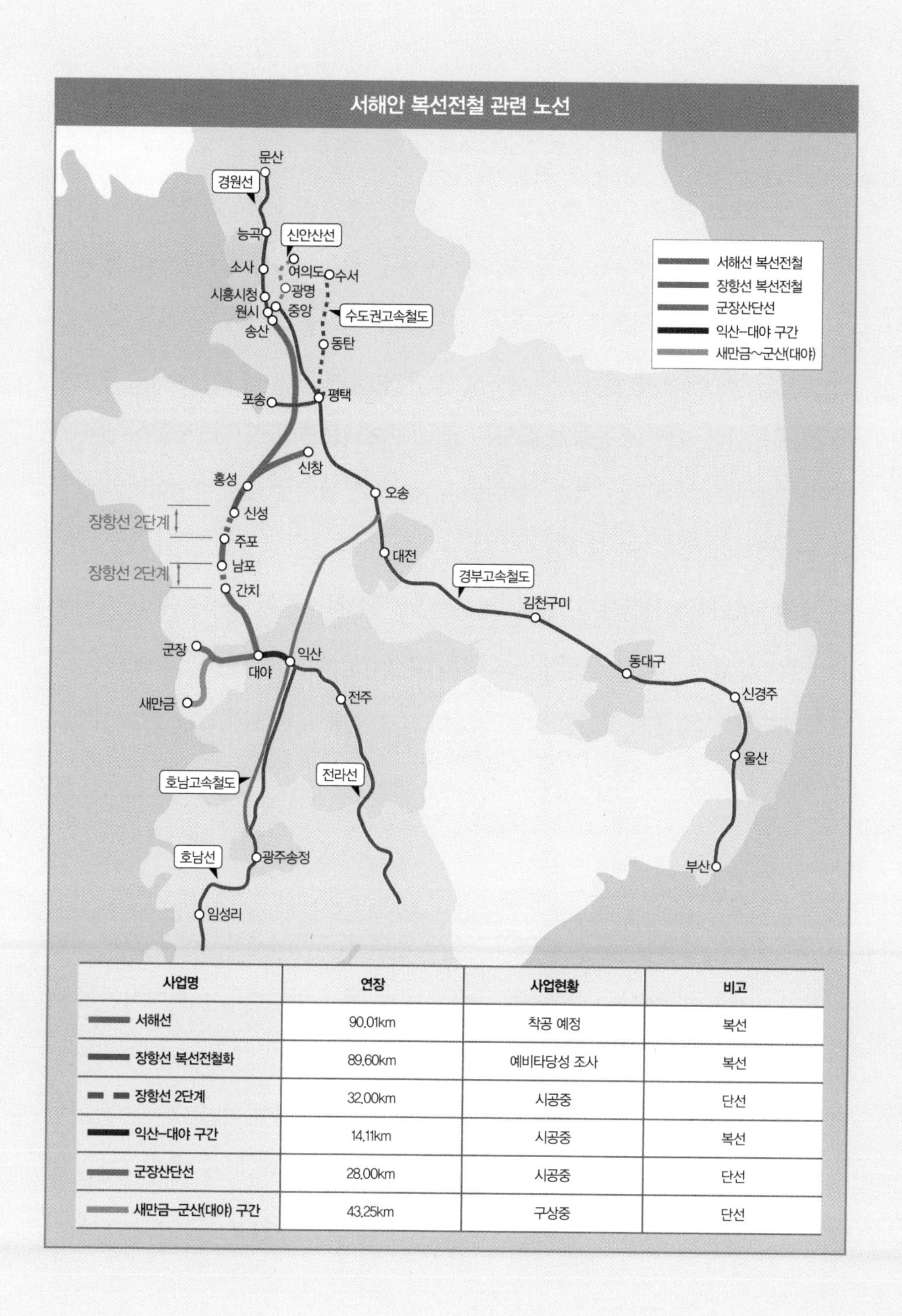

사업명	연장	사업현황	비고
서해선	90.01km	착공 예정	복선
장항선 복선전철화	89.60km	예비타당성 조사	복선
장항선 2단계	32.00km	시공중	단선
익산-대야 구간	14.11km	시공중	복선
군장산단선	28.00km	시공중	단선
새만금-군산(대야) 구간	43.25km	구상중	단선

변 분위기가 완전히 달라졌기 때문이다. 광명KTX는 추후 차량 수를 늘려서 명실상부한 경기 서남부지역의 교통중심지로서 조건을 갖출 것으로 기대된다.

그 반증으로 볼 수 있는 것이 2018년 1월에 개장한 도심공항터미널이다. 인천국제공항까지 가지 않고도 출국 수속을 받을 수 있는 도심공항터미널이 생겼다는 것은 이곳이 정책적으로 수도권 서남부 교통의 중심지로 발전할 것임을 잘 보여준다. 수도권에서 운영되는 도심공항터미널은 삼성역, 서울역, 그리고 광명역 등 세 곳뿐이다. 기존에 운영하고 있는 삼성역과 서울역의 집객력은 굳이 말하지 않아도 알 것이다. 이런 곳들과 어깨를 나란히 하게 될 곳으로서 광명역의 위상은 더욱 높아질 것으로 생각된다.

또한 광명역은 신안산선, 월곶-판교선, 서해안복선전철 등이 개통되면 국토의 동과 서, 남과 북으로 운행되는 KTX의 접점으로서 복합환승센터의 역할을 담당하게 된다. 사람들이 모여들 것은 당연하고, 주거용 부동산의 가격 상승이 뒤따를 것은 너무나도 자연스러워 보인다.

▶ 강남순환도시고속도로

강남순환도시고속도로는 광명의 북쪽에 위치한 소하IC에서 양재 인근의 선암IC까지 이어지며 수도권 서남부와 동남부를 한 번에 연결해주는 획기적인 도로다. 2016년 7월에 전 구간이 개통되었다.

개통 전에는 서울 · 수도권 서남부에서 동남부로 이동하려면 대부분 올림픽대로를 이용했다. 그러다보니 올림픽대로는 기본 한 시간이 넘게 걸리는 상습 정체구간이 되었다. 하지만 강남순환고속도로는 그 시간을 약 20분 정도로 단축시키면서 해당 구간을 이용하는 사람들에게 필수 노선으로 자리 잡았다. 통행료는 구간별로 1,600원에서 2,800원까지다.

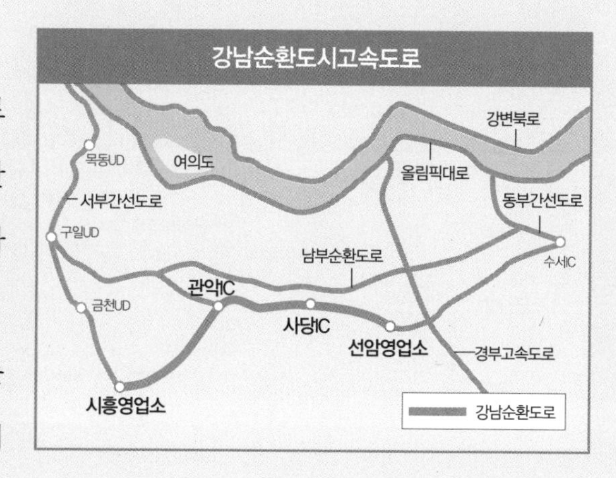

이 도로의 개통과 함께 눈여겨볼 만한 것은 8507번 버스의 개통이다. 이 버스는 광명역에서 강남순환도시고속도로를 통해 서울대입구역을 지나 사당역으로 간다. 기존의 광명역은 KTX 외에 그다지 교통이 좋지 않았지만 이 버스의 개통 덕분에 교통 상황이 크게 개선되었다. 자칫 SRT가 운행되는 수서역과의 경쟁에서 뒤쳐질 수 있었던 상황을 바꾼 것이다. 8507번 버스의 운행은 광명역 KTX를 이용하는 승객들은 물론 인근 역세권에 입주 예정인 주민들에게도 좋은 소식이다.

강남순환고속도로는 선암영업소에서 끝나지만 길은 다시 양재대로를 따라서 양재와 수서까지 한 번에 연결된다. 양재에는 양재R&CD센터가, 수서에는 수서역세권 개발이 예정되어 있어 양질의 일자리가 많아질 것이라고 예상되는 곳이다. 결과적으로 이 도로의 이용자는 매년 증가할 것이고, 이를 통해 배후수요 지역으로서 광명의 가치도 한층 높아질 것이다.

▶ 서부간선도로 지하화

서부간선도로는 극심한 차량 정체로 악명을 떨치는 곳이다. 이를 해결하기 위

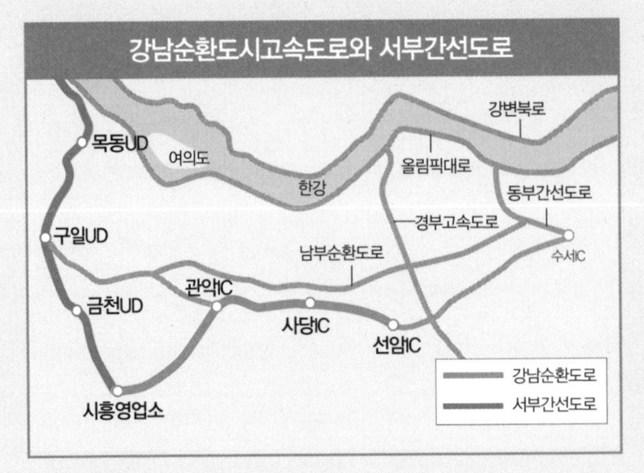

해 현재 지하화 사업이 진행되고 있다. 운행 중인 도로의 옆인 안양천 밑을 뚫어서 지하화 하는 것이다.

자동차 전용도로의 지하화 사업은 대체 노선을 마련하는 것이 쉽지 않기 때문에 공사에 큰 어려움이 있기 마련이다. 비슷한 사업이 진행되고 있는 경부고속도로나 경인고속도로의 경우는 오랜 시간이 필요할 것으로 보인다. 하지만 서부간선도로 지하화 사업은 안양천의 유휴부지를 활용하기 때문에 대체노선을 확보할 필요가 없다. 그래서 현재 2021년 개통을 목표로 공사에 박차를 가하고 있다.

서부간선도로가 지하화되면 광명의 접근성은 엄청나게 개선될 것으로 생각된다. 국토의 동과 서를 연결해주는 안양-성남고속도로가 2017년 9월에 개통하긴 했지만, 남과 북을 연결해 주기는 서부간선도로는 도로 용량이 부족해서 애로사항이 있다. 하지만 지하화 공사가 마무리되면 광명에서 마곡지구까지 접근성이 좋아지며, 함께 공사 중인 월드컵대교가 개통되면 DMC까지 연결되는 도로망도 완성된다.

게다가 지하화된 서부간선도로는 강남순환도시고속도로, 수원-광명고속도로와 연결된다. 이렇게 되면 DMC-마곡지구-광명-양재-수서까지 연결되는 효율적인 노선이 탄생하게 된다. 양질의 일자리가 제공되는 지역이 한 번에 연결되므로 엄청난 시너지 효과가 발생할 것이다.

▶ 안양-성남고속도로(제2경인연결고속도로)

안양-성남고속도로는 2017년 9월 개통되어 광명과 판교를 직접 연결하는 도로로, 원래 명칭은 '제2경인연결고속도로'이다. 2012년 5월 착공 후 5년여의 공사 기간을 거쳐 개통되었는데 본래는 평창 동계올림픽의 성공적 개최를 위해 건설된 도로다.

'제2경인연결'이라는 원래 명칭에서도 알 수 있듯이, 안양-성남고속도로는 제2경인고속도로와 연결되어 인천대교를 거쳐 인천공항에 바로 접근할 수 있도록 설계되었다. 이 노선은 광명-인덕원과천, 평촌, 의왕-판교를 한 번에 연결하는 노선인데, 철도의 월곶-판교선과 비슷한 역할을 한다. 자세한 것은 뒤에서 다룰 월곶-판교선 부분에서 자세히 살펴보겠다.

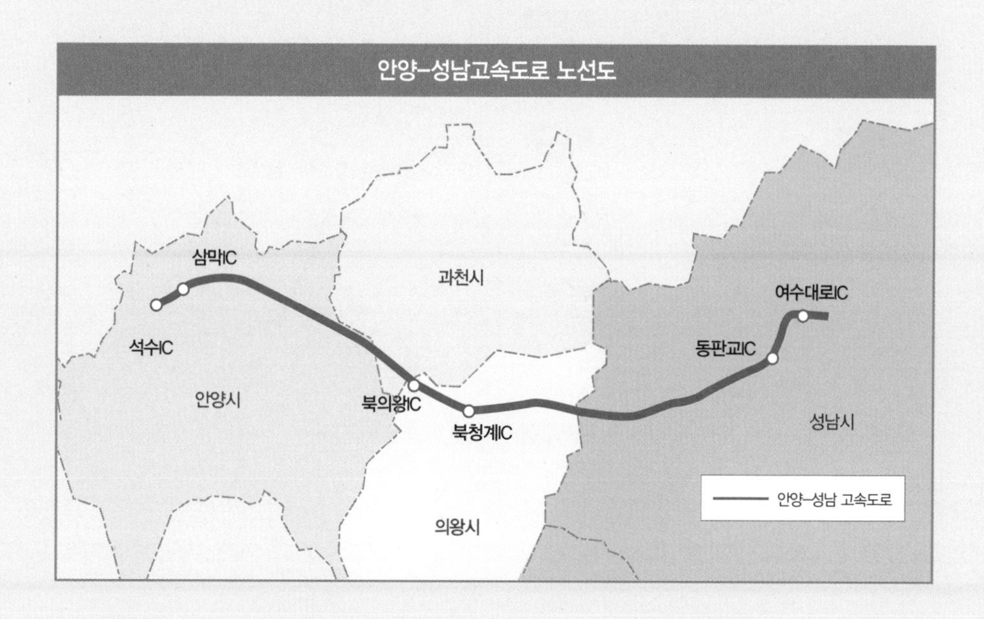

▶ 문산-익산고속도로(수원-광명 구간)

문산-익산고속도로는 경기도 서북부와 서남부를 연결하는 노선으로 총 5개 구간으로 나눠서 진행되고 있다. 문산-서울, 서울-광명, 수원-광명, 광명-서평택, 서평택-익산 구간이 그것이다.

이중에서 수원-광명 구간이 2016년 4월에 개통하면서 광명에서 수원, 그리고 다시 서평택까지 연결하는 역할을 하고 있다. 이 구간은 서해안고속도로, 강남순환도시고속도로와 연결되며 북쪽으로는 공사 중인 서부간선도로 지하화 노선과

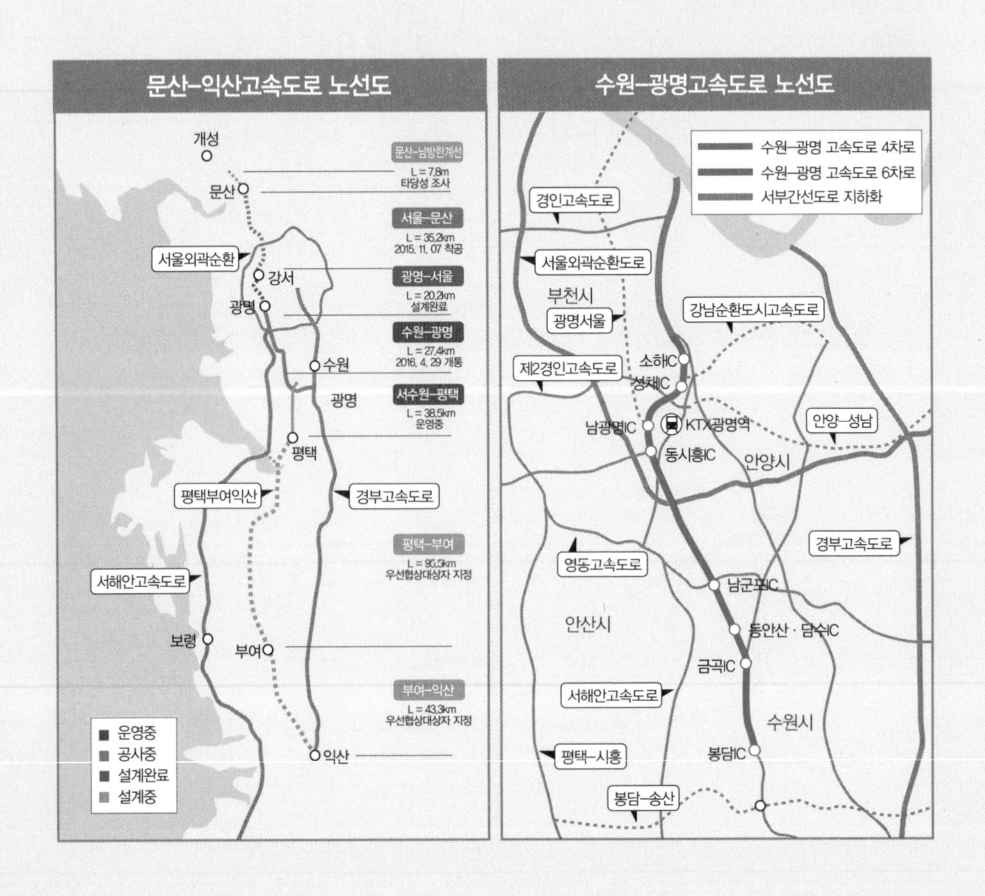

도 연결될 예정이다. 따라서 서울 도심에서도 수원-광명 구간의 고속도로를 편리하게 연계 이용할 수 있다. 이에 대한 내용은 대곡-소사-원시선 부분에서 다시 한 번 다루도록 하겠다.

▶ 광명KTX역 도심공항터미널

지금까지 광명에 연결되는 철도와 도로 노선에 대해 알아보았다. 언급한 노선 외에 이미 운행 중인 서해안고속도로까지 포함하면 미래에는 철도 네 개 노선1호선 지선 포함, 도로 다섯 개 노선이 모두 광명에서 만나게 된다. 그야말로 전국 교통망의 중심이 되는 것이다.

앞에서 언급한 도심공항터미널이 광명KTX역 내에 개장한 것은 이런 이유 때문이다. 광명KTX역에서 탑승수속을 하면 인천공항에 이동한 후 수속을 진행하

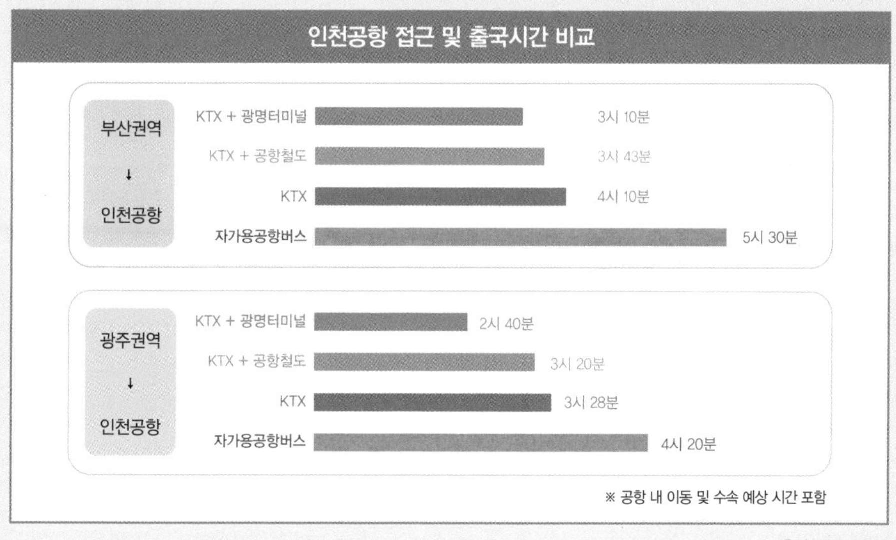

출처 : 국토교통부

는 것보다 35분 내지 최대 65분까지 단축된다. 교통이 편리하고 쇼핑하기에도 좋은데 탑승수속까지 가능하다면 해외 및 지방 여행객들의 이용이 더욱 늘어날 것으로 예상된다. 이곳에 일곱 개 항공사가 입점하게 된 것도 이러한 가능성을 높이 산 결과라 하겠다.

일자리 : 고부가가치 산업이 모이는 복합단지 조성

한 가지 기억해야 할 것은 중요한 지역과 지역이 연결될 때에는 도로나 철도 중에서 한 가지만 건설되지는 않는다는 점이다. 대부분은 도로와 철도가 함께 추진되어 중요지역 간의 접근성이 복합적으로 향상된다. 해당 지역이 서로 유기적으로 연결될 수 있도록 기반을 닦는 것이다.

이렇게 도로와 철도를 이용해서 중요한 지역을 유기적으로 연결하려는 이유는 무엇일까? 중요한 이유 중 하나는 바로 양질의 일자리가 창출되는 곳의 접근성을 높이는 것이다. 수도권에서는 특히 일자리와의 교통접근성이 중요하다. 출 ·

퇴근시간이 단축되는 곳에 거주하는 것은 모두의 바람이기 때문이다. 그러나 많은 사람들이 거주하려는 곳은 가격이 상승한다. 따라서 교통접근성은 부동산 입지 분석에서 가장 중요한 부분을 차지한다.

광명은 교통접근성이 좋을 뿐만 아니라 그 자체로도 양질의 일자리가 창출되는 곳이다. 일자리와 주거지역이 가까운 직주근접의 입지를 갖추고 있기 때문에 가치가 더욱 빛을 발하는 지역이다. 광명에 예정된 대규모 일자리 이슈들을 살펴보자.

▶ 광명의료복합클러스터

수도권 서남부지역의 약점 중 하나는 제대로 된 종합병원이 부족하다는 것이다. 큰 병원에 가려면 대부분 서울 쪽으로 나와서 진료를 받아야 하는 불편함이 있었다. 이 문제는 광명KTX 역세권에 종합병원이 개원하면서 해결될 예정이다.

문재인정부 국정운영 5개년 계획에도 300병상 이상의 거점 종합병원을 확충하겠다는 내용이 언급되어 있다. 이러한 내용에 발맞춰 광명KTX역 근처에는 2021년 상반기에 중앙대병원이 종합병원 개원 계획을 내놓고 있다. 연면적 8만 2,600㎡ 약 2만5,000평, 병상 수 약 700병상 규모의 종합병원이다. 지역 환자들의 성향 분석 결과를 바탕으로 종합병원 운영방침을 수립해 뇌신경, 심혈관, 척추, 관절, 소화기암 등 중증질환을 중심으로 특성화하여 운영할 계획이다.

또한 베스트웨스턴광명호텔과 연계하여 의료복합패키지 사업을 계획하고 있다. 중국, 러시아, 아랍의 부호들에게 건강검진과 치료 등 의료서비스를 제공한 후 호텔에서 숙박하는 개념이다. 광명역에서는 철도나 도로를 통해 전국 어디든지 쉽게 이동이 가능하기 때문에 관광패키지 사업과도 연계될 수 있어 대규모 매출이 예상된다.

▶ 광명국제디자인클러스터(GIDC)

광명국제디자인클러스터GIDC에는 세계적인 디자인그룹 이노디자인을 비롯하여 디지털 콜센터, 디자인 연구시설 등 800여 개 기업이 입주 예정이다. 지하에는 영화관, 디자인 전문 매장, 컨벤션센터 등이 들어와 7,000여 명의 고용창출 효과를 낼 것으로 예상된다.

인근에 입점 준비 중인 베스트웨스턴광명 호텔은 지하 5층, 지상 20층, 218실 규모의 객실과 컨벤션센터를 갖춰 광명역 인근 기업들의 수요를 충족시키겠다는 계획이다. 마곡지구, 창동역세권 개발, 수색 · DMC역세권 개발에서도 살펴볼 수 있듯이 충분한 기업 수요가 있는 곳에는 컨벤션센터가 함께 계획된다. 해당 지역의 수요만으로도 사업성이 충족되기 때문이다. 컨벤션센터가 계획되어 있는 곳은 인근에 양질의 일자리가 자리 잡고 있다고 생각해도 무방하다.

광명국제디자인클러스터 조감도

출처 : GIDC 홈페이지

▶ 광명미디어아트밸리

광명KTX역 서쪽에 자리 잡은 광명미디어아트밸리에는 역에서 가장 가까운 주거시설인 태영데시앙아파트가 있다. 최고 49층, 6개 동, 전용면적 84㎡에서 102㎡ 규모로 구성된 약 1,500세대가 들어설 예정이다. 단지 내에는 다목적 체육관과 피트니스센터, 골프연습장 등 대형 커뮤니티 시설이 조성된다.

비주거 부분에는 방송제작 지원센터와 스튜디오 등이 있는 미디어타워, 케이팝 상설공연장, 한류스타 라이브러리 등의 방송체험센터, 수영장을 포함한 스포츠센터, 4성급 이상의 특급 관광호텔, 판매시설 및 업무시설 등의 복합건축물이 들어설 계획이다. 광명역 서북쪽에는 이미 입점하여 영업을 하고 있는 이케아, 코스트코, 롯데프리미엄아울렛 등의 쇼핑지가 많은 사람들을 끌어들이고 있는데 이

광명미디어아트밸리 조감도

출처 : 태영건설

곳과 더불어 문화예술 및 관광의 시너지 효과가 창출될 것으로 기대된다.

이 사업은 1조2,000억 원의 사업비가 투입되는 복합단지 개발 사업이다. 이로 인해 창출되는 일자리는 미디어 등 영상산업 분야와 유통 · 판매 분야, 관광호텔 등 서비스 분야 등을 합쳐 2,500여 명으로 예상되며, 300억 원 이상의 세수 증대 효과와 함께 약 2조 원에 달하는 경제 파급 효과가 예상된다.

▶ 석수스마트타운

광명역의 동북쪽에 위치한 안양시 석수동 일대에는 5만5,356㎡ 1만6,745평 규모의

석수스마트타운 입주기업 현황 (2018년 3월 현재)

기업명	분야	비고
오스템임플란트	의료기기	치과 임플란트 부문 국내 1위, 세계 4위
비케이전자	전자부품	본사 및 평촌공장 이전
잘만테크	컴퓨터용 냉각장치	세계 1위
티브이로직	HD방송장비	국내시장 1위, 세계 4위
HYTC	초정밀금형	나스닥 상장
오상자이엘	소프트웨어	오상그룹 계열사
바이오서포트	바이오	항암치료제 개발
세계정밀	의료기기	일회용주사기 국내 1위
SJ글로벌	의료 · 미용기기	중국 FOOK TIN 그룹 투자협약체결 (2012년 100억 원)
디쌤	검사장비제조	본사, 연구소, 제조부문 통합 (5개소)
웨이브텍	무선통신부품	협력사 이전 2015년 IPO 예정
금강씨엔텍	공기조화기 제조	본사, 연구소 이전
청우메디칼	의료기기	본사, 연구소, 공장 등 이전
스냅스	디지털인화	디지털 사진 및 앨범 인쇄 국내 1위
대동테크라인	금형	본사, 연구소 이전
한강계전	패널 제조	본사, 연구소, 공장 등 이전

석수스마트타운이 조성되었다. 중견기업의 본사 및 연구소들이 입주해 있거나 입주를 계획 중이다. 국내 치과용 임플란트기기 분야 시장점유율 1위인 오스템임플란트(주)의 본사가 이주할 예정이며, 컴퓨터 냉각장치 부문 세계 1위의 잘만테크(주)와 HD방송장비 국내 1위 및 세계 4위를 자랑하는 티브이로직(주) 그리고 일회용 안전주사기 제작의 국내 선두주자인 세계정밀(주) 등도 서울에서 이곳으로 옮겨온다. 그 외 십여 개 업체들의 본사 및 연구소가 이전하여 시너지 효과를 거둘 것으로 생각한다.

이들 업체가 모두 입주하면 3,000여 명의 일자리가 갖춰지는 것과 더불어 2만 400여 명의 고용창출 효과가 나타날 것으로 예상된다. 특히 이곳에 입주한 업체들의 상당수는 본사 또는 연구소이기 때문에 이곳 상주 근로자들의 연봉 수준은 상당히 높은 편이다. 생산 유발 효과도 1조8,000억 원에 달할 뿐 아니라, 고부가가치를 창출하는 첨단기업들이 이주하기 때문에 인근 주택시장 가격에도 상당한 영향을 미칠 것으로 생각한다.

▶ 광명 · 시흥테크노밸리

광명역 서쪽에 위치한 광명 · 시흥테크노밸리 부지는 본래 보금자리주택이 들어서려다가 해제된 특별관리지역으로, 경기도 일산과 더불어 1차 테크노밸리로 지정된 곳이다. 총 네 개의 테마로 나눠 진행하고 있으므로 각각의 테마를 알아두는 것이 좋다. 각각의 테마는 아래 그림과 같다.

광명 · 시흥테크노밸리는 2023년 완성이 목표다. 계획대로 진행된다면 이곳에는 약 2,200개의 기업이 유치될 예정이며 이를 통해 9만6,497개의 일자리 창출과

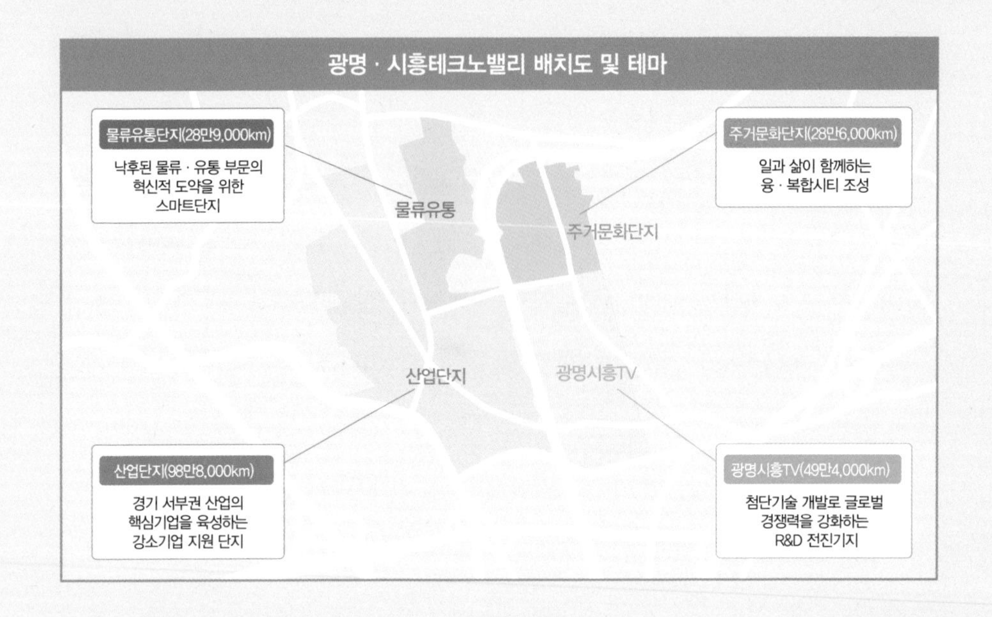

3조739억 원의 생산 유발 효과, 1조820억 원의 부가가치 유발 효과가 발생할 것으로 전망된다. 광명KTX역세권 개발과 연계되면 엄청난 시너지 효과를 낼 것으로 기대한다.

해당 부지에는 문산-익산고속도로의 일부인 서울-광명고속도로가 관통하고 있다. 앞에서 언급한 철도와 도로 노선까지 포함하면 이곳은 경기도에 위치한 산업 · 물류단지 중 최고의 교통접근성을 자랑하는 곳으로 변모할 것이다.

주택시장 : 인근 재건축 · 재개발 지역에 관심이 높아지는 중

현재 경기도에서 양질의 일자리가 가장 많다고 평가되는 곳은 판교다. 이미 조성된 판교테크노밸리에 이어 제2, 제3의 테크노밸리가 조성되어 입주할 계획이기 때문이다. 하지만 경기도 서남부지역의 교통과 일자리가 집중적으로 모여드는 광명 역시 향후 경기도의 미래를 대표하는 도시로서의 조건을 점점 갖춰가고 있다.

때문에 광명KTX 역세권뿐만 아니라 구도심인 철산동과 하안동의 재건축 · 재개발 사업도 주목받고 있다. 재건축 · 재개발이 원활히 진행되려면 사업성이 좋아야 하는데, 사업성에 중요한 영향을 미치는 것이 일반분양가이다. 재건축 · 재개발 물건을 매입하는 사람들의 상당수는 단순히 새 아파트에 살기 위해서뿐만이 아니라 미래의 가격 상승을 함께 고려하기 때문이다.

광명 재건축 및 재개발 현황

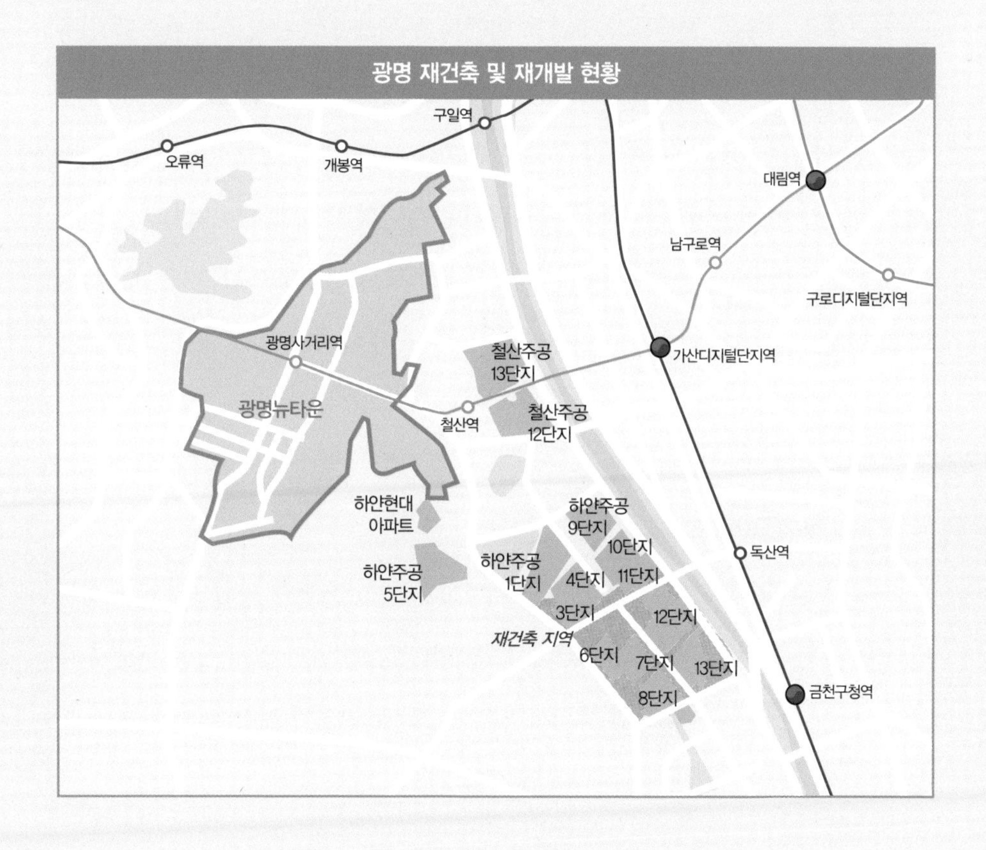

▶ 광명사거리역 인근 재개발

광명사거리역 인근을 중심으로 진행되는 광명재개발 사업은 무려 2만5,000세대의 아파트가 들어서게 된다. 총 16개 구역으로 나뉘어 있으며 이중 3, 6, 7, 8, 13구역은 지정이 해제되었다. 진행이 가장 빠른 곳은 광명16구역광명에코자이위브으로 2020년 11월 입주를 앞두고 있다. 그 다음으로는 광명15구역대우푸르지오이 2018년 상반기 현재 이주를 진행 중이며 분양을 준비하고 있다.

▶ 철산역 인근 주공아파트 재건축

재건축의 경우는 철산동과 하안동 인근의 주공아파트 단지를 중심으로 진행되고 있다. 가장 빠른 곳은 철산주공4단지로 대우푸르지오 브랜드의 아파트가 준비 중이다. 2018년 6월 분양을 목표로 총 764세대로 재탄생될 예정이다. 두 번째로 속도를 내고 있는 곳은 철산주공7단지로 사업자는 롯데와 SK건설의 컨소시엄이 총 1,310세대를 건설할 예정이다. 그 밖에도 철산주공8 · 9단지는 GS건설이 2,064세대를, 철산주공10 · 11단지는 역시 GS건설이 1,490세대를 건설할 예정이다.

▶ 하안동 주공아파트

그보다 남쪽에 위치한 하안동 주공아파트들 역시 재건축 사업으로 주목해볼 만하다. 재건축 연한은 2019년부터이므로 아직 시간이 남아 있지만, 대부분 중층으로 구성되어 있고 진행 중인 광명사거리 재개발과 철산역 재건축의 이주수요를 생각한다면 충분히 노려볼 만하다고 생각한다.

추가로, 여기에 구로차량기지 이전과 관련한 호재도 있다. 현재 사용 중인 1호선의 구로차량기지를 광명시 노온사동으로 이전하는 대신 이곳에 철산역, 우체국사거리역, 노온사동역 등 3개 역을 신설하는 것을 추진 중이다. 이것이 실현된다면 그동안 교통이 상대적으로 불편했던 우체국사거리역 인근의 하안주공아파트는 교통편의성이 크게 높아지기 때문에 긍정적인 요소가 될 수 있을 것이다.

대한민국에서 부동산 호재가 있는 지역은 수도 없이 많지만, 그중에서 실제로 진행될 만한 호재에 집중해야 하는 것은 어찌 보면 당연하다. 광명의 경우는 교통, 일자리, 주거, 인프라 부분에서 획기적인 개선이 예정되어 있고 그중 상당수는 현실적으로 진행될 가능성이 매우 높다. 그래서 과거보다는 현재, 그리고 미래가 더욱 기대되는 곳이 아닐까 생각한다.

마곡지구나 판교테크노밸리를 통해 경험했듯이, 사람이 모여드는 곳에는 항상 투자 기회가 있다. 모두가 강남에 투자할 수는 없지만, 굳이 강남이 아니어도 가능성이 있는 지역을 찾아낸다면 그것이 곧 성공하는 투자 아닐까?

CHAPTER

05

월곶-판교선 자세히 들여다보기

신안선선 공유구간
사흥시
매화
장래
광명
석수
안양운동장
인덕원
월곶
안양
의왕시
성남시
판교
시흥시청
안양시
청계
서판교
장곡
정자
경부고속철도

국토의 동과 서를 연결하는 월곶-판교선

월곶-판교선은 시흥시 서쪽 끝에 위치한 월곶에서 시작하여 광명과 인덕원을 지나 판교까지 이어지는 노선이다. 앞서 살펴본 대로 시흥시청역-광명역 구간은 신안산선과 선로를 공유하게 된다. 정부 예산 100%로 진행되는 일반철도이기 때문에 진행 속도가 상대적으로 빠른 편이다. 서쪽으로는 수인선, 동쪽으로는 성남-여주복선전철과 연결된다.

송도에서 강릉까지, 동서 연결의 핵심노선

월곶-판교선은 여주-원주선과 함께 동서간선철도망경강선 구축을 위한 핵심 사업이다. 동서간선철도망 구축사업은 말 그대로 국토의 동과 서를 잇는 고속철도망을 구축하는 사업이다. 서쪽 끝인 인천에서 동쪽 끝인 강릉까지 한 번에 철도로 연결하여 여객과 물류수송의 효율성을 높인다는 계획으로, 여주-원주선이 개통되는 2024년 완성이 목표다.

그중에서도 도심지역을 통과하는 월곶-판교선에 대한 기대는 무척 크다. 이 노선이 지난 2017년 12월 22일에 운행을 시작한 원주-강릉선, 2016년 9월에 개통한 성남-여주선과 연결되고, 함께 계획 중인 여주-원주선까지 2024년에 개통되면 국토의 동과 서는 하나의 철도망으로 연결이 된다. 이렇게 되면 인천 송도역에서 강원도 강릉까지 2시간 이내로 이동이 가능해진다.

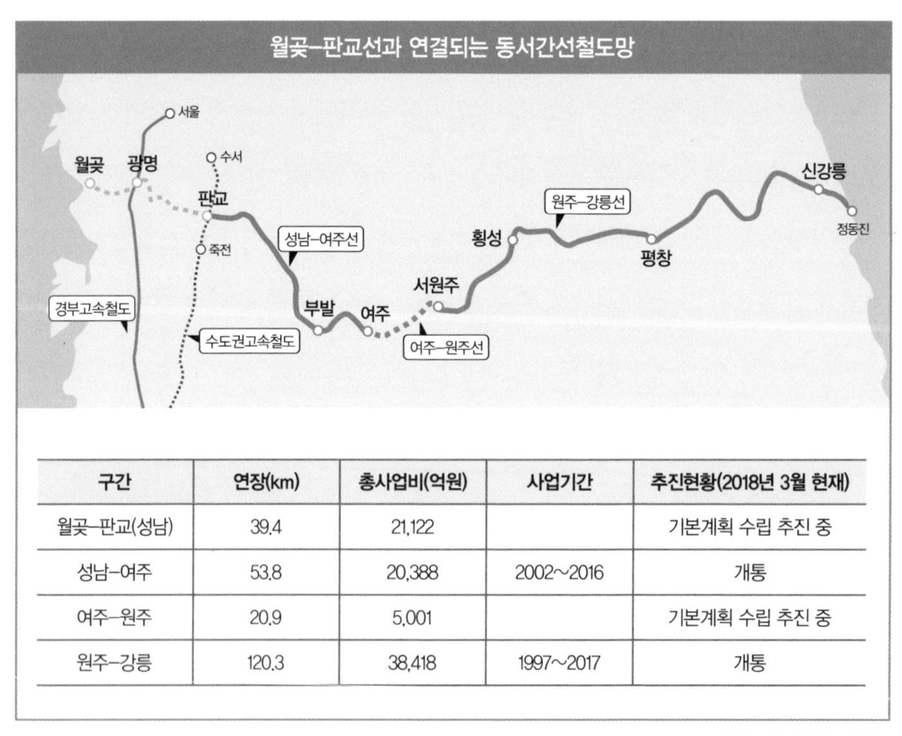

월곶–판교선과 연결되는 동서간선철도망

구간	연장(km)	총사업비(억원)	사업기간	추진현황(2018년 3월 현재)
월곶–판교(성남)	39.4	21,122		기본계획 수립 추진 중
성남–여주	53.8	20,388	2002~2016	개통
여주–원주	20.9	5,001		기본계획 수립 추진 중
원주–강릉	120.3	38,418	1997~2017	개통

출처 : 국토교통부 보도자료

월곶-판교선에는 다른 철도노선으로 연결되는 환승역이 유난히 많다. 월곶역수인선, 시흥시청역신안산선(예정), 대곡-소사-원시선(예정), 광명역KTX, 신안산선(예정), 인덕원역4호선, 인덕원-수원선(예정), 판교역신분당선, 성남-여주복선전철 등이 그것이다. 그만큼 노선 자체의 사업성이 충분하다는 뜻이기도 하다.

9호선 급행열차보다 두 배 빠른 속도

월곶-판교선의 첫 번째 강점은 아마도 준고속열차의 운행일 것이다. 노선이

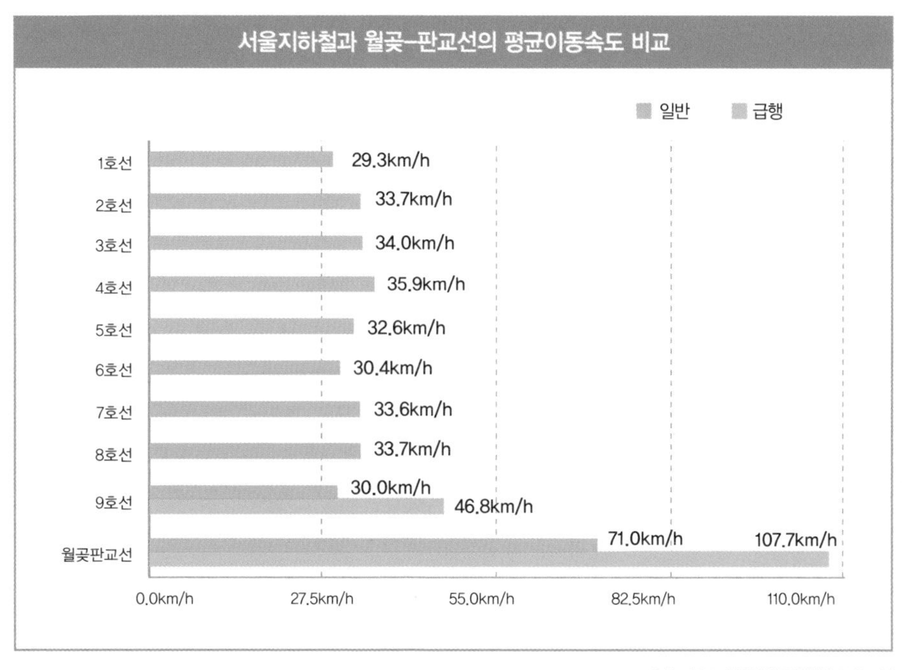

출처 : 2017 서울시 차량통행속도 보고서

완성되면 월곶역, 시흥시청역, 광명역, 인덕원역, 판교역에는 준고속열차가 정차하게 되므로 그 위상은 더욱 높아질 것으로 예상된다.

두 번째 강점은 평균이동속도표정속도가 굉장히 빠르다는 점이다. 월곶-판교선 일반열차의 평균이동속도는 시속 71.04km, 급행열차는 시속 107.65km로 웬만한 기차와 비슷한 수준이다. 앞의 그림을 보면 다른 전철과 비교했을 때 이것이 얼마나 빠른 속도인지 알 수 있을 것이다.

서울지하철 중 급행열차를 운행하고 있는 9호선은 목적지까지 빠른 시간에 도착하기 때문에 인기가 많다. 그런데 이러한 9호선의 급행열차조차 월곶-판교선의 일반열차보다 느리다. 심지어 월곶-판교선 급행열차 속도는 9호선 급행열차의 거의 두 배 수준이다. 인천 송도역에서 판교까지 약 30분밖에 걸리지 않는 것이다. 당연히 인근 주민들의 관심을 한 몸에 받을 수밖에 없다.

판교에서 광명까지 일자리 지역을 연결한다

월곶-판교선의 경우는 특히 양질의 일자리가 많은 지역들을 연결해줄 것으로 기대되는 노선이다. 2018년 현재 경기도를 대표하는 양질의 일자리 지역은 판교이고, 앞으로 양질의 일자리가 많아질 것으로 기대되는 곳은 광명이다. 이 두 곳을 연결한다는 사실 자체가 엄청난 강점이 된다.

경기도의 대표적 일자리 지역인 판교

판교의 위세는 대단하다. 연매출액 기준으로 전국 광역지자체 중에서 7위를 기록하고 있다. 6위인 부산광역시와 비슷한 수준이며, 8위인 인천광역시 전체에서 발생하는 매출보다 판교테크노밸리의 매출이 더 많다는 뜻이기도 하다.

판교테크노밸리에 입주하고 있는 기업들의 현황을 살펴보면 3년 만에 기업 수는 약 430여 업체로 증가했는데 그중에서 대기업과 중견기업의 숫자가 함께 증가했다. 단순히 기업의 숫자만 늘어난 것이 아니라는 뜻이다. 또한 여러 기업 중에서도 가장 높은 연봉을 차지하는 본사와 연구소가 대거 자리 잡고 있는 것을 볼 수 있다. 때문에 판교에서 근무하는 직장인들은 연봉수준이 상당히 높은 편이며, 고가의 아파트를 매수할 경제력이 충분하다. 게다가 판교테크노밸리에서 근무하는 직원들의 연령대를 살펴보면 주택 구입 적령기에 진입한 30~40대가 대다수 포진해 있음을 확인할 수 있다. 어쩌면 이 지역의 주택 가격이 상승한 것은 필연적이라고 볼 수도 있겠다.

여기서 끝이 아니다. 2018년에서 2022년까지 순차적으로 입주를 시작하는 판

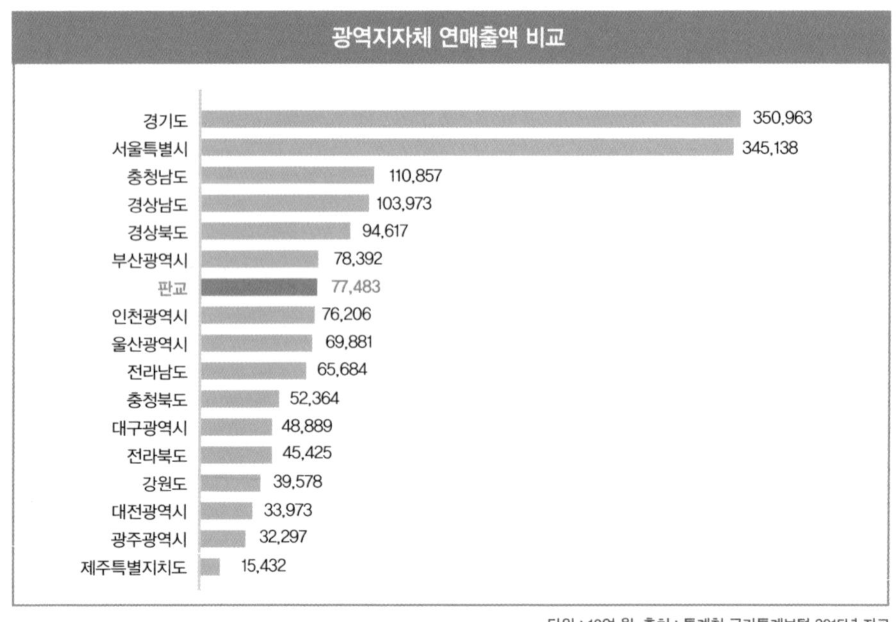

단위 : 10억 원, 출처 : 통계청 국가통계보털 2015년 자료

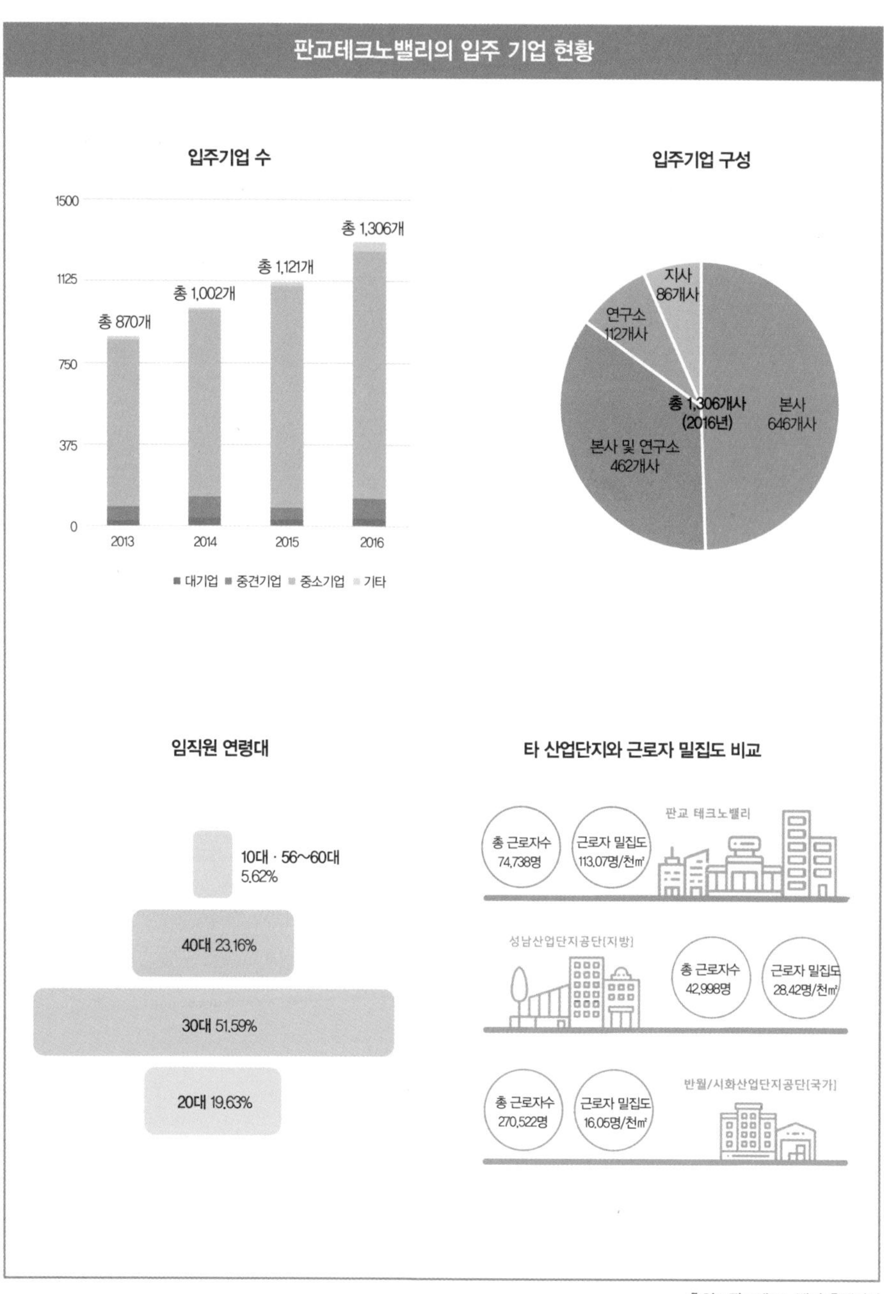

출처 : 판교테크노밸리 홈페이지

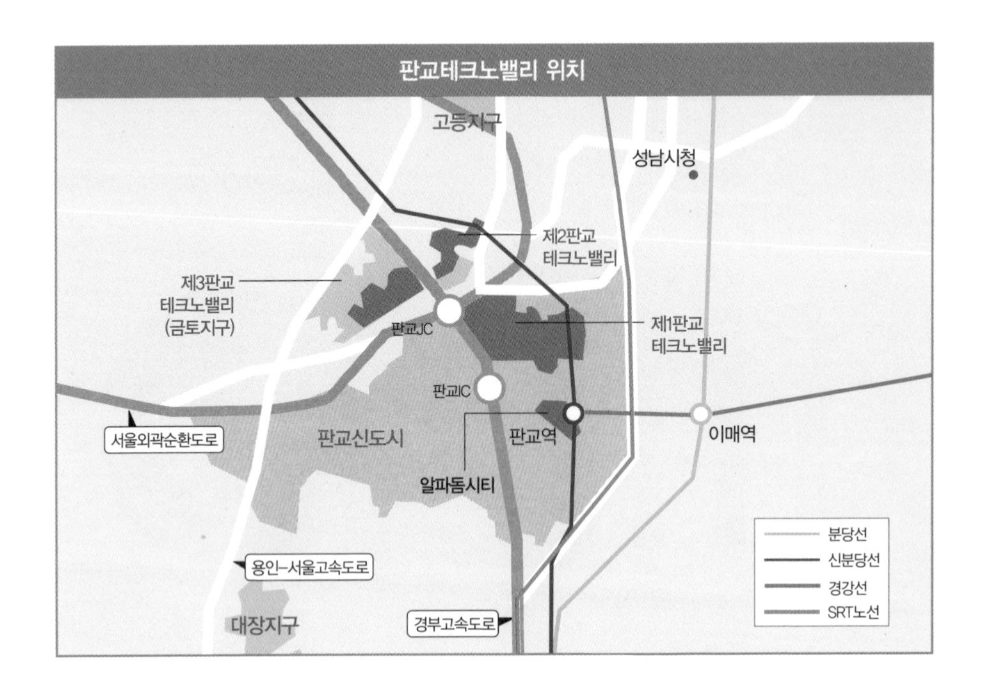

교 제2테크노밸리가 기다리고 있다. 팽창하는 판교테크노밸리의 수요를 충족시키기 위해 조성하고 있는 제2테크노밸리는 20만 평 규모 부지에 1,300여 개 기업, 7만 명이 입주하는 연매출액 70조 원의 산업지역이다. 이곳은 자율주행자동차, 인공지능AI, 빅데이터 등 첨단산업과 지식문화산업이 융·복합된 IT·BT 선도기업의 집적지로 육성한다는 계획이다.

또한 2017년 11월 30일에는 판교 제3테크노밸리 조성 계획도 발표되었다. 성남시 금토동 일원의 58만3,581㎡ 부지가 그 대상이다. 제3테크노밸리는 세 개의 구역으로 구성될 계획이다. 첫째는 핀테크, 블록체인 등 미래 금융산업이 들어설 혁신클러스터, 둘째는 첨단산업이 입주할 융·복합클러스터, 셋째는 문화·근린생활 지원시설 중심의 근린클러스터다. 이곳에는 첨단산업과 금융산업 관련 기업

500여 개가 들어설 계획이다.

서울에서는 양질의 일자리들이 모여 있는 강남과 연결성이 좋은 노선이 크게 각광받는다. 마찬가지 이유로 경기도에서는 판교와 연결되는 노선이 세간의 관심을 불러일으킬 것이라고 예상한다. 월곶-판교선에 주목해야 하는 이유도 그것이다. 판교뿐 아니라 향후 각광받게 될 광명까지도 빠르게 연결하기 때문이다.

새로 추가된 장현지구 장곡역과 안양시 석수역

이처럼 사업성이 뛰어나다 보니 인근 지역에서 월곶-판교선의 노선을 유치하려고 노력하는 것은 어쩌면 당연한 일일지 모르겠다. 월곶-판교선의 정차역을 자기 지역에 유치하기 위한 지자체 간의 경쟁이 치열했는데, 결과적으로 시흥시에 장곡역, 안양시에 석수역(석수전화국사거리역)이 추가되었다.

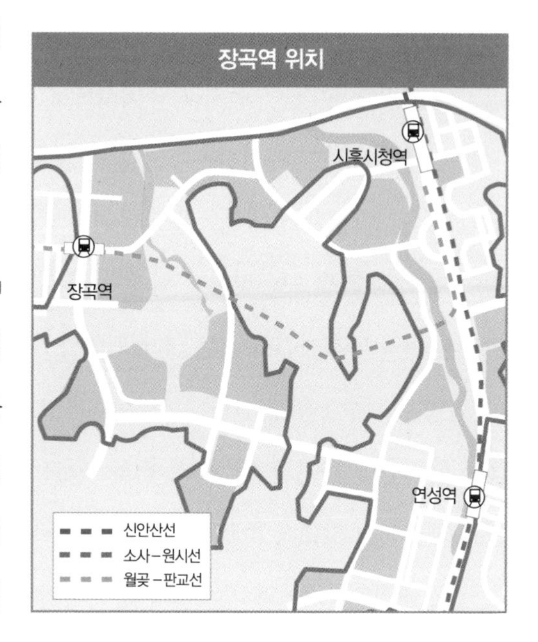

장곡역은 한국토지주택공사(LH)에서 역 신설 비용의 일부인 160억 원을 부담하기로 합의하면서 사업 진행이 급물살을 탔다. 추측건대 LH가 조성 중인 장현지구의 성공적 진행을 위해 합의가 이뤄지지

석수전화국사거리역(예정) 위치

않았나 생각해 본다. 장현지구 중에서도 시흥시청역월곶-판교선, 연성역소사-원시선 예정지의 인근에 위치한 사업장은 교통편의성이 나쁘지 않다. 그러나 장곡초등학교와 장곡중학교 인근은 상대적으로 교통편의성이 떨어지는 곳이다. 그만큼 분양가 조정이 어느 정도 필요할 것이고 최악의 경우 미분양을 우려할 수도 있겠지만, 장곡역이 들어서면서 이런 우려는 덜게 되었다.

안양시 석수동의 전철역은 석수전화국사거리에 신설될 예정이다. 기존 1호선 및 신안산선에 들어설 석수역과 월곶-판교선의 석수전화국사거리역은 다른 역이므로 헷갈리지 않도록 주의해야 한다.

전철역의 정확한 위치는 아직 정해지지 않았다. 그럼에도 불구하고 월곶-판교선 개통에 대한 기대감은 상당히 고조된 상태다. 이곳은 그동안 상대적으로 교통 소외지역이었기 때문에 월곶-판교선이 개통되면 인근 지역의 교통편의성이 크게 개선되므로 부동산의 가치도 상승할 것으로 예상되기 때문이다.

월곶-판교선의 영향을 받는 지역들

지금까지 월곶-판교선에 대해 자세히 알아보는 시간을 가졌다. 이제 시야를 좀 더 넓게 확대해 보자. 이렇게 호재로 둘러싸인 지역들을 연결하면서 국토의 동과 서를 관통하는 노선이 개통되면 어떤 지역이 혜택을 입게 될까?

안양역 : 환승역이지만 급행역은 아니다

현재 안양역에는 1호선이 운행되고 있는데, 이곳에 월곶-판교선이 개통되면 더블역세권이 된다. 그런데 주의할 점이 있다. 급행열차가 운행되는 노선 중에 환승역이 있으면 대부분 급행열차가 정차한다고 생각하기 쉬운데, 안양역은 그렇지 않다는 사실이다. 이곳에는 월곶-판교선이 환승되기는 하지만 급행이 아닌 완행열차만 정차할 예정이다.

월곶-판교선으로 운행되는 급행열차는 모두 준고속열차이기 때문에 만약 월곶-판교선의 급행열차 정차역이라고 하면 그곳은 준고속열차 정차역이기도 하다. 이 말은 안양역은 환승역이지만, 급행정차역도 아니면서 준고속열차 정차역도 아니라는 뜻이다. 서울 9호선의 예를 살펴보더라도 급행정차역과 일반정차역 인근의 부동산 가격은 상대적으로 차이가 난다. 따라서 안양역 인근의 부동산에 대한 투자를 고려한다면 급행열차 관련 호재는 제외하는 것이 바람직하다.

또 하나 아쉬운 점은 2017년 7월 안양역의 위치가 벽산사거리 쪽으로 변경되었다는 점이다. 이에 따라 기존 1호선에서 월곶-판교선으로 환승하려면 안양중앙지하상가를 통해서 약 10분 정도를 이동해야 하는데, 거리가 상당히 멀기 때문

안양역 예정지 주변

래미안안양메가트리아와 안양진흥아파트3 · 4차 재건축 조감도

에 환승이라고 말하기가 민망한 상황이다.

이런 상황에도 불구하고 월곶-판교선이 개통되었을 때 효과는 상당히 클 것으로 생각된다. 철도로 연결되어 판교까지 20분, 광명까지는 5분 이내에 접근이 가능하기 때문에 풍부한 일자리 수요를 확보할 수 있기 때문이다.

안양역 인근 아파트 중에 대장 자리를 차지하고 있는 곳은 '덕천마을'이라 불렸던 래미안안양메가트리아다. 2016년 11월 입주한 대단지 아파트로, 우여곡절 끝에 재개발 사업에 성공한 경우다. 덕천마을은 오래 전부터 재개발이 추진되었으나 2008년 세계금융위기 이후 부동산 경기가 가라앉으면서 사업이 중단되었다. 이후 2010년대 들어서 부동산 경기가 회복되기 시작하자 폐허로 남아있던 덕천마을 지역에 LH와 삼성물산, 동부건설이 시행사 및 시공사로 선정되면서 새 아파트로 탈바꿈하게 된 것이다.

이곳은 현재 만안구에서 가장 많은 세대수인 4,250세대를 자랑하는데, 이는 안양시 전체에서도 손꼽히는 대단지에 속한다. 안양역에서 한 블록 떨어져 있어

거리가 조금 멀지만, 인근 아파트 중 가장 대단지이면서 신축이라는 점이 부각되어 인근 지역을 대표하는 아파트로 자리 잡고 있다.

바로 옆에서 재건축이 진행 중인 안양진흥3·4차 아파트도 완성되면 만만치 않을 것으로 기대된다. 이곳은 안양역과 같은 블록에 위치하고 있어서 역까지의 접근성이 뛰어나고 2,723세대로 건설되기 때문에 규모에서도 밀리지 않는다. 2011년 조합설립인가, 2016년 9월 사업시행인가를 득했고 현재는 조합원 분양신청까지 마무리된 상태이다. 안양진흥3·4차 아파트의 이주 시점이 되면 인근에 위치한 뜨란채, 삼성래미안 등의 아파트는 충분히 이주수요 영향권에 놓일 것으로 생각한다.

안양종합운동장역 : 교통 사각지대를 해소한다

안양시 비산동 안양종합운동장 앞 사거리에 예정되어 있는 안양종합운동장역에도 역시 급행이 아닌 일반열차만 정차한다. 그러나 개통되면 인근 주민들의 교통편의성은 크게 좋아질 것으로 예상된다. 이곳 주민들이 지하철역을 이용하기 위해서는 버스를 타고 1호선 안양역이나 4호선 인덕원역으로 가야 한다. 그러나 월곶-판교선이 개통되면 안양역과 인덕원역까지 지하철로 연결될 뿐 아니라 판교와 광명까지 한 번에 갈 수 있게 된다.

인근에는 대규모 재건축·재개발 사업이 진행 중이다. 첫 번째로 꼽을 수 있는 것이 삼호아파트1·2·3차 재건축 사업이다. 용적률은 269.95%이지만 법정상한

출처 : 코레일 홈페이지, 네이버지도

용적률 300%로의 상향을 추진하고 있으며, 계획대로 용적률이 상향된다면 임대아파트 175세대를 포함하여 총 2,882세대 대단지로 재탄생할 예정이다.

두 번째로는 비산초교 주변 재개발 사업을 꼽을 수 있다. 안양시 동안구 비산3동 281-1번지 일원에 위치한 이 사업장의 용적률은 260.90%로 추진되고 있다. 임대아파트 330세대를 포함하여 총 2,675세대로 계획되어 있는데, 삼호아파트와 더불어 인근 지역을 대표하는 대단지 아파트로 재탄생할 예정이다. 이들 아파트가 완성되면 이 지역의 생활환경은 전반적으로 한결 쾌적해진다.

뿐만 아니라 평촌신도시 외곽에 위치한 샛별마을과 한가람마을 아파트도 살펴봐야 한다. 평촌신도시는 1기 신도시 중 분당 다음으로 꼽히는 곳으로, 가장 큰 강점은 뛰어난 학군이다. '귀인학군'으로 대변되는 귀인초등학교와 귀인중학교,

그리고 타 지역에서도 몰려드는 평촌 학원가가 대표적이다.

하지만 샛별마을과 한가람마을 인근의 학군은 평촌 내에서 상대적으로 뒤처지는 것이 사실이다. 그러나 이런 곳에 월곶-판교선이 개통되면 오히려 광명이나 판교로 출퇴근하는 신혼부부, 혹은 미취학아동이 있는 세대에는 충분히 매력적인 주거지가 될 가능성이 있다. 평촌신도시는 이미 반듯한 택지와 쾌적한 주거환경, 편리한 인프라를 갖추고 있어 학군 외에도 장점이 많기 때문이다. 따라서 월곶-판교선의 개통 효과를 톡톡히 볼 것으로 예상되니 꾸준히 관심을 갖는 것이 좋다.

이 지역에 주목하라!

인덕원

수도권 남부지역 중에서 광역버스와 철도가 만나는 지점이 바로 인덕원이다. 이곳에서는 출퇴근시간 광역버스를 기다리는 승객들로 북적거리는 광경이 전혀 낯설지 않다. 이후 개선될 철도와 도로가 완성된다면 인덕원은 교통의 결절점으로서 더 많은 인원이 이용할 것으로 기대된다.

교통 : 국토의 동서를 잇는 철도와 도로가 만나는 곳

▶ 인덕원-수원선

인덕원-수원선은 인덕원역과 동탄역 사이 총 35.6km에 18개 역으로 계획되어 있다. 최초 계획된 노선에서 호계사거리역, 북수원역, 흥덕역, 능동역이 추가되면서 예산이 급격하게 상승하였다. 때문에 기획재정부가 사업중지 명령을 내렸고 2018년 3월 현재 사업은 멈춰 있는 상황이다.

하지만 현재 네 개 역이 위치한 안양시, 수원시, 용인시, 화성시와 정부의 역사조성비용 부담 문제가 해결되면 빠르게 추진될 가능성이 높다. 현재 북수원역수원시, 능동역화성시의 경우는 예비타당성 조사를 통과하였고 정부가 예산 100%를 지원하는 것으로 확정되었다. 예비타당성 조사에 불합격한 역사들은 지자체가 역사 조성 비용의 50%를 부담할 경우 곧바로 진행될 수 있다.

호계사거리역안양시의 경우 안양시의회에서 50%를 부담한다는 안건이 통과되었지만, 흥덕역용인시의 경우는 용인시의회에서 부결된 상태이기 때문에 상황을 지켜봐야 한다. 흥덕역은 특히 국토교통부에서 고시한 기본계

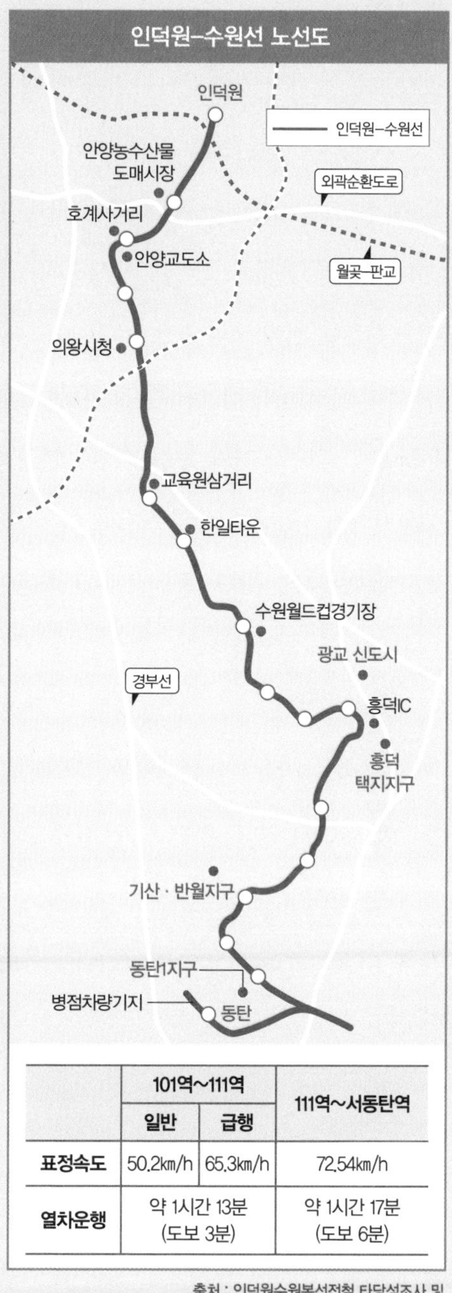

	101역~111역		111역~서동탄역
	일반	급행	
표정속도	50.2km/h	65.3km/h	72.54km/h
열차운행	약 1시간 13분 (도보 3분)		약 1시간 17분 (도보 6분)

출처 : 인덕원수원복선전철 타당성조사 및 기본계획 전략 환경영향평가서(초안)

획에서도 용인시의회의 예산분담 동의가 이루어지지 않으면 제외한다는 내용이 있기 때문에 투자를 생각한다면 진행 상황을 꼭 확인 후 접근해야 한다.

인덕원–수원선에는 급행열차가 운행될 예정인데 평균이동속도표정속도는 최고 72.54km까지로 매우 빠르다. 이에 따라 동탄역을 이용하면 수서발KTXSRT, GTX-A노선, 동탄1 · 2호선, 분당선 등으로의 환승이 가능해지므로 충분히 경쟁력을 갖춘 노선이 된다.

특히 분당선의 경우는 「문재인정부 국정운영보고서」에서 언급된 바와 같이 기흥역에서 갈라져 나와 동탄역까지 연장하는 계획을 수록하고 있다. 이렇게 되면 서울지하철 5호선이 상일동행과 마천행으로 나뉘어 운행하는 것과 비슷한 방식으로 운행된다. 따라서 동탄으로의 접근성이 더욱 좋아질 것으로 보인다.

▶ GTX-C노선

과천선4호선에는 인덕원역에서 한 정거장 이동하는 곳에 신규 역사를 추가하는 계획이 세워져 있다. 현재 이 근처에 조성 중인 과천지식정보타운의 성공적 안착을 위한 것이다. 인근의 4호선 과천정부청사역에는 GTX-C노선이 예정되어 있어 직접 영향을 받을 것으로 예상된다. 이에 대한 내용은 나중에 GTX 부분에서 다시 한 번 다뤄보도록 하자.

▶ 과천선 급행

「문재인정부 국정운영보고서」를 살펴보면 '2018년부터 수도권 광역급행철도 단계적 착공, 기존 전철망 단계적 급행열차 도입 및 시설 개선'에 대한 부분이 언급되어 있다. 이 중에서 경인선, 경의선, 수인선, 4호선의 경우 추가예산이 필요 없는 상황이라 2017년 7월 7일부터 급행열차 운행이 확대 시행되었다

4호선의 경우 이미 급행열차를 추가 운행하고 있다. 그러나 4호선 중 일부인 과천선금정역-남태령역 구간의 경우는 예비타당성 조사 통과 후 시설을 개량하여 급행열차 운행을 계획 중이다. 정차역은 인덕원역으로 예정되어 있다. 과천선은 급행열차가 통과할 때 일반열차가 대기할 수 있도록 대피선을 신설해야 한다. 따라서 예비타당성조사, 계획 및 설계 단계를 거친 후 장기적으로 접근해야 할 것으로 생각된다. 시간은 오래 걸리겠지만 진행이 된다면 서울 접근성이 향상되기 때문에 기대되는 사업이다.

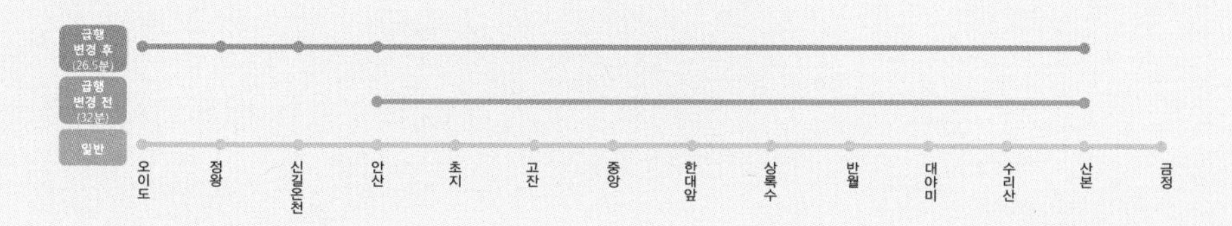

▶ 안양-성남고속도로

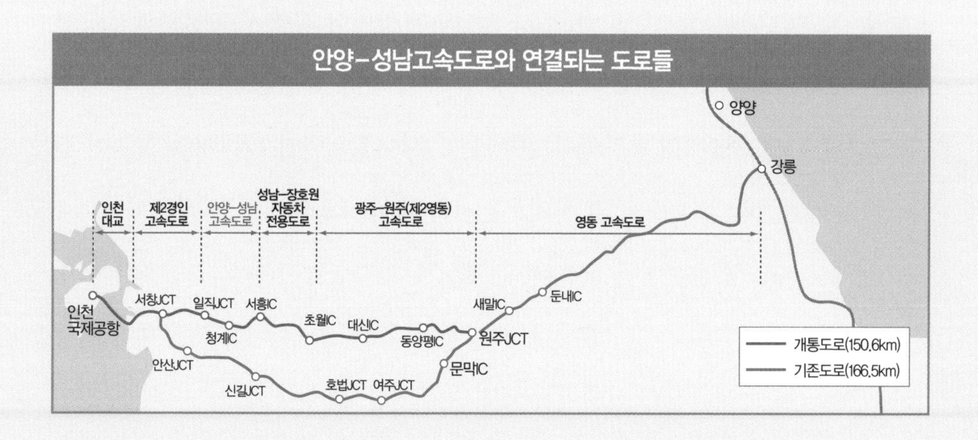

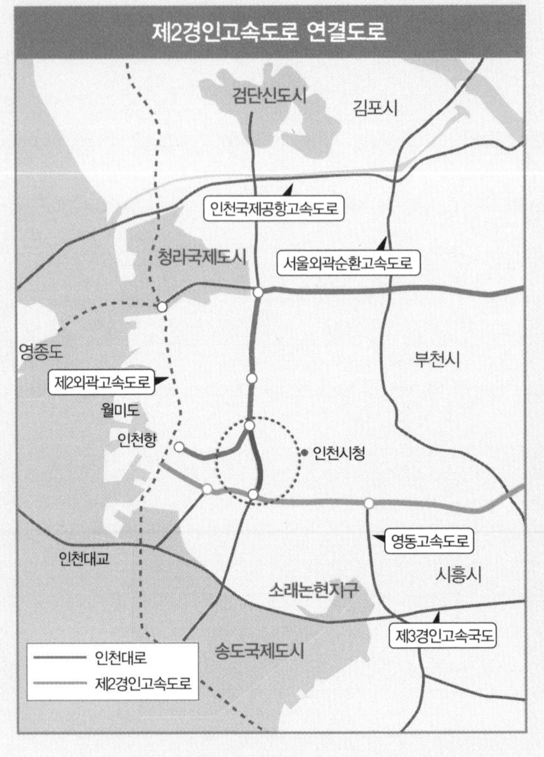

안양-성남고속도로는 원주-강릉선 철도와 마찬가지로 평창 동계올림픽을 성공적으로 개최하기 위해 계획된 도로다. 안양시 석수역에서 성남시 여수삼거리까지 이어지는 도로로, 동쪽으로 가면 성남-장호원고속화국도, 광주-원주고속도로제2영동고속도로, 영동고속도로를 따라 강릉까지 연결되고 동해고속도로를 이용해서 속초, 삼척까지 한 번에 갈 수 있다. 또 서쪽으로는 제2경인고속도로, 인천대교를 거쳐 인천공항까지 한 번에 이동이 가능하다. 또한 인천대로구 경인고속도로와 제2경인고속도로 간 연결도로가 계획되어 있어서 개통 시 인천항까지도 연결되는 노선으로 재탄생될 예정이다.

그중에서 제2경인고속도로와 인천대로로 사이에는 연결 터널이 계획되어 있다. 이 구간은 「제3차 대도시권 광역교통계획」에서 교통혼잡도로 개선사업으로 수도권에서 유일하게 선정된 도로다. 혼잡도로로 지정될 경우 건설보조금이 지원되는데 조사설계비 100%, 공사비 50%가 국비지원을 받는다. 때문에 인천광역시의 부담이 줄어들면서 진행이 원활히 이루어질 수 있다. 이에 따라 제2경인

안양-성남고속도로의 평균이동시간			
기업명	분야	분야	비고
석수IC – 삼막IC 동측	약 1 분	1.00Km	101.8km/
삼막IC 동측 – 안양과천영업소	약 4 분	6.00Km	111.92km/h
안양과천영업소 – 북의왕IC	약 1 분	1.00Km	110.69km/h
북의왕IC – 북청계IC	약 2 분	2.00Km	102.42km/h
북청계IC – 북판교영업소	약 4 분	7.00Km	106.51km/h
북판교영업소 – 동판교IC	약 2 분	3.00Km	97.97km/h
동판교IC – 여수고가교시점	약 2 분	2.00Km	96.49km/h
여수고가교시점 – 여수삼거리	약 1 분	1.00Km	92.54km/h

출처 : 제2경인연결고속도로(주) 홈페이지

고속도로뿐만 아니라 경인고속도로 IC 인근 지역의 교통편의성도 개선될 것으로 예상된다.

앞에서도 말했지만, 중요한 지역들 사이에는 도로와 철도가 함께 연결된다. 교통망을 분석할 때에는 이것을 항상 기억해야 한다. 국토의 동과 서를 한 번에 연결하는 철도가 월곶-판교선이라면 도로는 안양-성남고속도로가 중심이다. 이미 경쟁력이 확보되어 사람들이 모여드는 도로이기 때문에 문재인정부에서도 이를 적극 활용하려 할 것이다.

안양-성남고속도로와 연결될 동해고속도로속초-삼척 구간를 무료 도로로 추진하는 것도 바로 경기 부양에 가장 효과적인 노선이기 때문일 것이다. 수도권에서 영동 지역으로의 접근성이 크게 개선되면 당일치기 여행을 부담 없이 즐기게 되면서 이곳의 관광산업이 성장할 발판이 되어준다.

그러나 이렇게까지 보지 않더라도 안양-성남고속도로는 광명과 판교를 연결하는 것 자체만으로도 큰 가치가 있다. 그 정중앙에 있는 인덕원역 인근의 수요는 더욱 늘어날 것으로 생각된다.

앞쪽의 표는 안양-성남고속도로의 평균이동시간과 속도를 나타낸 것이다. 이 중에서 인덕원역으로 통하는 곳은 북의왕IC인데 이곳을 이용하면 서쪽으로는 광명, 동쪽으로는 판교까지 접근시간이 10분 정도 소요되는 것을 확인할 수 있다. 또한 판교에 접근할 때에는 별도의 진입도로를 이용하지 않아도 되기 때문에 이동시간이 대폭 단축되는 효과를 볼 수 있다.

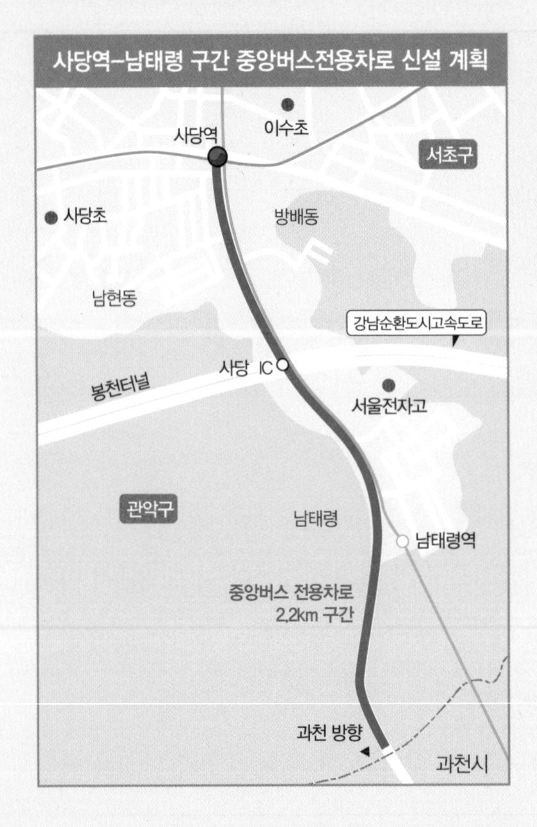

▶ 중앙버스전용차선과 BRT

인덕원의 도로교통을 이야기할 때에는 반드시 사당역 인근을 함께 살펴야 한다. 인덕원에서 서울로 진입하려면 반드시 사당을 통과해야 하기 때문이다. 그러나 주중 출퇴근시간이나 주말에 이곳을 지나려면 엄청난 교통체증을 경험하게 된다.

사당역은 경기 남부지역에서 서울로 진입하는 관문의 역할을 한다. 그래서 사당역 인근을 지날 때에는 으레 길이 막히는 것이 당

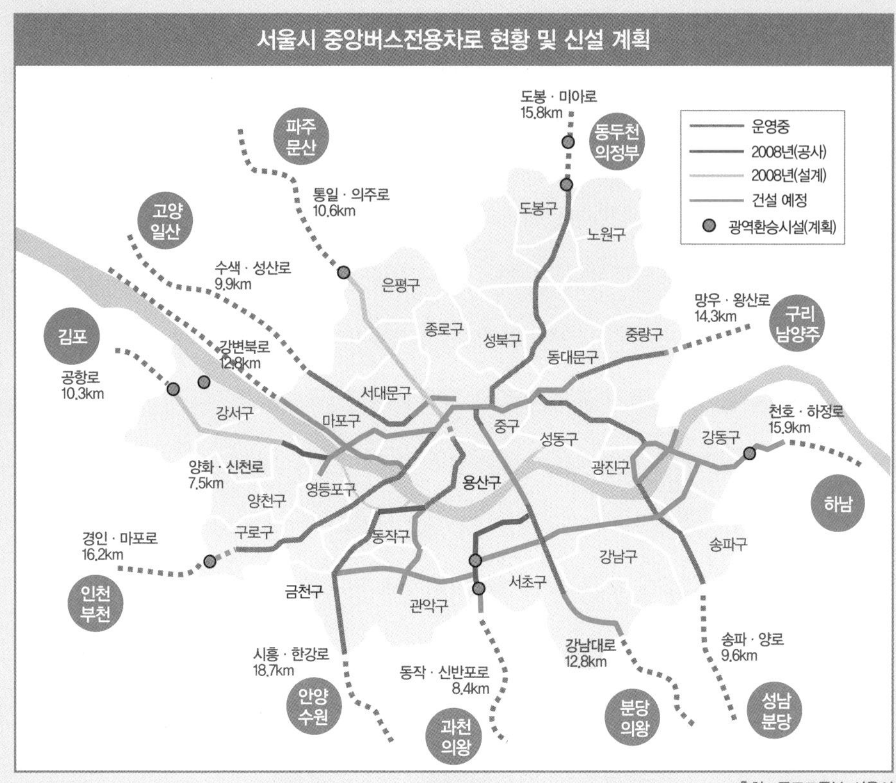

출처 : 국토교통부, 서울시

연한 것처럼 여겨지고 있다. 역설적이지만 강남순환도로 사당IC가 생긴 이후 상황은 더욱 악화되었다. IC를 이용하려는 차들이 몰리기 때문이다.

하지만 현재 진행되고 있는 사당-남태령 중앙버스전용차선이 개통되면 적어도 대중교통수단의 이용은 한층 편해질 전망이다. 심각한 교통체증 상황을 개선하기 위해 서울시는 사당역까지 운행하고 있는 중앙버스전용차선을 남태령고개까지 확대 시행한다는 계획을 발표했고, 현재 공사가 진행 중이다.

또한 이 구간 중 호계사거리역-사당역 구간에는 BRT 간선급행버스체계 운행이 계획되어 있다. 별도로 만들어진 차선으로 운행되는 BRT는 신호대기 없이 정류장과 정류장 사이를 이동할 수 있다. 마치 전철이 정류장마다 정거하는 것과 비슷하게 운행되는 것이다. 이것이 중앙버스전용차로와 연결되면 대중교통을 통한 서울로의 접근성은 더욱 개선될 예정이다. BRT와 중앙버스전용차선의 개통은 인덕원역을 기점으로 동서남북으로 손쉽게 이동할 수 있는 계기가 될 것으로 예상된다.

참고로, 현재 「대도시권 광역교통계획」 BRT 편을 살펴보면 외곽순환도로의 의왕TG-사당역 구간에 BRT 운행계획이 수립되어 있는 것을 볼 수 있다. 이런 계획에 발맞춰 서울시에서는 경기도에서 서울시로 들어오는 관문도시 12곳의 개발계획을 발표했는데, 사당역은 그 시범지역으로 선정된 곳이다. 관문도시에 대한 설명은 신안산선의 석수역 부분을 참고하기 바란다.

일자리 : 고소득 연구개발직 종사자의 수요가 풍부하다

▶ 과천지식정보타운

경기도 과천시 갈현동 인근에 위치한 과천지식정보타운 자리는 본래 보금자리지구로 추진되었던 곳이다. 하지만 주민들의 반대에 부딪혀 무산된 후 새롭게 지식정보타운으로 추진이 확정되었다. 다만 기존 보금자리지구의 특성을 살려 공공·임대주택의 공급을 함께 진행할 계획이다.

이곳의 가장 큰 강점은 양질의 일자리가 많이 생겨날 것이라는 점이다. 온라인·모바일 게임 개발, 영상·오디오 콘텐츠 산업, 통신서비스, 컴퓨터 프로그램

등 여러 분야의 연구개발사업이 핵심 유치기능으로 계획되어 있다. 또한 4차산업 육성이라는 테마에 발맞춰 생물바이오, 반도체, 신재생에너지 등의 핵심시설도 자리를 잡을 예정이어서 폭발적인 인구 유입이 기대된다.

이런 곳에 철도와 도로망까지 한 번에 모여들 계획이므로 기업들의 관심이 높아질 수밖에 없다. 2017년 10월 30일 과천지식정보타운의 지식산업센터 공급 공고 후 12개 센터, 26곳의 용지에 총 826개 업체들이 참가의향서를 제출했다. 현 부지의 가치를 입증하는 척도라 할 만하다. 특히 4호선 과천정부청사역과 인덕원역 사이에 새로 생길 갈현역은 바로 과천지식정보타운 한 가운데에 만들어진다.

과천지식정보타운은 과거 보금자리지구가 해제되면서 진행된 사업이기 때문에 이곳에 위치한 주거지역은 분양가 상한제가 적용된다. 그래서 보통 민간아파트 분양가의 80~85% 정도인 저렴한 분양가로 공급되기 때문에 공공 · 일반분양 계획을 파악한 후 접근한다면 좋은 투자 포인트가 될 수도 있다.

▶ 평촌스마트스퀘어

평촌스마트스퀘어는 대한전선 부지를 개발하여 주거, 업무, 상업시설을 한 곳에 집중시킨 곳이다. 노후화된 공업지역이 재생되면서 도시경쟁력을 강화하고, 수도권 지식기반산업 클러스터를 육성하여 산업경쟁력을 강화하고, 지역경제 활성화에도 큰 기여를 하고 있다. 2018년 3월 현재 입주업체는 LG유플러스 외 27개이며 지속적인 인구 유입이 예상되는 곳이다.

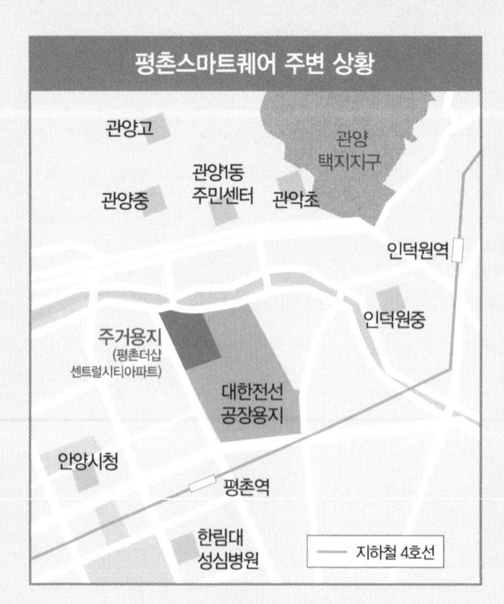

평촌스마트스퀘어의 특징은 업종이 연구 분야로 제한되어 있다는 것이다. 여러 직군 중에서도 연구개발직은 대부분 고소득 연봉자인 경우가 많다. 상주인구의 연봉수준이 전반적으

평촌스마트퀘어의 유치 가능 업종

기업명	한국표준산업분류상의 유치업종
지식기반 제조업	금속가공제품 제조업 기계 및 기구 제외 및 연구소 전자제품 컴퓨터 영상 음향 및 통신장비제조업 및 연구소 의료, 정밀, 광학기기 및 시계제조업 및 연구소 전기장비 제조업 및 연구소 기타 기계 및 장비제조업 및 연구소 자동차 및 트레일러 제조업 및 연구소 기타 운송장비 제조업 및 연구소
지식기반 서비스업	출판업 중 소프트웨어 개발 및 공급업 및 연구소 방송업 중 프로그램 공급업 및 연구소 컴퓨터 프로그래밍, 시스템통합 및 관리업 및 연구소 정보서비스업 중 포털 및 기타 인터넷 정보매개 서비스업 및 연구소

출처 : 안양평촌스마트스퀘어 도시첨단산업단지 관리기본계획변경승인고시

로 높다면 인근 주택을 매입할 수요층으로 자리 잡기 때문에 주변 부동산 가격에 긍정적인 역할을 하게 된다. 제조업의 경우 입주 가능 분야는 지식기반 제조업 중 금속가공, 의료, 정밀, 자동차 등 고부가가치사업의 연수업종으로 제한되어 있다. 따라서 이곳에 입주하고 싶어 하는 기업 수요는 더욱 증가할 것으로 예상된다.

▶ 인덕원역세권 개발

인덕원역을 기준으로 북쪽에는 과천지식정보타운, 서쪽에는 안양시 동편마을, 동쪽에는 의왕시 숲속마을이 자리 잡고 있다. 하지만 정작 한가운데는 개발제한구역으로 묶여 있어 지역개발에 한계를 보이고 있었다. 이 부지를 개발하려는 계획이 현재 진행 중이다.

인덕원역세권 개발 사업은 경제적 타당성조사 결과 B/C 1.12로 통과되었다.

인덕원역세권 개발 위치도

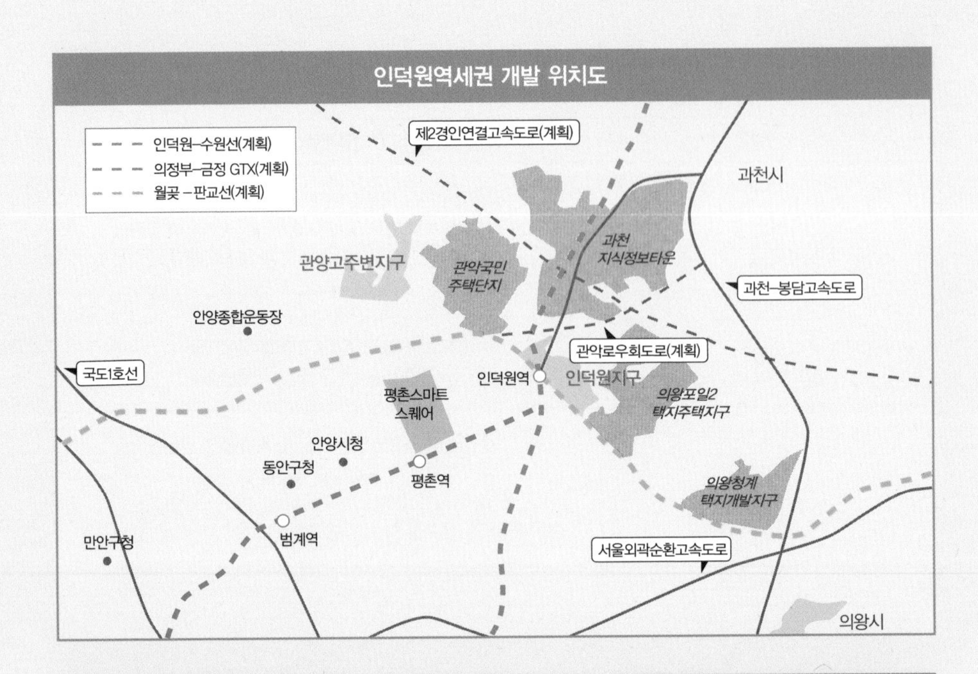

인덕원역세권 토지이용계획표

구 분		면적(㎡)	구성비(%)	비고
유상공급면적	소계	7,908	3.7	
	단독주택	5,061	2.4	23개 필지, 23세대, 58인(2.5인/세대)
	근린생활시설	2,847	1.3	
도시지원용지	도시지원시설	24,128	11.4	
상업용지	복합시설	26,816	12.6	
공공시설 용지	소계	153,809	72.3	
	공원	58,864	27.7	
	녹지	12,890	6.1	
	공공용지	3,562	1.7	
	학교	13,797	6.5	
	문화시설	3,176	1.5	
	주차장	4,000	1.9	
	도로	57,520	27.0	
유상공급면적		66,028	31.0	
합 계		212,661	100.0	

출처 : 경기도시공사 신규투자사업 추진동의안 심사보고(원안)

인덕원사거리에는 기존 상권이 존재하고 있고, 인덕원역의 철도망이 확충될 계획이므로 이러한 것들과 연계되면 복합상업기능이 강화되어 시너지 효과가 기대된다.

그런데 인덕원지구 개발은 대부분 업무용지, 상업용지, 공공시설용지로 구성되어 있고 주거기능이 매우 적다. 때문에 과천-봉담고속도로를 따라 이동이 편리한 과천지식정보타운, 평촌스마트스퀘어와 연계되었을 때 시너지 효과가 탁월할 것으로 예상된다.

▶ 복합환승센터 건립

이렇게 인덕원역에는 양질의 일자리 및 교통편의성 확충에 대한 계획이 진행되고 있으므로 향후 경기 남부권을 대표하는 지역으로 성장할 가능성이 크다.

이런 분위기에 발맞춰 추진되는 것이 복합환승센터의 건립이다. 지하 4층으로 계획되고 있는 이곳은 월곶-판교선, 인덕원-수원선, 4호선과천선이 자리 잡고, 안양-성남고속도로와 BRT의 정류장이 만들어진다. 이로써 인덕원을 교통의 결절점으로 만드는 마지막 퍼즐이 완성되지 않

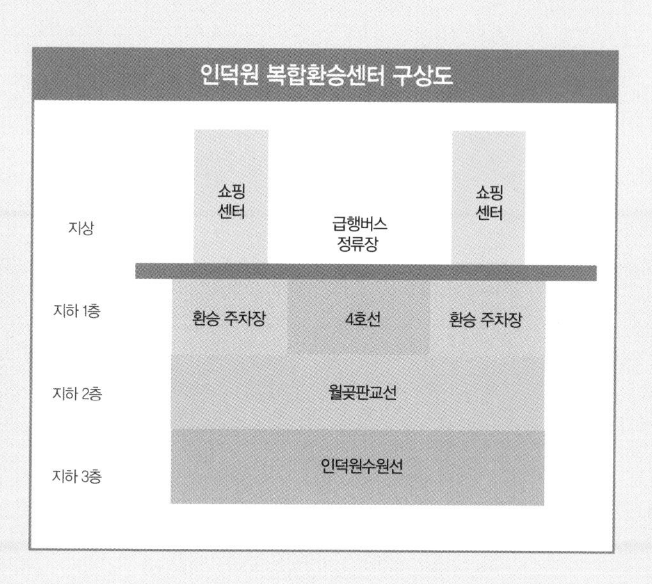

을까 생각한다.

인덕원역에는 이미 운행하고 있는 기존 광역버스가 많다. 추진 중인 노선들이 개통하면 이들 광역버스와 연계하여 큰 시너지 효과를 만들 것이다. 또한 인덕원 주변의 상권과 복합환승센터 내 쇼핑몰이 연결되어 거대한 상권이 조성되면 경기 남부를 대표하는 지역으로 발돋움할 수 있게 된다.

지금까지 인덕원에 대해 자세히 살펴보았다. 이 지역은 이미 진행되고 있는 사업 그리고 진행될 가능성이 높은 호재들이 버무려져서 크게 성장할 가능성이 높다. 따라서 이 지역의 변화 상황을 면밀히 살펴보고 접근하는 전략을 수립해 보는 것도 좋을 것이다.

CHAPTER

06

GTX-A·B·C노선 자세히 들여다보기

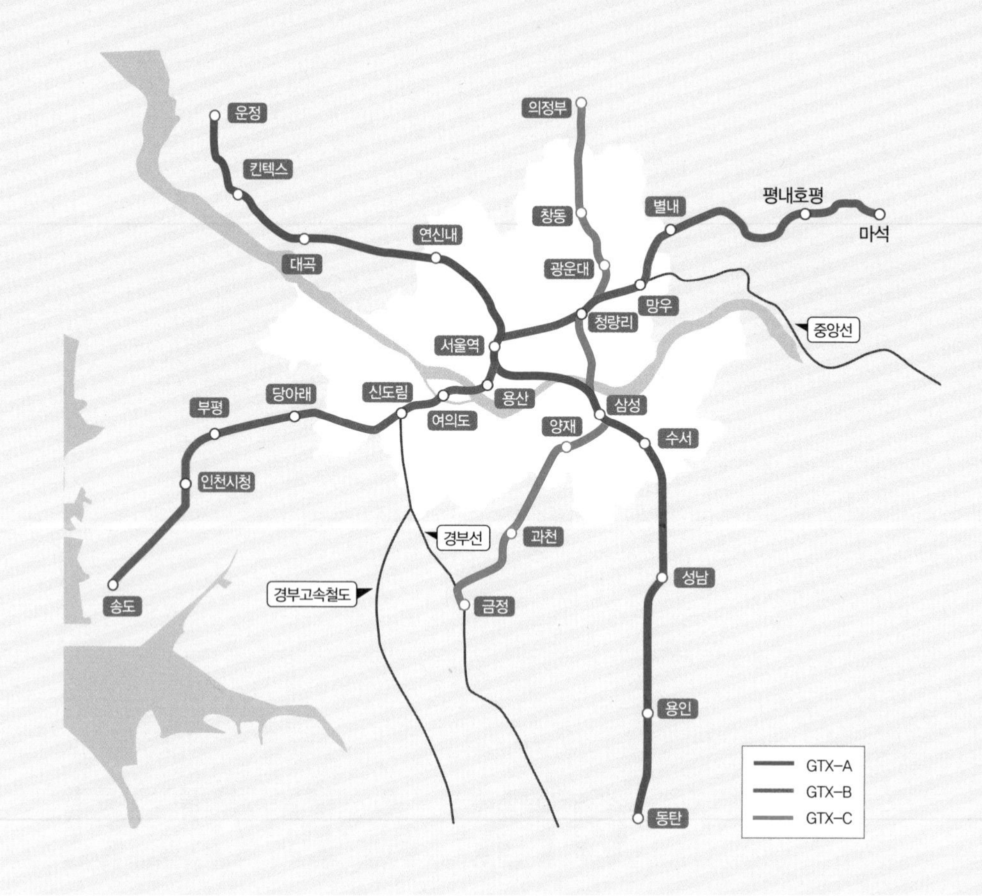

운정
킨텍스
대곡
연신내
의정부
창동
광운대
별내
평내호평
마석
망우
청량리
중앙선
서울역
용산
신도림
여의도
당아래
부평
인천시청
송도
삼성
양재
수서
과천
경부선
경부고속철도
금정
성남
용인
동탄
GTX-A
GTX-B
GTX-C

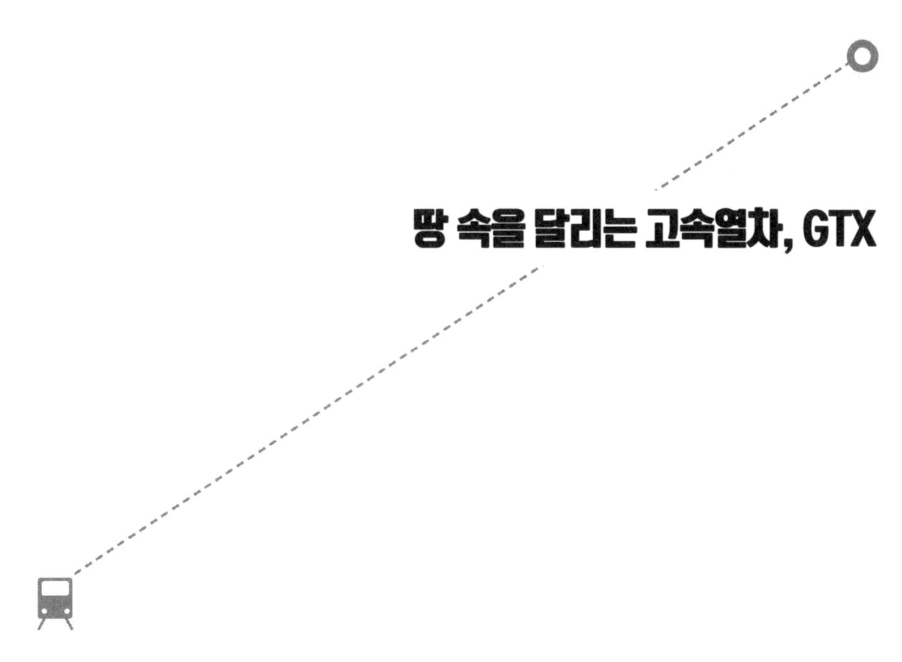

땅 속을 달리는 고속열차, GTX

GTX Great Train Express는 수도권 전역을 30분 내에 연결하기 위해 추진되고 있는 사업으로, 수도권 광역급행철도라고도 불린다. 이름에서 알 수 있듯이 빠른 속도로 서울과 수도권의 주요 구간을 연결할 뿐 아니라, 지하 깊숙한 곳을 달린다. 수많은 장점을 나열하기 전에 먼저 GTX의 탄생 배경부터 살펴보자.

서울의 인구과밀 문제를 해결할 수 있을까

우리나라의 주택보급률이 100%를 넘어선 것은 전국이 2002년, 수도권이 2010년이다. 그러나 독자들은 이 숫자가 피부에 잘 느껴지지 않을지 모른다. 주택보급률이 100%를 넘어섰다면 그래도 자기 집 한 채씩 가진 사람이 꽤 많아야 하지 않을까? 그런데 왜 여전히 '내 집 마련'을 목표로 하는 사람들이 그렇게 많은 것일까? 그 이유는 숫자상의 주택은 많지만 대다수의 사람들이 살고 싶어 하는 지역에는 주택이 턱없이 부족하기 때문이다.

정부는 사람들이 살고 싶어 하는 지역에 지속적으로 주택을 공급했지만 주택 부족 현상은 어쩌면 대한민국의 운명이라고 볼 수도 있다. 우리나라는 일자리, 상업시설, 인프라 등 사람들이 원하는 시설의 대부분이 유난히 서울에 집중되어 있기 때문이다. 그런 측면에서 대다수의 사람들이 서울이나 서울과 가까운 지역에 살고 싶어 하는 것은 당연하다.

하지만 마곡지구를 끝으로 서울에는 더 이상 대규모 택지개발을 진행할 만한 땅이 없다. 많은 사람들이 서울로 몰리는 것에 비해 주택 공급에는 한계가 있는 것이다. 그래서 서울의 주택 가격은 천정부지로 치솟았을 뿐 아니라 이로 인해

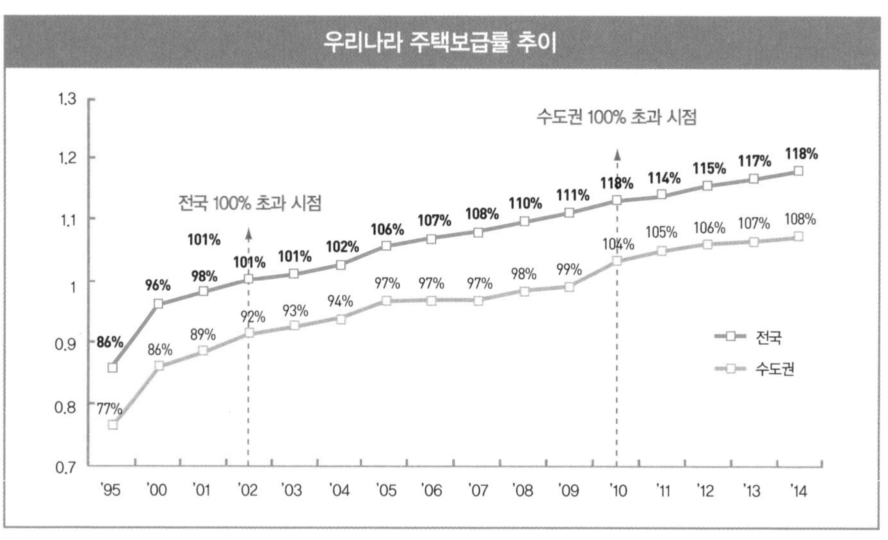

출처 : 부동산114 자료

발생하는 환경오염과 사회간접비용으로 인한 낭비는 상상을 초월하는 수준까지 이르게 됐다.

이런 상황을 타계할 가장 좋은 방법은 서울 외곽지역까지 지하철을 개통하는 것이다. 빠른 교통수단을 통해 인프라가 잘 구축된 지역으로 편리하게 이동할 수 있다면 사람들은 굳이 비싼 집값을 지불하면서 중심부에 몰려 살 필요가 없기 때문이다. 그러나 이미 수많은 시설이 빽빽하게 자리잡은 도시에 지하철을 새로 뚫는다는 것은 무척 어려운 일이다. 가장 큰 문제는 토지보상으로 인한 막대한 예산이다. 법률상 지하철이 지나가는 곳의 한계심도지하 47m까지는 토지보상을 진행해야 하므로 이를 해결하기 쉽지가 않다.

마땅한 대체 교통수단이 없기 때문에 사람들은 자동차를 이용하게 되고, 서울과 수도권을 잇는 도로는 날이 갈수록 혼잡해진다. 그렇다고 도로를 신설할 여건도 충분하지 못하다. 상황이 이렇다 보니 과거에는 서울 인근지역 신도시에 대한 관심이 높았지만, 이제는 더 이상 외곽으로 빠져나가는 것을 주저하기에 이르렀다. 한도 끝도 없이 서울에서 멀리 떨어지기에는 출퇴근이 너무나 부담스럽기 때문이다.

이럴 때 참고할 만한 사례가 프랑스의 레르RER, 일본의 츠쿠바익스프레스Tsukuba Express, 영국의 크로스레일Crossrail와 같은 광역노선이다. 이들 철도는 도심 중심부와 외곽지역을 연결하며 주택난을 해결하는 긍정적 효과를 내고 있다.

우리나라에도 수도권광역급행철도GTX를 외곽까지 연결함으로써 서울에 집중되어 있는 주거의 범위를 확대하는 계획이 세워져 있다. 무엇보다도 GTX는 한계심도인 47m보다 깊은 지하에 만들어지는 것이 특징이다. 토지보상 없이 진행이 가능하기 때문에 사업성이 높아지는 것이다. GTX는 「제2차 국가철도망 구축계획」의 두 번째 추진과제인 '대도시권 30분대 광역 · 급행 철도망 구축'을 실현하기 위한 노선으로서 점점 모습을 드러내고 있다.

험난한 예비타당성 조사 과정

GTX는 하나의 노선이 아니라 A노선, B노선, C노선 등 세 개의 노선으로 나뉘어 있는데 최초 계획된 노선은 아래 표와 같다.

처음 계획은 세 개 노선의 동시착공이었다. 하지만 2018년 3월 현재는 사업성이 뛰어나다고 평가받은 A노선만 우선 추진되고 있다. B노선과 C노선은 경제적 효과를 나타내는 B/C와 사회적 효과를 나타내는 AHP 값을 충족하지 못해서 예비타당성 조사에서 불합격했다. 그중에서도 B노선은 마석역까지 연장하는 계획을 추가하면서 예비타당성 재조사 항목으로 선정되었으며, C노선은 현재 수원,

GTX의 최초 노선 계획

노선명		B/C	AHP	진행단계 (2018년 3월 기준)	비고
A노선	킨텍스-삼성-동탄 (삼성-동탄 구간은 SRT노선 공유)	1.33 (운정까지 1.11)	0.595 (운정까지 0.55)	기본 및 실시설계 중	운정 연장 확정
B노선	송도-청량리	0.33	0.307	예비타당성 재조사 중	청량리-마석 연장 계획 추가
C노선	금정-의정부	0.66	0.374	예비타당성 재조사 중	양주-수원 연장 계획 추가

양주 연장 계획을 포함하여 예비타당성 재조사가 진행 중이다.

일각에서는 GTX-B노선과 C노선이 무산되는 것 아니냐는 우려를 하기도 하지만, 쉽게 무효화되지는 않을 것으로 보인다. 2017년 7월에 발표된 「문재인정부 국정운영 5개년계획」의 '수도권 상생' 부분에서는 GTX에 대해 "GTX-A노선 예비타당성 조사 중인 파주 연장 구간 포함 · B노선 · C노선 건설 추진"이라고 언급되어 있다. 또한 같은 달 보도된 국토교통부 보도자료를 보더라도 정부가 GTX를 얼마나 중요하게 생각하는지 확인할 수 있다.

경부 · 분당 · 과천 · 일산 급행열차 확대,
수도권이 더 가까워진다

(전략)

ㅇ 또한, 수도권의 교통혼잡 등을 근본적으로 해소하기 위하여 기존 철도의 급행화와 함께 수도권 외곽지역과 서울 도심 주요거점을 20분대로 연결하는 신개념의 '고속 광역급행철도망(GTX)'을 2025년까지 구축할 계획이다.

ㅇ 광역급행철도망(GTX)은 총 211km로서, 파주와 동탄을 잇는 A노선(83km)과 송도와 마석을 연결하는 B노선(80km), 의정부와 금정을 잇는 C노선(48km) 등 3개 노선을 서울역, 청량리역, 삼성역을 주요 거점으로 하여 방사형으로 교차되도록 구축할 계획이다.

(후략)

출처 : 국토교통부 보도자료 2017년 7월 6일자

이렇게 이번 정부는 GTX를 매우 중요하게 생각하고 있다. 하지만 앞에서 살펴본 바와 같이 하나의 노선이 착공·개통되기까지는 수많은 단계가 존재하기 때문에 성급히 관련 지역에 투자를 하기보다는 진행 상황을 꼭 모니터링하는 것이 좋다.

요금이 얼마가 될지 눈여겨보자

이렇게 경쟁력이 뛰어난 노선이지만 한 가지 눈여겨볼 것이 있다. 바로 이용요금이다. 아무리 편리한 노선이라 해도 이용요금이 비싸게 책정된다면 어떨까?

예를 들어 킨텍스역-삼성역 구간의 요금이 편도 1만 원으로 책정되었다고 가정해 보자. 한 달에 20일을 이용한다고 가정하면 출퇴근하는 데에만 40만 원이 들어간다(요금 1만 원 × 20일 × 왕복 2회 = 40만 원). 맞벌이를 한다면 교통비로만 한 달에 80만 원을 소비하는 셈이다. 이런 상황이라면 여러분들은 이용하겠는가? 예상컨대 차라리 서울과 더 가까운 지역에 반전세를 얻어 사는 것이 낫겠다고 생각할 수도 있다.

아무리 편리하고 신속하게 이동할 수 있다 해도 이용요금이 지나치게 높다면 이용객들의 외면을 받게 된다. 따라서 이용객이 얼마나 될지 예측하려면 예상 이용요금이 얼마 정도일지를 파악하는 것도 필요하다.

2014년에 발간된 「수도권 광역급행철도(GTX) 건설사업 예비타당성조사 보고서」에는 GTX-A노선, B노선, C노선의 기본요금을 모두 10km당 2,150원으로 하고, 추가요금은 km당 20원씩으로 잡고 있다는 내용이 나와 있다. 이는 타 교통수단과 환승이 가능한 통합요금제를 기준으로 한 것이다. 이것을 바탕으로 어느 정도 요금을 추측해 볼 수 있다. 운정역-삼성역 구간이 약 40km이므로 계산을 해 보면 요금은 2,750원이 나온다.

기본요금 2,150원 + (추가요금 20원 × 추가거리 30km) = 2,750원

현재 파주의 운정신도시에서 M7426번 버스를 타고 강남역까지 오는 데에 드는 요금이 2,900원임을 감안하면 꽤 저렴한 편이다. GTX-A노선을 이용해서 강남역까지 가려면 삼성역에서 한 번 환승을 해야 하지만, 그렇다고 해도 비용은 대략 3,000원 정도일 것으로 예상된다.

물론 여기에서 언급한 것은 예비타당성 조사 보고서의 내용을 바탕으로 한 것이므로, 민자사업자와 협상이 진행되는 동안 요금이 어느 정도 상승할 수 있다는 것을 고려해야 한다. 하지만 이미 기준점이 제시되었기 때문에 민자사업자도 완전히 터무니없는 가격을 제시할 수는 없을 것이다. 이런 점들을 고려하면 GTX는 충분히 광역버스를 대체할 만한 수단이 될 수 있다고 생각된다.

약점은 너무 깊은 승강장

편리하고 빠른 GTX지만 한 가지 약점이 존재한다. 바로 지상에서 승강장까지의 거리가 멀다는 것이다. 한계심도인 47m 아래에 만들어지기 때문에 지상에서

승강장까지 접근하기가 오래 걸릴 수밖에 없는 것이다.

출퇴근시간이 빨라진다는 것은 단순히 버스나 철도에 타고 있는 시간이 짧아지는 것만을 의미하는 게 아니다. 본질은 도보와 환승 시간을 포함해서 목적지까지 걸리는 총소요시간이다. 역과 역 사이를 빠르게 이동하는 것만이 아니라 우리집 현관문 손잡이를 열고 나가서 회사에 있는 내 자리에 앉기까지의 시간이 얼마나 걸리느냐를 생각해야 한다.

위의 그림은 현재 운행 중인 서울지하철 6호선 독바위역의 실제 구조도다. 지하철에 탑승할 수 있는 승강장이 무려 지하6층에 위치해 있어서 지상에서 지하까지 가는 데에만 6~7분이 걸린다. 독바위역 인근에 북한산이 있으니 어쩌면 등산을 좋아하시는 분들이 많아서 기꺼이 이용하실 지도 모르겠으나, 대부분의 사람

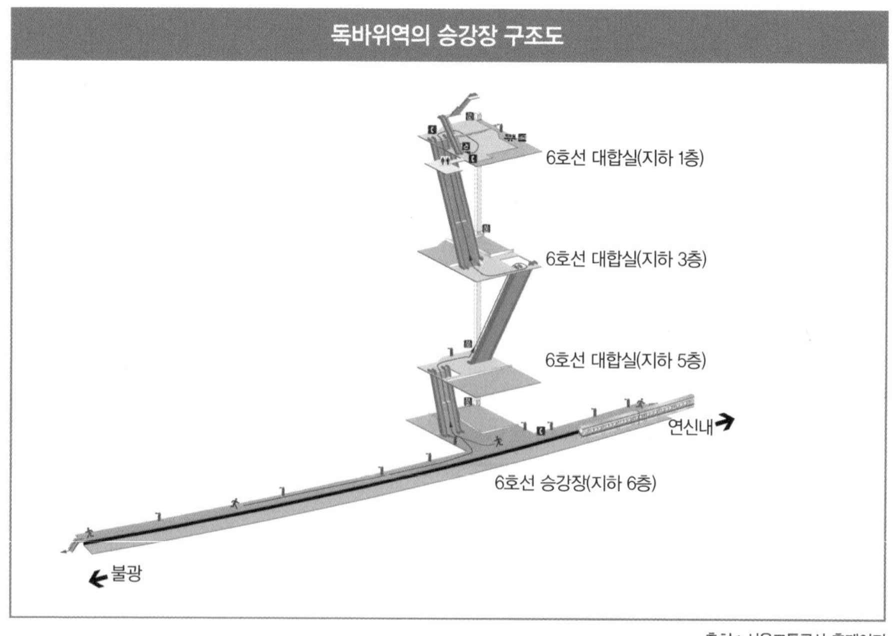

출처 : 서울교통공사 홈페이지

들은 별로 반가워하지 않을 것이다. 생각보다 이용시간이 많이 걸리고 오르내리기가 힘들어서 바쁜 출퇴근시간에는 상당히 불편하기 때문이다.

이렇게 지하 깊숙한 곳에 위치한 역사는 서울에만 열 곳이 넘고 그중에서 가장 깊은 곳은 7호선 숭실대입구역이다. 그런데 가장 깊다고 하는 숭실대입구역의 깊이는 45.49m인데, GTX는 그보다 깊은 한계심도 47m보다 더 깊게 지어진다. 아무리 노력해도 어쩔 수 없이 현재의 지하철 역사들보다 훨씬 깊어질 수밖에 없는 것이다.

어쩔 수 없이 GTX는 지상 출입구와 지하 승강장까지의 접근시간이 길어질 것이다. 달리 생각하면 GTX는 서울 중심지에서 멀리 떨어질수록 이점이 있다고 볼 수 있다. 서울 안에서 가까운 거리를 이동하는 사람들은 가격이 저렴하고 많이 걸어 내려갈 필요가 없는 도시철도를 더 선호할 것이기 때문이다. 그러나 일반 도시철도로 두 시간 걸릴 거리를 GTX로 30분 만에 주파한다면 좀 걸어 내려가는 것을

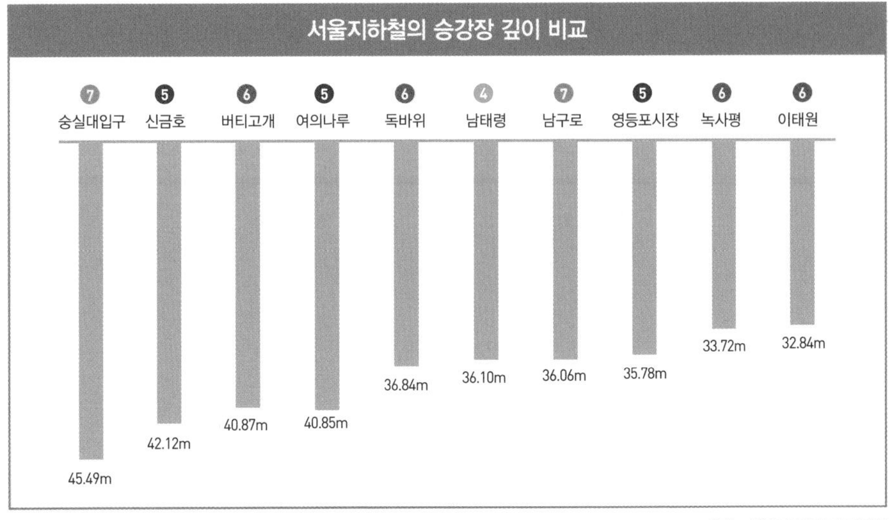

출처 : 서울교통공사 홈페이지

감수하더라도 기꺼이 GTX를 이용할 것이다.

반대로 중앙버스전용차선을 이용해서 광역버스가 빠르게 운행되는 곳이라면 GTX가 별로 경쟁력을 얻지 못할 수도 있다. GTX가 무조건 황금알을 낳는 거위는 아닐 수도 있다는 뜻이다.

A노선_
높은 사업성으로 빠르게 진행되는 중

A노선은 세 개 노선 중 가장 사업성이 뛰어나며 시범사업의 성격을 띠고 있다. 그 만큼 진행상황이 빠르기 때문에 현재로서는 가장 집중해서 살펴야 할 노선이기도 하다.

최초 계획된 노선은 일산 킨텍스역에서 서울의 삼성역까지였고, 삼성역에서 동탄역까지는 수서발KTX$_{SRT}$의 선로를 공유하는 것이었다. 그러나 2017년 11월 파주시민들의 염원이 반영되어 일산 킨텍스역에서 운정신도시까지 연장한다는 계획이 확정되었다.

2017년 11월 7일 기획재정부에서 운정 연장 예비타당성 조사 통과를 발표한 후 민간투자업체 지정 및 시설사업기본계획(안)이 민간투자사업심의위원회를 통과하면서 더욱 속도를 내고 있다.

충분한 거리와 풍부한 배후수요

GTX-A노선 위에는 운정역에서 동탄역까지 총 열 개의 역이 설치된다. 총연장 83.10km의 구간을 운행할 예정이며 이중에서 삼성역-동탄역 구간은 수서발 KTX$_{SRT}$와 선로를 공유하면서 운행한다. 열 개의 역은 아래 표와 같은데, 한 번 훑어보기만 해도 A노선의 사업성이 뛰어난 이유를 쉽게 알 수 있을 것이다.

첫째로 정차역의 대부분은 서울 중심부와의 거리가 상당히 떨어져 있는 곳들이다. 앞에서 언급한 바와 같이 열차 탑승을 위해 승강장까지 가는 시간이 꽤 걸

GTX-A노선의 정차역

역명	환승노선	주요시설
운정역	없음	
킨텍스역	없음	복합환승센터, 경기북부테크노밸리, 고양방송영상밸리, CJ문화콘텐츠단지(옛 K컬처밸리)
대곡역	일산선(3호선), 경의중앙선, 대곡-소사선(예정)	복합환승센터, 테크노밸리
연신내역	3호선, 6호선	서울혁신센터
서울역	1호선, 4호선, 공항철도, 경의중앙선, 신안산선(예정), 신분당선(예정), GTX-B, 수색-서울-금천구청(예정), KTX	복합환승센터, 서울북부 · 중앙 · 남부역세권 개발
삼성역	2호선, 9호선, KTX, GTX-C, 위례-신사선	현대차GBC, 영동대로 지하 복합환승센터, 잠실MICE, 코엑스확장
수서역	3호선, 분당선, KTX(SRT)	복합환승센터
성남역(이매)	성남-여주복선전철	판교테크노밸리
용인역(구성)	×	
동탄역	KTX(SRT), 인덕원-수원선(예정), 동탄1 · 2호선(예정)	복합환승센터, 광역비즈니스컴플렉스, 동탄테크노밸리

리기 때문에 중심부와의 거리가 먼 곳이어야 주민들도 그 정도 수고를 감안하고 GTX를 이용할 것이다. 운정, 킨텍스일산, 성남이매, 용인구성, 동탄 등은 주거지역이지만 강남이나 서울시청과의 거리가 상당히 떨어져 있는 곳이다. 때문에 이쪽으로 출퇴근하는 이용자들을 흡수하면서 사업성이 증가할 것이다.

둘째로 역 주변의 배후수요가 풍부하다. 경기 북부에 위치한 운정과 일산은 2008년 금융위기 후 부동산 시장의 가장 큰 하락을 경험한 곳이다. 특히 일산은 한때 1기 신도시 중에서 분당과 어깨를 나란히 할 정도로 위상이 대단했지만 고교평준화, 강남 접근성 부족 등의 이유로 대표적 베드타운으로 전락해버렸다. 이런 상황에서 GTX가 개통된다면 충분한 배후수요가 이미 확보되어 있어 효과가 더 클 것이다. 현재 A노선 예정지인 킨텍스역 인근의 분위기가 뜨거운 것만 봐도 충분히 예상할 수 있다.

판교와 이매 사이에 지어지는 성남역은 성남-여주복선전철의 이매역과 환승이 가능하다는 점에서 분당의 또 다른 다크호스로 주목받고 있다. 동탄역도 마찬가지다. 동탄의 다른 지역들은 2018년에서 2019년 사이에 예정되어 있는 대규모 입주물량 때문에 주거용 부동산을 매입하기가 부담스럽다는 분위기지만, 동탄역과 인접한 C11블록롯데캐슬트리니티는 다르다. 2017년 12월 청약 결과 최고경쟁률이 156대 1을 기록할 정도로 큰 인기몰이를 했다.

GTX-A노선은 민자사업이지만 정부와 민자사업자가 손익을 50%씩 공유하는 BTO-rs 방식으로 진행된다. 수익을 나눠 갖는 구조임에도 민자사업자들이 큰 관심을 갖는 것은 그만큼 뛰어난 사업성이 눈에 보이기 때문일 것이다. 2018년 3월 현재 이곳에서는 현대건설 · 현대산업개발 컨소시엄과 신한은행 컨소시엄이 사업자 선정을 놓고 팽팽한 견제를 벌이는 중이다.

그럼 GTX-A노선이 개통되는 지역 중 눈여겨볼 만한 곳들은 어디인지 한 번 살펴보자.

GTX-A노선의 영향을 받는 지역

▶ 킨텍스역

1기 신도시의 대표지역인 일산은 대부분 90년대 초반에 입주한 아파트로 구성되어 있다. 입주 후 시간이 꽤 흐른 만큼 이미 인프라는 충분히 구축되어 있는 상태이고, 지역 내의 생활편의성도 만족스러운 편이다. 하지만 일산신도시 내에는 양질의 일자리가 별로 없다 보니 출퇴근은 다른 지역으로 하고 이곳에서는 생활만 하는 베드타운이 되어버렸다.

하지만 킨텍스 인근이 개발되고 일자리가 조성되면 택지개발을 통해 신축아파트가 공급될 것이고, 이와 함께 일산 부동산 시장에도 온기가 피어날 것으로 기대된다. 이런 분위기에 정점을 찍을 호재가 바로 GTX-A노선 킨텍스역의 조성이다.

킨텍스역 조성 계획이 발표된 후 고양방송영상문화 콘텐츠밸리 사업도 본 궤도에 올랐다. 2017년 5월 15일 경기도의회 기획재정위원회 회의안건에 이 사업의 신규투자사업 추진 동의안이 상정되었다. 이에 따르면 일산MBC, SBS, JTBC, EBS, 방통위 등 방송영상 관련 인프라가 잘 조성되어 있어 예비타당성 조사 결과 사업성이 충분한 것으로 판단된다고 평가하고 있다.

또한 킨텍스가 위치한 일산 장항동 인근에는 드라마를 비롯해 다양한 한류 문화를 체험할 수 있는 문화관광 복합단지 '한류월드'가 조성되고 있다. 이곳에는 현재 CJ그룹이 집중 투자를 하고 있는데, 1단계 사업으로는 공연장과 호텔을, 2단계 사업으로는 테마파크를 건설할 계획이다. 1단계 사업은 2018년 12월에 완료될 예정으로, 이후에는 인접해 있는 고양영상밸리 및 일산테크노밸리와 연계하여 특화단지를 조성한다는 계획이다. 이렇게 되면 이 지역은 방송 · 영상 · 문화 기능이 연계된 특화단지로서 양질의 일자리가 만들어질 가능성이 크다. 현재 이곳에는 EBS 본사가 이전했으며 JTBC 방송제작센터도 착공하면서 점차 제대로 된 모습을 갖춰나갈 것이다.

일산테크노밸리경기북부테크노밸리는 광명 · 시흥테크노밸리와 함께 경기도가 야심차게 준비하는 곳이다. 4차 산업혁명 시대의 미래수요 창출 신산업 플랫폼 조성을 목표로 3D · 4D, 가상현실VR 콘텐츠, 첨단의료산업TeleMedicine 등 미래 신산업을 유치한다는 계획이다. 일산테크노밸리 조성 계획이 발표된 이후 인근 아파트의 분양권 프리미엄은 천정부지로 치솟으며 엄청난 관심을 불러일으키고 있다. 2018년 3월 일산테크노밸리는 경기도의회에서 추진동의안의 통과되면서 더욱 급물살을 탔다.

일산테크노밸리는 첨단산업과 교육, 주거, 문화 기능을 모두 갖춘 미래형 자족도시로 구현하여 인근지역의 랜드마크로 만든다는 비전을 가지고 있다. 그래서 제2차 복합환승센터 개발 기본계획에 GTX 킨텍스역이 포함되어 있는 것이다. 상업시설로는 이미 영업 중인 현대백화점 및 원마운트 테마파크, 이마트 등과 연계할 수 있고, 일자리로는 고양방송영상문화콘텐츠밸리와 경기북부테크노밸리에

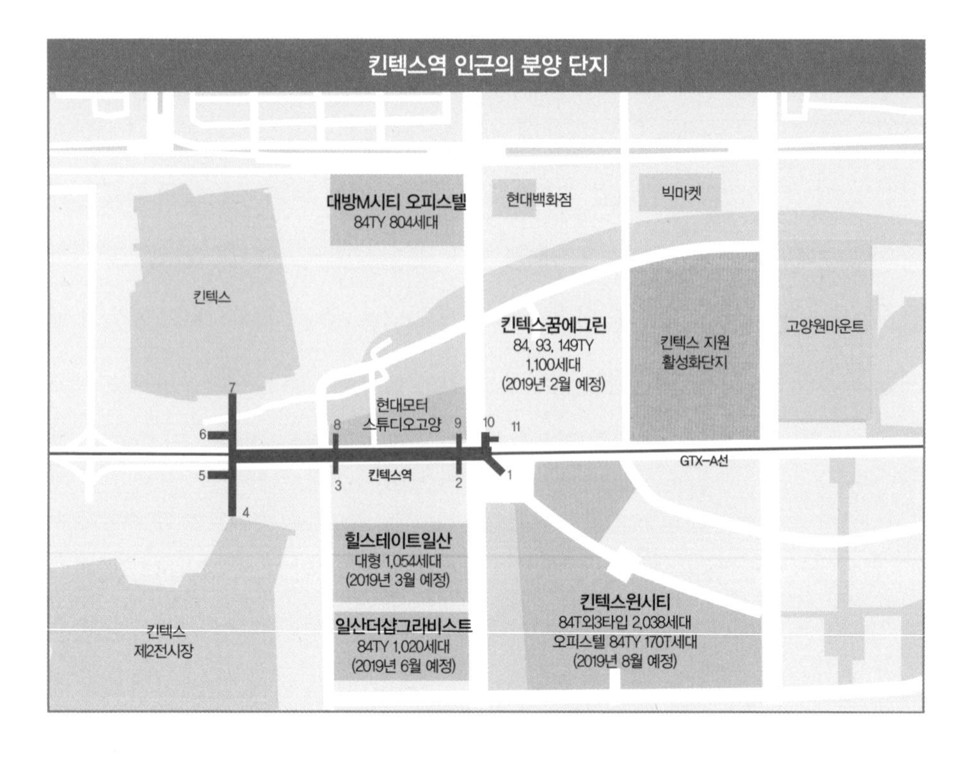

연결되며, 주거시설로는 인근의 분양 완료된 신축아파트 및 오피스텔이 자리 잡고 있다. 이 모든 시설들이 킨텍스역과 연계되고 복합환승센터의 모습을 갖춤으로써 인근 개발계획의 핵심이 될 것이다.

▶ 대곡역

킨텍스역과 함께 살펴야 할 곳이 바로 대곡역이다. 대곡역은 현재도 일산선3호선과 경의중앙선이 운행하고 있는 더블역세권이다. 하지만 2022년 대곡-소사선이

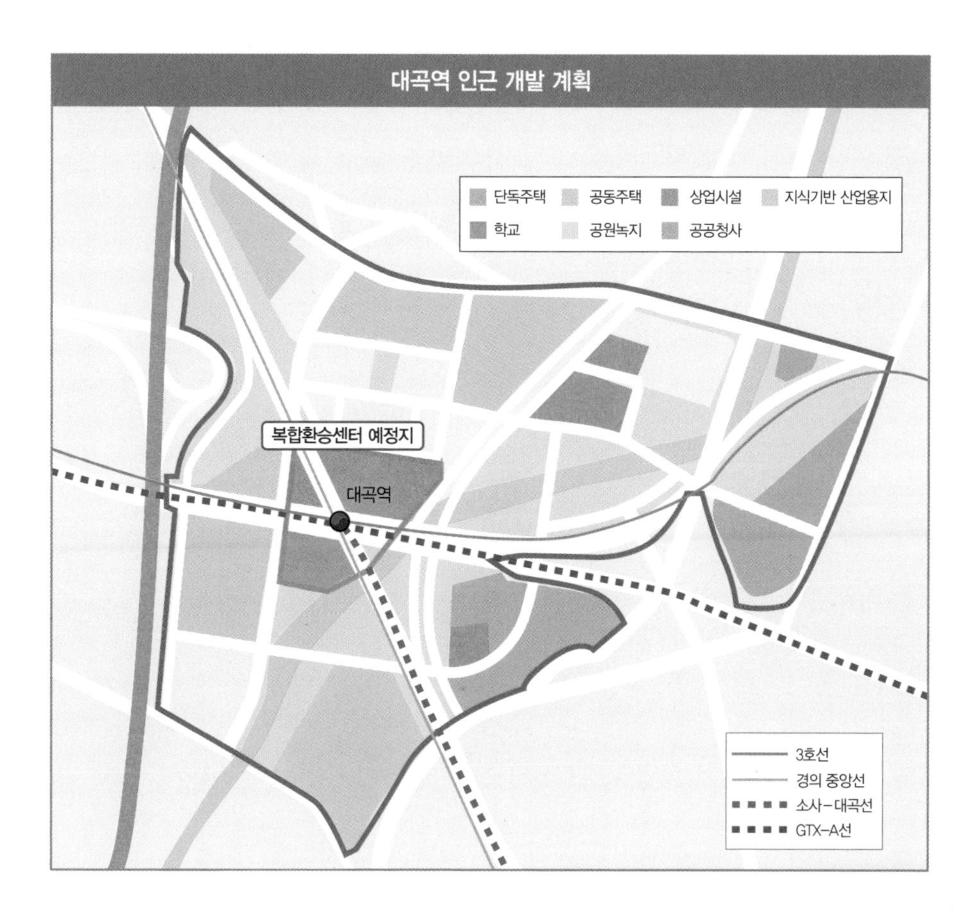

개통되고, 이후 GTX-A노선까지 개통되면 네 개의 노선이 교차하는 쿼드러플역세권으로 자리 잡을 것이다.

또한 수도권을 연결하는 대표 도로인 외곽순환도로의 일산IC가 인근에 위치하고 있다. 때문에 이곳은 도로와 철도가 만나는 접점으로 그 역할이 커질 것이라 생각된다. 이러한 이유 때문에 대곡역은 제1차 복합환승센터 기본계획에 포함되어 있으며, 킨텍스 인근 지역과 발맞춰 역세권개발이 진행될 것으로 예상된다.

대곡역세권 개발구역에는 주거, 상업, 업무시설이 복합적으로 계획되어 있으며 특히 고양방송영상문화콘텐츠밸리와 연계되어 있는 것이 특징이다. 고양방송영상문화콘텐츠밸리에는 3D · 4D, 가상현실VR 콘텐츠 등 영상촬영기술 관련 업체들이 입점하며, 대곡역세권에는 드론이나 방송카메라 등 방송장비 관련 업체들이 입점할 예정이다. 이처럼 고양시의 발전축은 앞으로 GTX-A노선을 따라 형성될 것으로 생각된다.

이 지역에 주목하라!

삼성역

서울지하철 2호선에 위치한 삼성역은 코엑스와 연결되는 곳으로 유명하다. 많은 사람들이 오고가는 곳이지만, 바로 근처에 동남권의 최강자인 강남역이 위치해 있기 때문에 상대적으로 가려져 있는 지역이었다. 하지만 가까운 미래에 삼성역을 다시 보게 된다면 어떻게 변해 있을까?

교통 : 초대형 복합환승센터, 강남을 능가할 랜드마크의 탄생

코엑스와 현대차GBC옛 한국전력 부지 사이에는 왕복 14차선의 영동대로가 자리 잡고 있어서 나란히 위치하고 있지만 둘 사이는 단절되어 있었다. 하지만 이곳의 지하에 수많은 철도노선과 엄청난 시설들이 들어가면서 복합환승센터로 개발된다.

이에 따라 인근 지역에는 엄청난 변화가 생길 것으로 예상되고 있다.

▶ 의정부발KTX

삼성역을 관통하게 될 KTX는 의정부역에서 창동역을 거쳐 삼성역으로 오는 의정부발KTX의 한 부분이다. 이 노선은 수서발KTX SRT의 노선을 연장한 것으로 2018년 3월 현재 공사가 한창 진행 중이다. GTX-A노선과도 선로를 공유하기 때문에 사업성이 더욱 높아졌다. 뒤에 나올 KTX 부분에서 이 내용을 다시 한 번 다뤄보기로 하자.

▶ GTX-A노선과 GTX-C노선

삼성역을 더욱 가치 있게 만들어줄 노선이 바로 GTX-A노선과 C노선이다. GTX-A노선의 운정역, 일산역, 성남역, 용인역, 동탄역 그리고 C노선의 금정역, 광운대역, 창동역, 의정부역 등이 이곳 삼성역에서 연결된다. 여기에 현재 서울의 중심부를 연결하는 기존 2호선이 연결되면 철도교통망의 접점 역할을 하면서 미래 수도권 교통의 중심이 될 수 있다.

기존 동남권 교통망의 절대강자는 강남역이었다. 2호선과 신분당선이 만날 뿐 아니라, 경기도와 인천 지역의 대부분을 연결하는 광역버스로 환승이 가능하기 때문이다. 게다가 양질의 일자리와 인프라가 모여 있다 보니 강남역은 오랫동안 서울을 넘어 전국을 대표하는 랜드마크 역할을 해왔다.

그에 비해 삼성역은 상대적으로 그늘에 가려져 있기는 했지만, 코엑스와 테헤란로를 연결하는 2호선의 인기 지역이었다. 이러한 곳에 앞으로 GTX-A노선과 C

노선이 연결되면 이곳에는 광역버스 환승을 편리하게 할 수 있는 복합환승센터가 들어선다. 따라서 강남역에 편중되어 있던 기존 광역버스 승객의 상당 부분을 삼성역이 나눠 갖게 될 것으로 예상된다.

▶ 위례-신사선

경전철은 주로 교통소외지역을 연결하는 기능을 하지만, 위례-신사선은 조금 다르다. 위례신도시가 생기면서 이곳의 교통편의성을 높이겠다는 확실한 목적에 따라 계획된 노선이다. 때문에 경전철 중 유일하게 강남으로 직접 연결되도록 설계되었다. 위례신도시는 공공 · 민간분양 당시 분양가에 교통분담금을 포함했기 때문에 예산이 어느 정도 확보되어 있다는 것도 특징이다.

서울의 동쪽 끝에 위치한 위례신도시는 교통편의성이 상대적으로 떨어져 있었지만, 위례-신사선을 통해 한 단계 업그레이드될 것으로 생각된다. 특히 가락시장역은 기존의 3호선과 8호선뿐 아니라 위례-신사선까지 지나감으로써 트리플역세권이 된다. 게다가 이곳에는 송파대로를 따라 운행하는 중앙버스전용차로까지 있어 교통편의성이 더욱 개선될 것으로 보인다. 이런 상황이기 때문에 민자 BTO-rs 방식임에도 불구하고 GS건소시엄이 사업 참여 의사를 밝힌 상황이다.

하지만 과연 빠르게 추진될 수 있을지는 생각해 볼 문제다. 현재는 민간사업자가 30년 후 서울시에 기부채납하도록 되어 있다. 이런 경우에 함께 고려해야 할 중요한 요소는 주변 호재들이 얼마나 현실화되고 있느냐이다. 관련 호재들이 현실화되어야 이용승객이 늘어나고, 30년이라는 사업기간 동안 민간사업자의 수익률이 더욱 높아지기 때문이다. 민간사업자 입장에서는 아직 호재들이 현실화되지

도 않았는데 지하철부터 개통한다는 것이 쉽지 않다. 따라서 위례-신사선의 진행 상황을 살필 때에는 관련 호재들의 진행상황을 함께 모니터링할 필요가 있다. 눈여겨봐야 할 호재로는 영동대로 지하 복합환승센터 외에도 잠실 마이스MICE 단지 개발, 제2롯데월드, 문정법조타운, 가락시장 현대화 사업 등이다.

이 노선이 개통되면 신사역을 통해서 신분당선으로의 환승이 가능해진다. 주변 호재들이 제대로 진행되어 준다면 양질의 일자리가 풍부해지므로 위례신도시라는 배후지역과 일자리를 연결하는 주요 노선으로 자리 잡게 될 것이다.

▶ 영동대로 지하 복합환승센터

영동대로 지하 복합환승센터는 2호선 삼성역과 9호선 봉은사역 사이의 영동대로 밑에 만들어질 국내 최초의 입체적 복합환승센터이자 대규모 지하도시다.

<table>
<tr><th colspan="3">영동대로 지하 복합환승센터 건설 계획</th></tr>
<tr><td>지상</td><td colspan="2">대형광장 조성 (길이 240m, 폭 70m)</td></tr>
<tr><td>지하 1층</td><td>시민 편의 공간
– 현대GBC, 코엑스와 연계한 상업 · 여행 · 문화 · 예술공간</td><td rowspan="2">도심공항터미널
– 공항버스와 공항철도 이용 가능
– 1층 탑승수속, 로비
– 2층 공항버스 탑승플랫폼, 이용객 하차, 수화물검사실</td></tr>
<tr><td>지하 2층</td><td>버스환승센터
– 장래 버스 이용수요 고려하여 10면 확보</td></tr>
<tr><td>지하 3층</td><td>주차장
– 관광버스 등 대형차 중심
– 승용차 주차공간 최소화</td><td></td></tr>
<tr><td>지하 4층</td><td colspan="2" rowspan="3">통합역사
– 교통 결절점의 특성에 적합하게 구축
– 위례–신사선, 의정부발KTX, GTX–A, GTX–B
– 역무시설, 기능실 등</td></tr>
<tr><td>지하 5층</td></tr>
<tr><td>지하 6층</td></tr>
</table>

지하 6층, 연면적 16만㎡ 규모로 계획되어 있으며, 상부에는 서울광장의 약 2.5배 크기의 대형광장이 조성될 계획이다. 바로 옆에 위치한 현대차GBC 전 한국전력 부지, 서울의료원 부지, 잠실종합운동장 등이 개발되면서 이곳은 동남권 개발사업의 중심이 될 수 있다.

영동대로를 사이에 둔 채 마주보고 있는 코엑스와 현대차GBC는 폭 40m의 광폭 지하통로로 잇는다. 복합환승센터는 이 두 개 건물을 비롯해서 2호선 삼성역, 9호선 봉은사역 등 주변 건물과 총 14개소를 지하로 직접 연결하는 역할을 한다.

처음 계획할 당시 위례-신사선은 지하4층에 위치했지만 이후 지하6층의 KTX 및 GTX와 자리가 바뀌었다. 이를 통해 GTX는 사업비가 약 1,500억 원 절감되었고 사업기간도 약 18개월 단축되면서 사업진행에 가속도가 붙었다.

또한 복합환승센터가 준공되는 시점에는 영동대로 중앙버스전용차선의 운영계획이 수립되어 있다. 지상과 지하1층 사이에 버스환승정류장을 설치해서 광역

버스를 이용할 수 있도록 한다. 이를 통해 삼성역에서 수도권의 여러 지역으로 이동이 가능해진다. 지하 3층에는 관광버스 주차장 114면을 조성해서 인근지역 관광객의 수요를 대비하고, 지상에는 공원을 조성해서 코엑스-현대차GBC-잠실종합운동장까지 도보 이동이 가능하도록 연결할 계획이다.

이렇게 대규모 편의시설과 광장이 하나로 연결되고 복합환승센터를 통해서 다양한 교통수단을 효율적으로 이용할 수 있게 되면 기존의 상업 · 업무시설의 기능과 합쳐지면서 삼성역은 새로운 랜드마크로 성장할 것이다. 현재 국제현상설계 공모 결과 당선작이 선정되어 구체적 설계를 진행중인, 가시권에 진입한 대형 호재라고 볼 수 있다.

▶ 동부간선도로 지하화 사업

동부간선도로는 의정부에서 출발해 노원구, 중랑구를 연결하고 1단계 영동대로, 2단계 학여울역까지 지하화하여 연결하는 사업이 계획되어 있다. 이중 1단계 사업이 바로 영동대로 지하 복합환승센터를 지난다. 이 사업이 완료되면 창동역-광운대역-삼성역을 연결하는 컨벤션센터 벨트가 완성된다. 자세한 내용은 GTX-C노선 부분에서 다시 한 번 살펴보도록 하자.

일자리 : 코엑스와 현대차GBC를 주축으로 한 국제업무지구

복합환승센터는 코엑스와 현대차GBC를 양옆에 두고, 2호선 삼성역과 9호선 봉은사역을 연결하는 영동대로의 지하 부분을 연결한다. 따라서 코엑스와 영동대로 지하1 · 2층, 그리고 현대차GBC까지 엄청난 곳들이 한 번에 연결되어 메가톤급 상업시설이 구성된다.

뿐만 아니라 인근에는 함께 매각이 예정되어 있는 서울의료원 부지, 탄천과 연결되는 잠실운동장 개발 사업, 그리고 이와 연계하여 국제교류복합지구잠실 MICE 단지의 개발 계획까지 세워져 있다. 이 사업들이 모두 완성되면 지역 전체가 명실상부한 동남권의 랜드마크가 될 것이다.

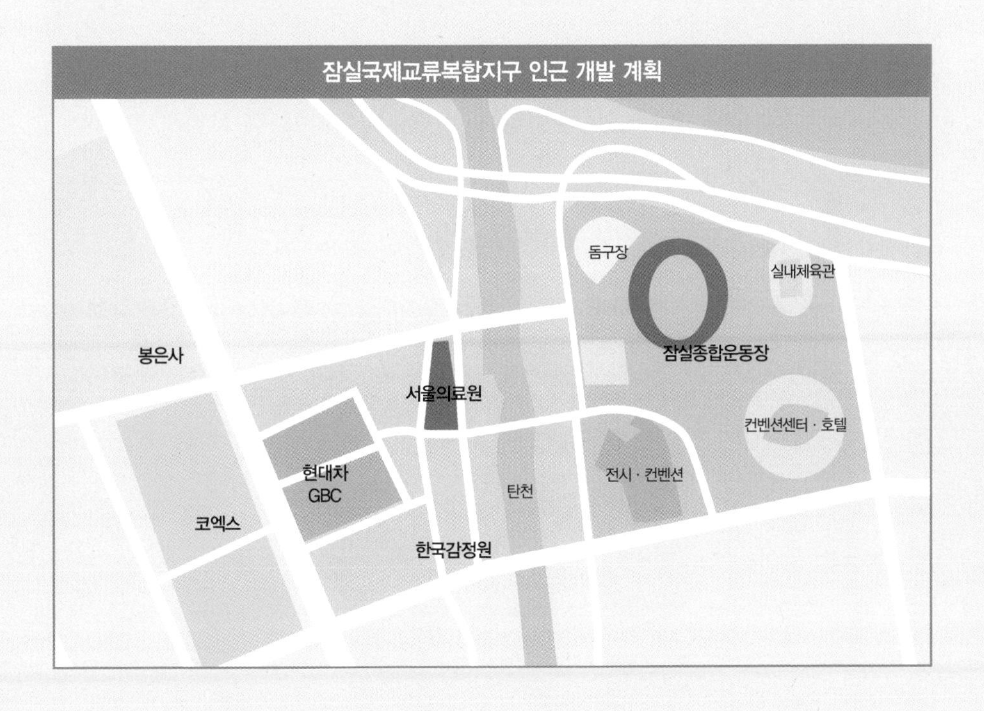

이 사업은 총 4단계로 구분할 수 있다. 첫 번째는 현대차GBC가 완공되는 것이고, 두 번째는 잠실종합운동장 개발 사업이 진행되는 것이다. 그리고 세 번째로 영동대로 지하복합환승센터가 완성되면서 코엑스 옆에 있는 도심공항터미널이 지하로 이전하고, 마지막으로 코엑스를 확장하는 것으로 마무리를 짓는다.

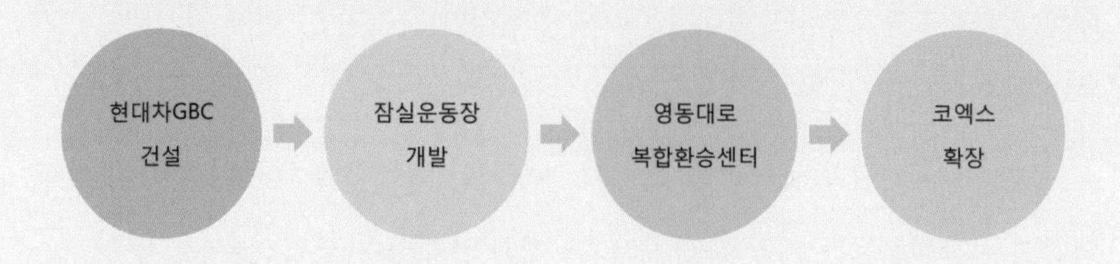

▶ 현대차GBC(글로벌 비즈니스 센터)

2014년 세간을 떠들썩하게 만든 사건이 있었다. 바로 현대차그룹이 삼성동 한전 부지를 무려 10조5,500억 원이라는 엄청난 금액에 낙찰받은 것이다. 당시만 해도 지나치게 고가에 낙찰받았다는 말들이 상당히 많았지만, 현 시점에서 돌아보면 그 가격이 정말 고가였다고 말하기가 어려워졌다. 그만큼 삼성동 일대는 한전 부지에 세워질 현대차GBC의 이미지로 강하게 각인되었기 때문이다.

이곳에는 현대차그룹의 통합사옥과 전시 · 컨벤션, 공연장, 호텔, 상업시설 및 업무시설이 한 번에 모이는 지상 105층의 거대한 복합시설이 자리 잡을 예정이다. 현대건설-현대산업개발 컨소시엄이 GTX-A노선 민자사업에 관심을 갖는 이유 중 하나이기도 하다. 완성된다면 이곳은 현대차그룹을 상징하는 대표적 건축물이 될 것이다.

현대차GBC 구성도

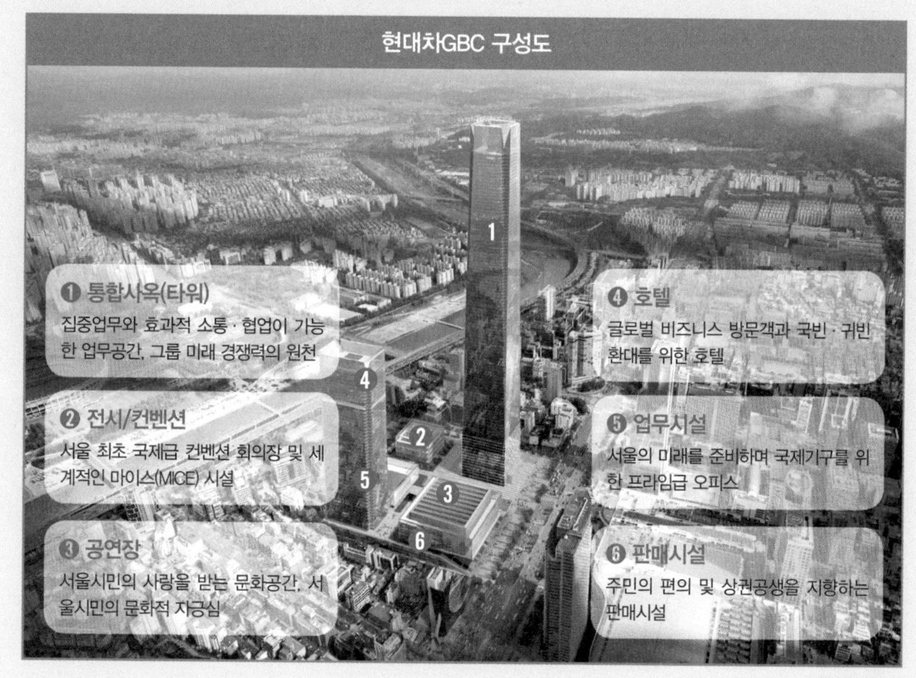

출처 : 서울시

▶ 잠실종합운동장 개발

88서울올림픽의 추억을 고스란히 간직하고 있는 잠실종합운동장이지만 현재는 대부분의 부지가 주차장으로 사용되고 있다. 실내체육관과 수영장의 사용 빈도 역시 열악한 수준이고, 가끔 개최되는 대규모 행사나 콘서트를 제외하고는 거의 방치되다 시피 하는 상황이다. 2002년 월드컵 개최를 위해 상암동에 축구전용경기장이 건설되면서 상황은 더욱 나빠졌다. 때문에 과거의 추억을 보전하는 수준에서 잠실종합운동장 개발 사업이 진행되고 있다.

사업은 총 3단계로 진행된다. 1단계로는 학생체육관과 수영장을 철거해서 전시 · 컨벤션센터, 실내 스포츠콤플렉스, 호텔, 상업시설 등을 신축한다. 또한 한강

탄천 및 올림픽대로 지하화 계획도

출처 : 서울시 지역발전본부 2017년 업무계획

잠실운동장 종합개발 순서

단계	철거계획	신축계획
1단계 (2019~2021)	– 학생체육관 철거 · 이전 – 수영장 철거	– 전시 · 컨벤션시설① 신축 – 실내 스포츠콤플렉스 신축 – 호텔 · 수익형 임대시설 신축 – 한강 · 탄천변 정비
2단계 (2019~2023)	– 실내체육관 철거 – 보조경기장 철거 (2019 전국체전 후 진행)	– 주경기장 리모델링 – 보조경기장 이전 신축 – 유스호스텔 신축 – 마리나 수익형임대시설 신축
3단계 (2020~2025)	– 올림픽대로 지하화 준공 – 야구장 철거	– 야구장 이전 신축 – 전시 · 컨벤션시설② 신축

출처 : 서울시 지역발전본부 2017년 업무계획

변과 탄천변을 정비하며 탄천변에 도보로 이동할 수 있는 다리를 만들어 현대차 GBC와 연결하고, 한강시민공원으로 직접 이어지도록 올림픽대로의 일부분을 지하화하는 사업이 진행된다.

2단계 사업으로는 실내체육관을 철거, 보조경기장을 이전한 후 해당 부지에 야구장을 신축하게 된다. 그리고 올림픽 주경기장의 전면은 상징성을 고려하여 보전하되 후면은 한류 · 케이팝 공연 관람객과 배낭여행자 및 지방 운동선수의 숙소로, 일부 객실은 서울시 소속 선수단의 숙소로 활용할 계획이다.

마지막 3단계로 기존 야구장을 철거한 후 전시 · 컨벤션 센터를 신축하면 개발 사업이 완성된다. 이 모든 사업이 완성되면 기존의 낙후된 이미지를 완전히 탈피하며 엄청난 집객력을 자랑하는 관광사업의 메카로 자리 잡을 예정이다.

▶ 코엑스 증축

영동대로 복합환승센터가 완성되면 현재 코엑스 옆에 위치한 도심공항터미널이 이전하는 것으로 계획되어 있다. 이후 해당 건물은 철거를 하고, 포화상태인 코엑스를 확장 · 증축하면서 잠실국제교류복합지구는 완전체의 모습을 갖출 것으로 생각된다.

지금까지 영동대로 지하 복합환승센터를 시작으로 진행되는 잠실국제교류복합지구 사업에 대해 알아보았다. 수많은 철도노선과 도로, 그리고 시외버스 및 택시의 환승이 효율적으로 바뀌고, 업무 · 상업 · 주거 기능이 한 곳에 모이는 삼성역은 가까운 미래에 강남역을 넘어서 동남권를 대표하는 신흥강자로 떠오르지 않을까 예상해 본다.

B노선_
노선의 변경 여부를 지켜보자

GTX-B노선은 본래 인천 송도역에서 서울역을 거쳐 청량리를 연결하는 9개 역으로 계획되었다. 이후 마석역까지 연장되는 4개의 역이 추가되어 총 13개 역으로 계획이 바뀌었다.

GTX-B노선은 인천 송도역에서 청량리역까지 약 30분 만에 이동이 가능하지만, GTX의 세 개 노선 중 유일하게 강남을 지나지 않는다. 때문에 최초의 예비타당성 조사 때에는 B/C 0.33이라는 참담한 성적을 거두었다. 이후 잠실 방향으로 노선을 변경해서 추진하겠다는 계획을 발표했지만, 기존 노선과 관련된 지역들의 격렬한 반대로 무산되었다. 만약 잠실로 변경되어 진행되었다면 예비타당성 조사 결과는 B/C 1.04로 크게 개선되어 통과 가능성이 상당히 높았을 것이다. 2018년 3월 현재는 청량리역에서 마석역까지 연장하는 계획을 추가하여 예비타당성 재조사가 진행 중이다.

GTX-B노선의 예정 역사

역명	환승노선	주요시설
마석역		
평내호평역		
별내역	8호선	
망우역	평창KTX, 7호선	
청량리역	1호선, 경의중앙선, 경춘선, KTX, GTX-C노선, 분당선(예정), 면목선(예정)	복합환승센터
서울역	1호선, 4호선, 공항철도, 경의중앙선, 신안산선(예정), 신분당선(예정), GTX-B, 수색-서울-금천구청(예정), KTX	복합환승센터, 서울북부 · 중앙 · 남부역세권 개발
용산역	1호선, 경의중앙선, KTX	복합환승센터
여의도역	5호선, 9호선	복합환승센터
신도림역	1호선, 2호선	
당아래역	7호선	
부평역	1호선, 인천1호선	
인천시청역	인천1호선, 인천2호선	
송도역		

GTX-B노선의 최초 계획과 변경 추진 노선

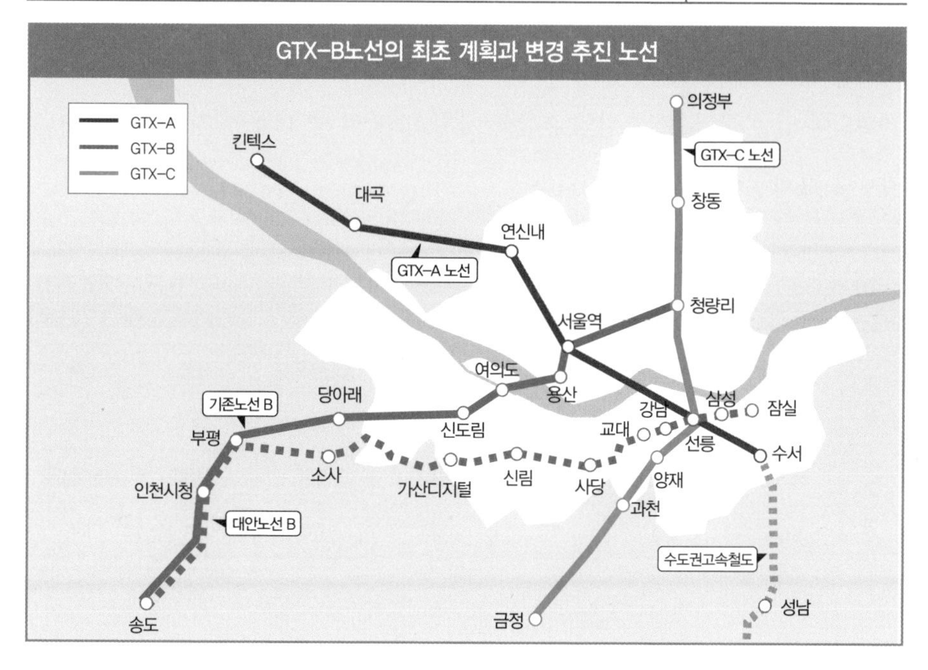

함께 살펴봐야 할 남부광역급행철도

잠실 쪽으로 변경하고자 했던 노선은 사실 남부광역급행철도를 접목시킨 것이다. 남부광역급행철도는 복잡한 서울 2호선의 부담을 해소하기 위해 서울시가 계획하고 있는 노선으로 당아래역-오류역-가산디지털단지역-신림역-사당역-교대역-강남역-선릉역-삼성역-잠실역을 연결한다. 대부분 정차역의 혼잡도가 상당히 심각한 구간이다.

아래 표에서 확인할 수 있듯이 2호선의 혼잡도는 매우 심각하다. 이러한 문제를 해결하고자 서울시는 2호선에 급행열차를 운영하고 싶어 하지만, 그러기 위해서는 노선의 확장이 반드시 필요하다. 그러나 2호선 중 일부는 지상구간이기 때문에 양 옆으로 노선을 확장하는 것이 거의 불가능하다.

때문에 지상구간 선로의 지하에 별도 선로를 만들어서 2호선의 급행열차 개념으로 운행하려는 것이 바로 남부광역급행철도이다. 실제로 남부광역급행철도에 계획되어 있는 구간은 2호선의 혼잡도 상위 12개 역 중 11곳을 지나기 때문에 혼잡도를 크게 줄일 것으로 기대된다.

서울 2호선의 최대 혼잡구간

내선	정거장	잠실나루	잠실	잠실새내	종합운동장	삼성	선릉
	혼잡도	108	152	160	157	136	121
외선	정거장	교대	서초	방배	사당	낙성대	서울대입구
	혼잡도	145	163	174	176	164	154

08:00~09:00 기준, 출처 : 서울시

만약 이 노선이 GTX-B노선으로 변경된다면 사업성을 나타내는 B/C는 기존 0.33에서 1.04로 상승할 수 있다. 이것만 봐도 남부광역급행철도가 얼마나 사업성이 높은 노선인지 예측할 수 있을 것이다. 현재 GTX-B노선의 잠실 변경은 무산되었지만, 만약 차후에 재추진이 된다면 높은 사업성 덕분에 상당히 신속하게 진행될 가능성이 크다.

GTX-B노선의 영향을 받는 지역들

▶ 청량리역

청량리역은 서울 동북권의 신흥강자로 떠오르고 있다. 1호선, 경의중앙선, 경춘선, 면목선예정, GTX-B노선과 C노선예정, 분당선 연장선예정이 계획되어 있고 2017년 12월에는 평창KTX도 개통되었다. 뿐만 아니라 향후 삼성역 복합환승센터 및 수서발KTX SRT 노선과 연결될 의정부발KTX도 청량리역을 지난다. 경춘선과 연결되

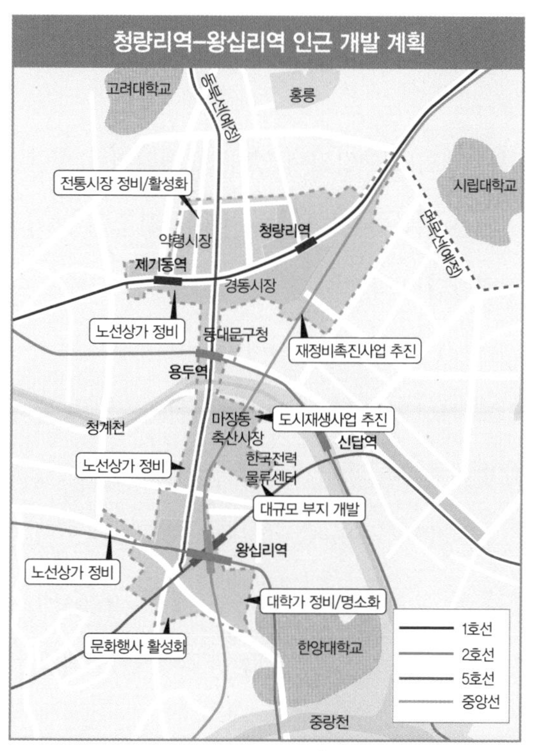

출처 : 서울시생활권계획 동북권편

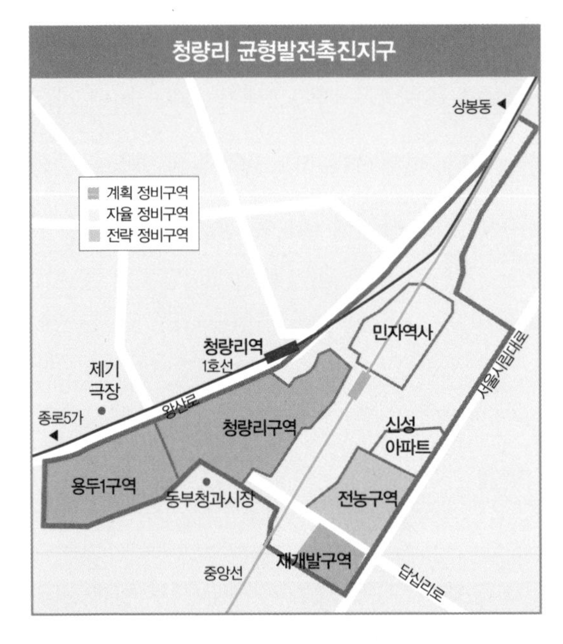

는 춘천-속초선까지 개통하면 청량리역은 국토의 동과 서, 남과 북을 연결하는 명실상부한 교통 중심지로 발돋움할 것이다. 이런 이유 때문에 청량리역에는 복합환승센터가 계획되어 있다.

뿐만 아니라 「서울시 생활권계획」 동북권편에 언급되어 있듯이 왕십리역과 청량리역 사이의 노후된 지역을 개발하려는 계획도 수립되어 있다. 왕십리역과 청량리역은 서울 동북권의 전통적 강자였지만 시간이 지나면서 건물과 환경이 많이 노후된 상황인데, 이 지역을 다시 정비한다면 과거의 위상을 어느 정도 회복할 수 있을 것이다.

여기에 더하여 왕십리역까지 운행되는 분당선을 청량리역까지 연장하는 방안도 검토 중이다. 이 구간이 실제로 개통된다면 청량리역 주변은 더욱 고밀도 개발이 이루어질 것으로 예상된다.

청량리역 주변에는 유명한 집창촌이 있었지만, 인근의 롯데플라자와 함께 철거되고 청량리4구역 재개발 사업청량리롯데캐슬이 진행되었다. 역세권에 위치한 만큼 이 지역의 주변이 변화되면서 가장 큰 수혜를 입을 것으로 예상된다.

이 지역에 주목하라!

서울역

서울역은 서울뿐 아니라 한국을 대표하는 기차역이다. 인천공항에서 인천공항철도를 타고 종점인 서울역에 도착한 외국인들에게는 우리나라의 첫 인상을 심어주는 중요한 곳이기도 하다. 하지만 이전의 서울역은 한국적 정서를 느낄 수도 없었을 뿐더러, 그렇다고 한국의 발전상을 보여주기에도 너무나 낙후되어서 어중간했던 것이 사실이다.

뿐만 아니라 한국 사람들에게도 서울역은 1호선, 4호선, 인천공항철도, 경의중앙선, 그리고 KTX까지 여러 노선이 환승되는 교통의 핵심이다. 하지만 이렇게 다양한 노선 사이의 환승거리가 너무 길다 보니 효율적 이용이 어렵다. 특히 서울역을 지나는 버스, 택시, 자가용이 한 데 얽히고설켜서 인근 지역 교통체증이 상당히 심각했다. 이런 문제는 버스환승센터가 운영되면서 어느 정도 해결되긴 했지만, 버스정류장에서 철도시설을 이용하는 곳까지의 환승거리가 상당히 길다는

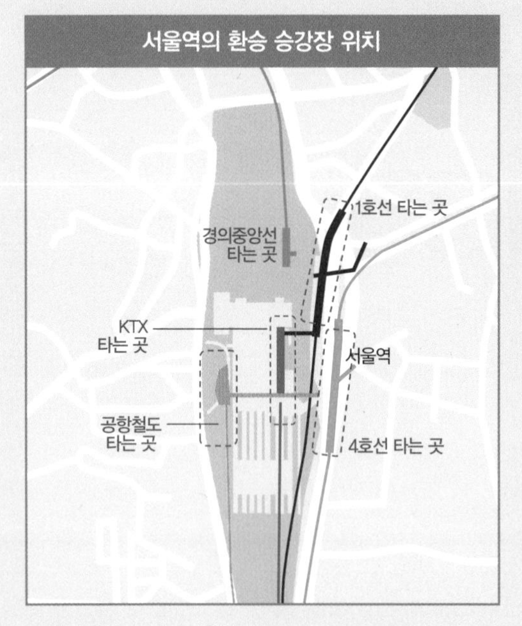

것은 여전히 문제다.

이런 상황에서 GTX-A노선과 B노선, 신분당선, 신안산선2단계 구간, 수색-서울-금천구청 노선까지 운행된다면 혼란은 더욱 심각해질 것이다. 그래서 문제를 해결하기 위해 서울역에는 새로운 복합환승센터가 계획되고 있다. 지금부터 서울역의 교통과 인근 지역이 어떻게 바뀔지 살펴보도록 하자.

교통 : 전국 철도교통망이 모여드는 핵심 중의 핵심

▶ GTX-A노선 · B노선

서울역은 GTX-A노선과 B노선이 만나는 유일한 곳이다. 주요 지역만을 연결하는 GTX의 노선끼리 환승할 수 있다는 것은 그만큼 서울역이 교통의 중심지라는 것을 보여주는 반증이다.

최근의 철도교통망 설계 트렌드는 노선과 노선 사이의 환승 동선을 최대한 짧게 하는 것이다. A노선과 B노선도 최초에는 수평으로 이동해서 바로 환승하도록 계획되어 있어 환승 동선이 매우 짧았다. 하지만 승강장을 설치할 공간이 부

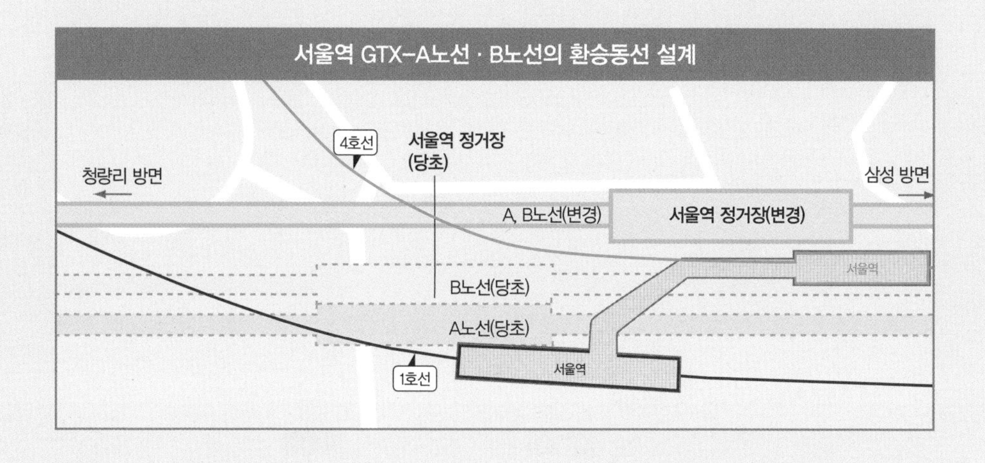

족하다 보니 승강장을 수직으로 배치하고, 계단과 엘리베이터를 이용해서 환승하는 것으로 설계가 바뀌었다. 그렇지만 GTX의 두 노선을 쉽게 환승할 수 있다는 것만으로도 서울역의 가치는 더욱 올라갈 것으로 생각된다. GTX-A노선에 대한 자세한 내용은 앞서 설명했던 부분을 참고하기 바란다.

▶ 신분당선 삼송 연장

신분당선은 2011년에 1단계로 강남역-정자역 구간, 2016년에는 2단계로 정자역-광교역 구간이 개통되었으며 현재 3단계 중 일부인 강남역-신사역 구간의 공사가 진행 중이다.

이중에서 강남역-분당역-용인수지역-광교역 구간은 민자사업으로 운영되고 있는데, 기본운임은 교통카드 기준 2,150원이다. 타 지하철 노선과 비교하면 비싼 편이지만 판교와 광교 주민들이 강남으로 갈 때 이용하는 광역버스의 요금과 비슷한 수준이기 때문에 큰 거부감 없이 사용하고 있다. 신분당선은 역간거리가 길

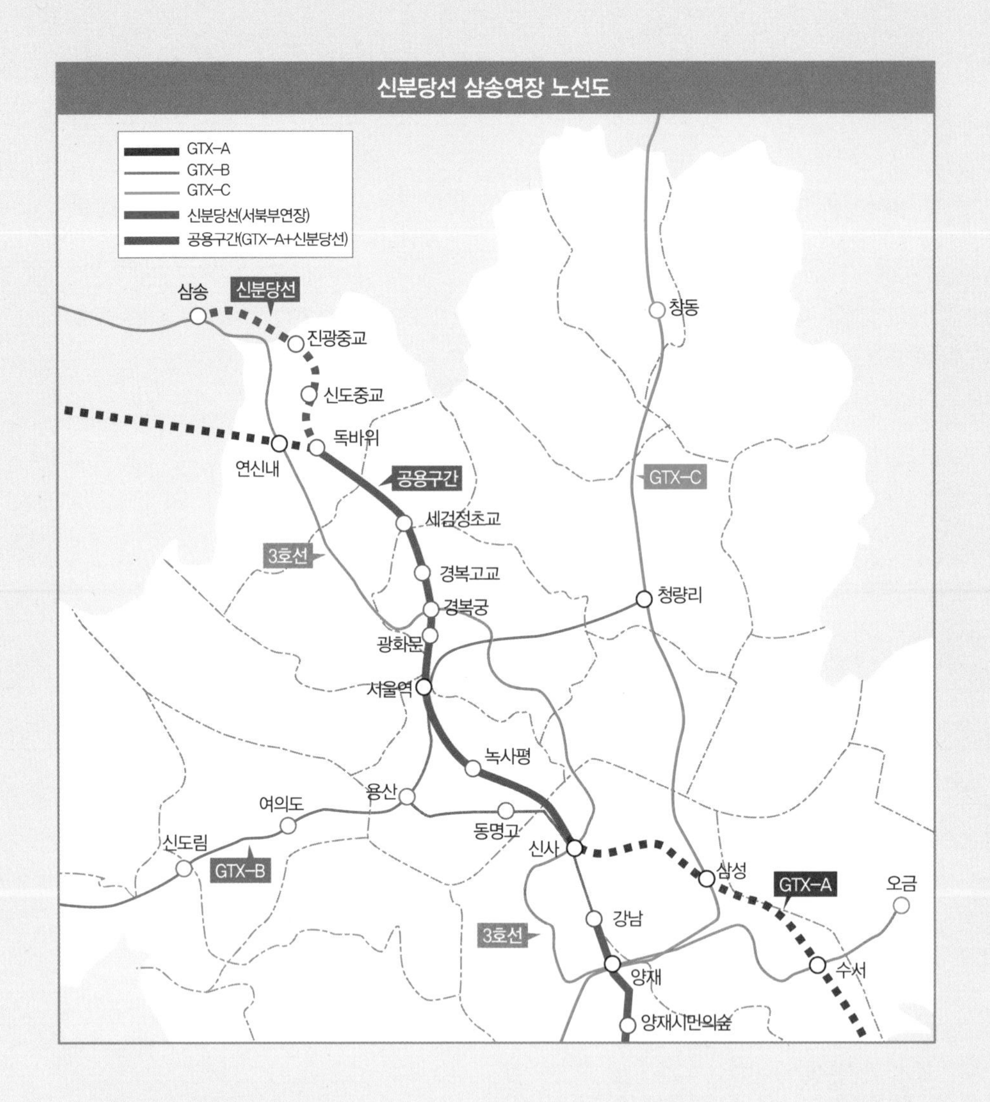

고 운행속도가 빨라서 경기도 동남부 지역에서 강남역까지의 접근성을 대폭 개선시키면서 인근 부동산 시장의 상승을 주도하기도 했다.

이런 상황에서 2016년 「제3차 국가철도망구축계획」에 강남역-삼송역 구간의 연장안이 발표되면서 관련 지역 주민들의 환호를 받았다. 서울 서북부의 끝부분인 삼송에서 강남까지의 접근성이 획기적으로 개선될 것이기 때문이다. 부족한 사업성을 보완하기 위해 GTX-A노선과 선로를 공유하는 것을 계획 중이며, 기술적 검토와 예비타당성 조사 결과를 기다리고 있다. 이 노선이 진행된다면 노선의 한 가운데에 위치한 서울역 역시 교통 집중도가 더욱 높아질 것으로 예상된다.

▶ 신안산선 2단계 구간

신안산선은 2단계로 사업이 진행된다. 1단계인 안산역-여의도역 구간을 개통한 후 월곶-판교선과 선로를 공유하여 사업성이 높아지면 2단계로 여의도역-공덕역-서울역 구간이 진행될 예정이다. 앞서 살펴본 바와 같이 신안산선은 원시역에서 서해안복선전철과 연결되고 급행열차로 준고속열차가 운행될 계획이다. 따라서 신안산선의 2단계 구간이 완성된다면 서울역은 서해안 지역, 특히 장항선과 연결되어 새만금까지 운행하며 서해안벨트를 연결하는 시작점의 역할을 하게 된다. 자세한 내용은 앞에서 다루었던 신안산선 부분을 참고하기 바란다.

개발계획 : 위상에 걸맞은 복합환승센터와 인근지역의 연계

▶ 서울역 복합환승센터

서울역에는 현재 5개의 노선1호선, 4호선, 인천공항철도, 경의중앙선, KTX이 운영되고 있으며 여기에 더해서 GTX-A노선과 B노선, 신안산선, 신분당선, 수색-서울-금천구청 노선 등 5개가 추가될 계획이 잡혀 있다. 이런 곳에 복합환승센터가 생기지 않는다

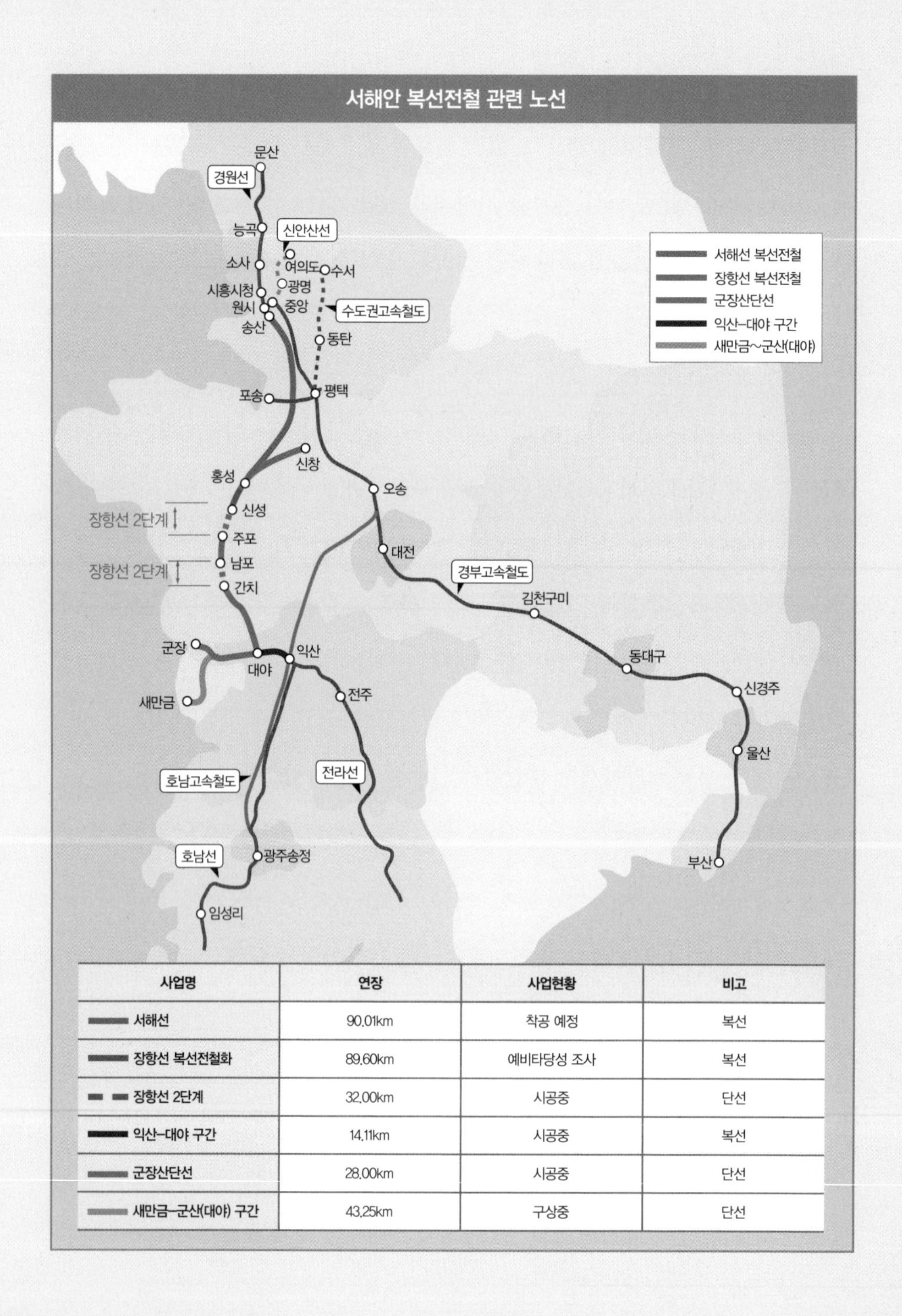

사업명	연장	사업현황	비고
서해선	90.01km	착공 예정	복선
장항선 복선전철화	89.60km	예비타당성 조사	복선
장항선 2단계	32.00km	시공중	단선
익산-대야 구간	14.11km	시공중	복선
군장산단선	28.00km	시공중	단선
새만금-군산(대야) 구간	43.25km	구상중	단선

면 오히려 이상할 정도다.

앞에서 살펴보았듯이 우리나라의 교통체계는 중진국에서 선진국으로 가는 과도기에 있다. 교통체계 선진국으로 한 단계 도약하기 위해서는 긴 환승거리 때문에 낭비되는 이동시간을 줄이고, 유지보수비용 등 직·간접적 비용을 줄임으로써 지역경제 발전에 보탬이 되어야 한다.

특히 서울역은 KTX와 수많은 광역·도시철도가 모이고, 수도권을 오가는 수많은 광역버스가 운행하는 교통의 핵심 중 핵심인만큼 교통체계의 구조를 선진국형으로 변경하고 개선하는 것이 필수다. 현재의 불편한 환승동선을 개선하고, 새롭게 생길 노선과의 환승편의성을 고려하여 지하복합환승센터를 운영한다는 계획을 수립 중이다.

계획 중인 복합환승센터의 지하 3~4층에는 각각의 철도노선을 배치하고, 지하 1층은 쇼핑몰과 버스·택시 환승센터가 계획되어 있다. 또한 거리가 다소 떨어져 있는 1호선 및 4호선 역시 현재 상황에서 할 수 있는 최선의 방법으로 환승동선을 줄일 수 있도록 연결한다는 계획이다. 이에 따라 서울역 복합환승센터는 당

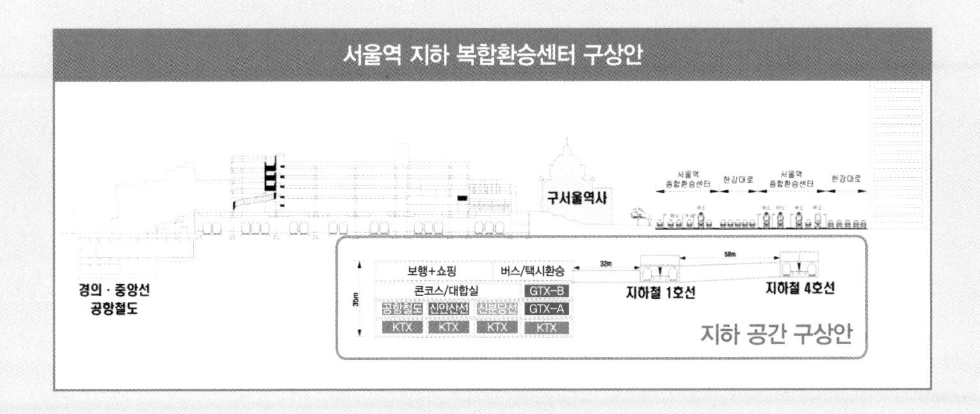

서울역 지하 복합환승센터 구상안

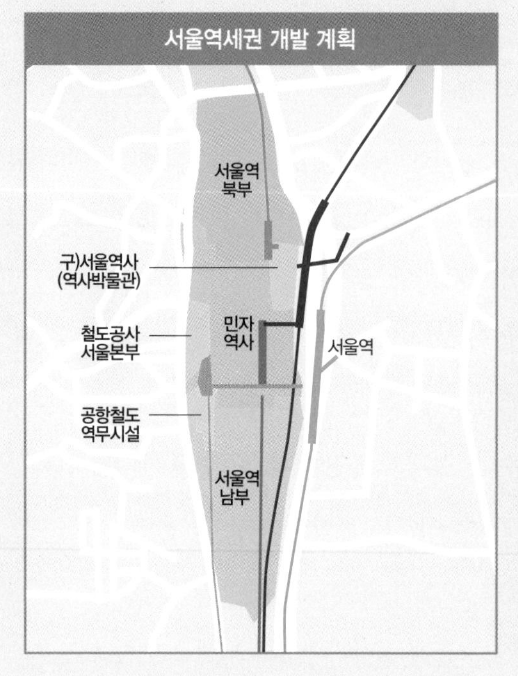

초 계획에서 대폭 수정되어 진행 중이다.

우선 철도노선을 지하에 배치하면서 신규 노선들을 고려했고, 효율적 환승이 가능하도록 층별로 배치했다. 기능이 비슷한 노선들은 집중배치하고, 서울역 도심공항터미널의 기능을 확대한다. 마지막으로 버스 및 택시와의 편리한 환승을 위해 지하 통합역사를 구축하는 것이 현재 계획이다.

개발 계획은 북부역, 남부역, 중앙역 순으로 총 3단계에 걸쳐 진행될 예정이다. 가장 먼저 진행될 곳은 서울역 북부역세권 개발로, 여기에는 컨벤션센터의 건립과 함께 마이스MICE 시설 확충이 이루어질 예정이다. 계획 추진과 함께 곧 설계공모가 진행될 예정이다.

▶ 걷고 싶은 거리

그동안 서울역은 그저 교통시설을 이용하기 위해 찾는 장소였을 뿐 별다른 특징은 없는 곳이었다. 그러나 서울역세권 개발 계획과 발맞춰 서울시는 '걷고 싶은 거리'의 테마를 도입하여 진행하고 있다.

2017년에는 서울역 고가도로를 재생한 도보전용 도로 겸 공중정원 '서울로

7017'을 개장했다. 서울로7017은 고가도로가 처음 생긴 1970년과 공중정원으로 바뀌게 된 2017년을 합쳐서 지은 이름으로, 서울역에서 회현역까지 이어진다. 정원과 수변공간으로 꾸며진 서울로7017은 퇴계로, 남대문시장, 회현동, 숭례문, 세종대로, 청파동, 만리동 등으로 연결된다. 이를 통해서 서울역은 서울시가 추진하는 걷고 싶은 거리의 한 축으로서의 역할도 추가하게 되었다.

서울역 외에도 서울시는 도심권을 도보로 이동할 수 있는 생활권으로 구성한다는 계획을 세우고 있다. 남산둘레길, 만리동 · 서계동 등 인근지역을 하나의 도보생활권으로 묶어서 특색 있는 지역으로 만들어서 사람들이 모여들고 상권을 활성화시켜 일자리를 늘린다는 것이다. 이러한 계획에 따라 인근지역이 발전하면 자연스럽게 노후주택이 정비되는 과정을 거치게 될 것이고 생활환경이 크게

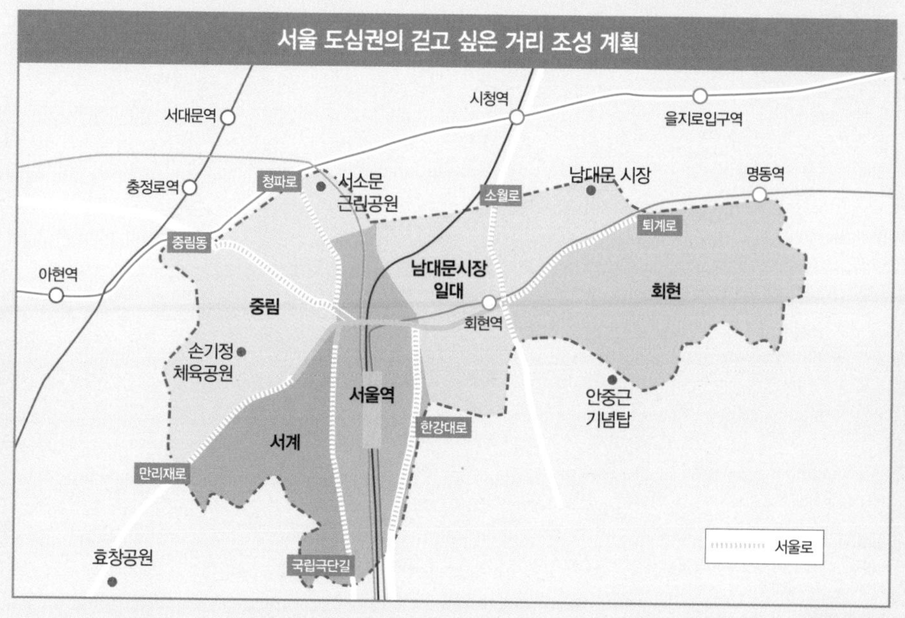

출처 : 서울시

개선되는 효과도 나타날 것이다.

지금까지 GTX-B노선의 핵심지역인 서울역에 대하여 알아보았다. 이미 개발 계획이 진행 중인 곳인데다가 GTX-B노선과 연계됨으로써 지역 발전까지 꾀한다는 계획을 가지고 있기 때문에, 앞으로 서울역과 관련된 사항을 면밀히 모니터링한다면 좋은 기회를 잡을 수 있을 것이다. 대표적인 구도심 낙후지역에서 완전히 탈바꿈하여 명실상부한 교통의 심장부가 될 지역이므로 반드시 관심을 갖고 살펴보자.

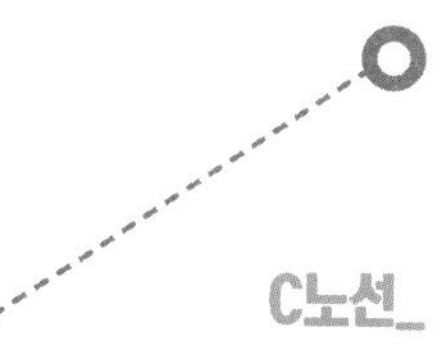

C노선_
점차 높아지는 사업성, 재조사 결과가 기대된다

GTX-C노선은 금정에서 의정부까지 경기 북부와 남부를 연결해주는 노선으로, 총 8개역이 계획되어 있다. 이 노선을 지나는 핵심 연결 지역으로는 동북권의 다크호스인 창동역과 광운대역, 서울의 전 지역에서 관심을 모으고 있는 삼성역, 그리고 과천지식정보타운이 예정되어 있는 과천역 등이다.

이 노선은 최초 예비타당성 조사 결과 B/C가 0.66밖에 안 되는 참담한 성적표를 받았다. 하지만 청량리역, 광운대역, 창동역 주변의 개발 사업이 본 궤도에 올라섰고, 영동대로 지하 복합환승센터를 지나게 될 노선이 지하6층에서 지하4층으로 변경되면서 공사비가 절감된 덕분에 사업성이 높아졌다. 때문에 곧 발표될 예비타당성 재조사 결과에 귀추가 주목되고 있다.

또한 이 노선은 의정부발KTX와 선로를 공유하면서 사업성이 지속적으로 상승하고 있다. 「문재인정부 국정운영보고서」에도 광역급행철도의 진행을 주요 테,

GTX-C노선의 예정 역사		
역명	환승노선	주요시설
의정부역	KTX(예정)	
창동역	1호선, 4호선, KTX(예정)	복합환승센터
광운대역	1호선, 경춘선	복합환승센터
청량리역	KTX, 1호선, 경의중앙선, 경춘선, GTX-B, 분당선(예정), 면목선(예정)	복합환승센터
삼성역	2호선, 9호선, KTX, GTX-A, 위례-신사선	현대차GBC, 영동대로 지하 복합환승센터 잠실MICE, 코엑스 확장
양재역	3호선	
과천역	4호선	과천지식정보타운, 복합환승센터
금정역	1호선, 4호선	

마로 언급하고 있는 만큼 쉽게 포기할 수 있는 노선이 아니다. 따라서 향후 발표될 예비타당성 조사의 결과에 관심을 가질 필요가 있다.

복합환승센터의 가능성이 높아졌다

광역철도 사업의 생명은 관련 지자체의 이해관계를 빠르게 해결하는 것이다. 사업성이 아무리 충분하다고 해도 지자체가 담당하게 될 예산의 배분 문제 때문에 갈등이 생긴다면 사업 진행에 차질이 생길 수밖에 없다. 정부는 이런 문제를 중재하는 기관인 광역교통청을 신설한다는 계획이다. GTX-C노선의 경우는 서울시 외에도 경기도 의정부시, 과천시, 군포시 등과 직접적 연관이 있는데, 만약 이들 지자체간에 갈등이 발생한다면 광역교통청이 중재하여 진행할 수 있게 된다.

또한 GTX-C노선 중 과천역의 인근에는 인덕원역이 위치하는데, 이곳은 향후 철도와 버스의 중심지로 자리 잡을 것으로 예상된다. 따라서 사당, 수원, 광명, 판교를 운행하는 광역버스 정류장과 묶어서 복합환승센터가 생길 가능성이 큰데, 이 경우 인덕원역을 이용하는 사람은 더욱 많아지고 사업성이 높아질 가능성이 있다.

이렇게 점차 사업성을 높여가고 있는 GTX-C노선의 핵심 지역은 어디일까? 함께 알아보도록 하자.

GTX-C노선의 영향을 받는 지역

▶ 광운대역

현재 노원구 월계동에 위치한 광운대역 인근의 주거환경은 사실 썩 뛰어나다고 하기는 어렵다. 1호선과 경춘선이 지나는 더블역세권이지만 둘 다 높은 인지도를 가진 노선은 아니기 때문에 광운대역 주변도 크게 활성화되지는 않았다. 게다가 이곳에는 시멘트공장, 물류센터 등 일반적으로 비선호되는 시설들이 몰려있어 주거지역으로 그다지 인기가 높지 않은 것이 현실이다.

그러나 악재는 그대로 있으면 계속 악재일 뿐이지만, 제거된다면 그 자체로 호재가 된다. 광운대역이 바로 그런 경우다. 광운대역세권 개발 계획이 발표되면서 인근 시멘트공장과 물류센터 등의 이전이 확정되었고, 이제는 인근 지역의 관심을 한 몸에 받는 곳으로 변하고 있다. 광운대역세권 개발 사업은 노원구 월계동 85-7번지 일대의 약 24만㎡를 개발하는 사업으로 1호선, 경춘선, 그리고 계획이 수립 중인 GTX-C노선까지 연결되면 이 지역을 크게 탈바꿈시킬 만한 힘을 가질 것으로 예상된다.

사업이 처음 진행되었을 때는 수많은 이해관계자들의 요구사항 때문에 진행속도가 매우 더뎠다. 부지의 소유권이 코레일, 국토교통부, 서울시, 노원구, 사유지 등으로 나눠져 있어 합의를 도출하는 데에 상당한 시간이 소요되었던 것이다. 게다가 규모가 큰 사업지를 한 번에 묶어서 추진하려다보니 민간사업자들이 선불리 다가가기에는 부담이 컸다. 사업이 완료된 후 코레일의 철도시설 부지로 이용될 공공용지가 너무 많은 것도 문제가 되었다. 엎친 데 덮친 격으로 2013년부터 수도권 부동산 경기가 침체되고 부동산 PF프로젝트파이낸싱 대출 관련 문제가 터지면서 상황은 더욱 심각해졌고, 결국 1차 사업자 선정에 실패하면서 사업은 장기 표류했다.

하지만 서울시에서 중재에 나서면서 사업은 다시 수면 위로 떠오르게 된다. 2016년 9월 서울시회의록을 살펴보면 관련사항을 협의해서 사업지를 3개 블록으로 나눴고, 철도시설부지 중 일부를 공원과 민간개발지로 전환하는 내용을 확인할 수 있다. 어떻게 해서든 사업을 진행시키겠다는 강한 의지를 보여준 것이다. 또한 기존에는 부지 전체가 상업지역으로만 구성되어 있어 사업의 리스크가 높았는데, 일부 부지를 준주거지역으로 변경하면서 주거와 상업시설을 함께 진행하기로 했다.

이 같은 계획을 바탕으로 토지소유자들의 합의를 거쳐 2017년 6월 마침내 서울시는 광운대 역세권 개발계획을 발표하게 된다. 그리고 같은 해 10월 광운대역

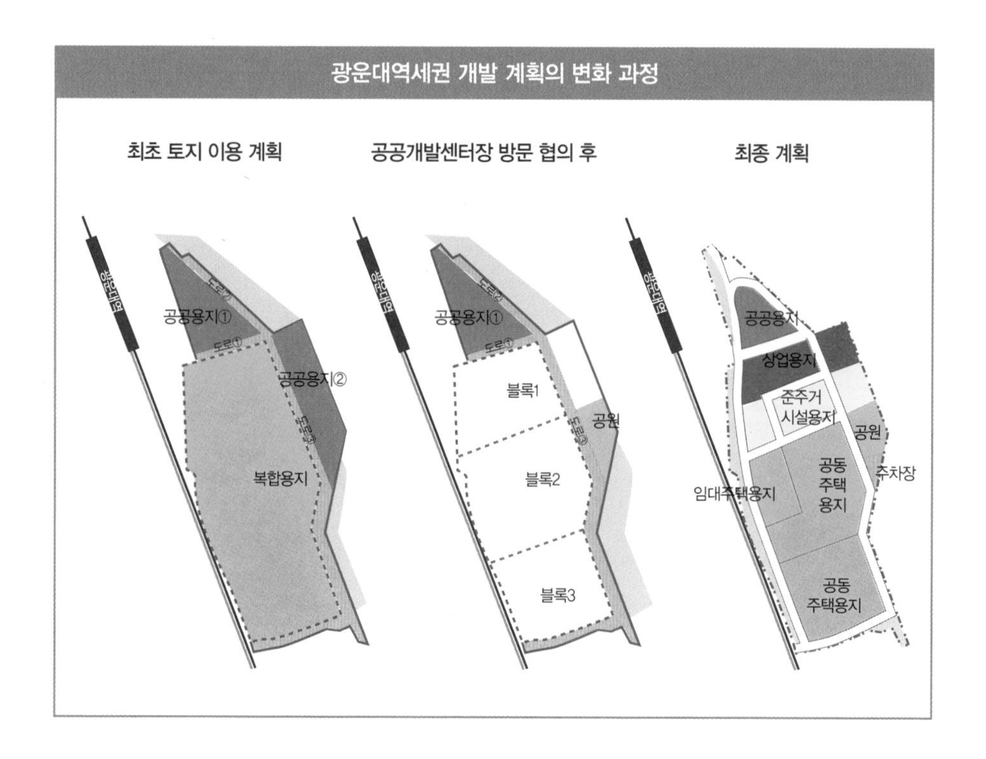

세권 개발 민자사업자에 현대산업개발이 선정되면서 사업은 급물살을 탔다. 현대산업개발은 GTX-A노선의 민자사업자에도 참여를 검토하고 있기 때문에 GTX-C노선이 정차하는 광운대역세권 개발 사업을 통해 더욱 시너지를 낼 수 있을 것으로 보인다.

이와 함께 20년 동안 장기표류해왔던 광운대 민자역사 개발사업 또한 재추진의 발판을 얻게 됐다. 코레일이 기존 민간사업자로부터 사업권을 회수하면서 백지 상태에서 재추진이 가능해진 것이다. 민자역사와 역세권 개발사업이 함께 완성되면 인근지역은 복합환승센터 및 명품 주거단지로서 손색없는 곳으로 탈바꿈할 수 있다.

특히 중랑천 조망이 가능한 구축아파트의 경우는 재건축 사업을 통해 더욱 가치를 높일 수 있을 것으로 생각된다. 현재 중랑천은 수변공원으로서의 정비가 다소 부족하긴 하지만, 계획 중인 동부간선도로 지하화 사업이 완료되면 함께 정비되어 탈바꿈할 예정이다. 이렇게 되면 재건축된 신축아파트에 입주한 후 광운대역까지 도보 이동이 가능하며, 수변공원의 영구조망까지 갖춘 근사한 아파트로 대변신이 가능하다.

▶ 장위뉴타운

광운대역 인근에 위치한 장위뉴타운도 주목해 볼 만하다. 북쪽으로는 북서울꿈의숲, 서쪽으로는 오동공원이 있어 환경이 쾌적하고 동쪽으로 연결된 도로를

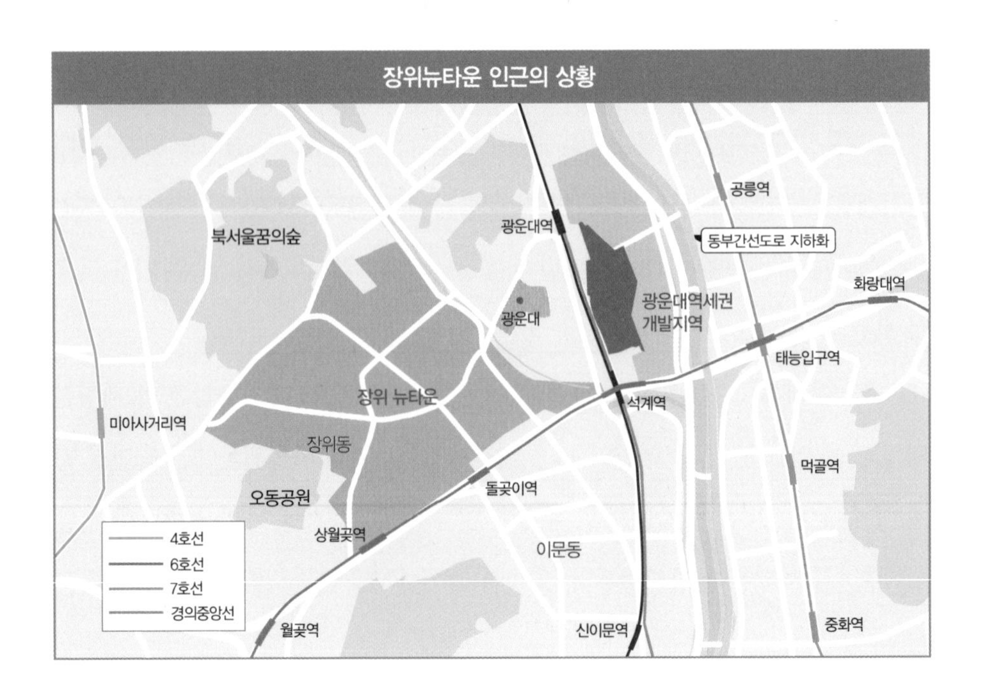

따라 광운대역까지 접근이 쉽다. 또한 서울경전철 동북선이 장위뉴타운을 지나가는 것으로 계획되어 있다.

서울에서 가장 큰 규모의 뉴타운 구역이었지만, 장위뉴타운은 현재 계획되었던 면적의 절반 이상이 구역 해제되면서 최초보다 규모가 많이 줄어들었다. 하지만 서울시의 1차 도시재생사업지역에 장위동이 선정되면서 인근지역의 발전은 여전히 기대해 볼 만하다.

이 지역에 주목하라!

창동

서울 강북 지역, 특히 '노도강'이라고 불리는 노원구, 도봉구, 강북구는 대표적인 베드타운 지역이다. 인근에 큰 규모의 일자리 단지가 없고, 서울 중심지로의 접근도 상대적으로 불편하다 보니 지역 발전 속도 역시 다소 더딘 편이었다.

그러던 곳이 서울시에서 '동북권 르네상스 계획'을 발표하면서 기대를 한 몸에 받는 곳으로 바뀌었다. 바로 '창동 · 상계 신경제중심지 조성사업'을 통해서이다.

개발계획 : 창동 · 상계 신경제중심지 조성 사업

이 사업은 총 4단계로 나뉘어 진행되며, 본격적 시행에 앞선 마중물 사업들도 하나씩 실현되고 있다.

⓪ [파일럿 프로젝트] 붐업사업 등 시행	① [1단계] 선도사업 시행	② [2단계] 노원역세권 조성, 복합유통센터	③ [3단계] 핵심사업 시행	④ [4단계] 복합환승센터 개발
– 낙후된 이미지 개선 – 선도사업 시행 전 조기활성화 – 도시재생사업 추진 기반 마련	– 창업기반 마련 (지원 · 보육) – 지역활성화 앵커 시설 개발 – 문화산업 · 지식형 R&D 유치	– 복합업무 · 상업 기능 등 – 도심 지원 기능 – 복합 · 유통 거점	– 특화산업 기반 · 공공시설 마련 – 상업 · 업무 등 복합개발 – 동서 지역 간 연계 실현	– KTX 노선 연장 – 광역 복합환승 거점 형성

▶ 1단계 : 스타트업 · 문화 · 상업 · 서울아레나

1단계로는 스타트업 사업을 지원하고 2만 석 이상의 아레나 공연장을 건설해서 일자리를 창출한다는 계획이다. 청년창업 지원과 산업생태계 구축을 위한 '동북권창업센터', 급증하는 장년층의 제2인생 재설계 지원을 위한 '50+캠퍼스', 문화 · 예술 관련 기업 유치 및 창업기업 지원 시설이 대표적이다. 이 사업은 현재 창

동역 공영주차장 부지의 절반을 활용하기 때문에 기존 시설을 이전할 필요 없이 쉽게 진행이 가능하다.

1단계 사업 중 '창동 · 상계 창업 및 문화산업단지'의 설계공모가 2018년 1월부터 진행되었다. 이 시설은 연면적 15만7,270㎡ 규모로, 인근에 건립 예정인 동북권창업센터 출신의 성장기업과 스타트업 기업들이 저렴하게 입주할 수 있도록 지원할 예정이다. 또한 서울아레나 공연장과 연계한 대중음악 테마 대형서점과 도서관, 공연 및 강연이 열리는 시설들이 입주함으로써 일자리 창출에 큰 기여를 할 예정이다.

1단계의 두 번째 사업은 '서울아레나' 공연장 건립 계획이다. 아레나Arena란 고대 로마의 원형경기장에서 유래된 이름으로 대형 공연시설이나 경기장을 일컫는 말이다. 창동역 인근 시립창동운동장과 창동문화체육센터 자리에 들어설 서울아

창동 서울아레나 조감도

레나는 2만 석 규모의 국내 유일 아레나 공연장으로, 음악 산업의 메카로 자리 잡는 것을 목표로 한다. 해외 유명가수들과 케이팝 스타들의 공연을 유치하고, 서울아레나를 중심으로 테마파크와 쇼핑몰 등을 만들어 관광 거점을 형성한다는 계획이다. 해당 부지에 있는 체육시설은 도봉산역 인근으로 이전이 확정되었기 때문에 사업 부지를 확보하는 데 큰 어려움 없이 원활하게 진행될 것으로 예상된다.

▶ 2단계 : 복합유통단지

2단계 사업인 복합유통단지 건설은 창동역 동북쪽에 있는 하나로마트 자리에 지어질 예정이다. 이 부지의 소유자는 서울시인데 하나로마트와의 계약기간이 만료되면 이전을 추진할 예정이므로 별다른 어려움 없이 서울아레나와 연계 개발이 진행될 예정이다.

▶ 3단계 : 창동차량기지와 도봉운전면허시험장 부지 개발

창동차량기지 부지약 18만㎡와 도봉면허시험장 부지약 6만7,000㎡의 통합개발은 창동 역세권 개발 사업의 핵심이다. 두 시설을 이전한 후 이곳에 지식산업센터, 컨벤션센터, 쇼핑몰 등 집객력이 뛰어난 시설들을 입점시켜서 많은 사람들이 이용하고 싶어 하는 시설을 만든다는 계획이다.

이런 장밋빛 계획이 세워져 있지만, 사실 3단계 사업이 완료될 때까지는 긴 시간이 필요해 보인다. 우선 창동차량기지를 이전하는 것부터가 문제다. 차량기지를 없앨 수는 없으므로 이전을 위한 새로운 부지가 필요한데, 이를 위해 선택된 곳이 남양주시의 진접 인근이다. 현재 4호선 당고개역에서 진접까지 노선 연장 공

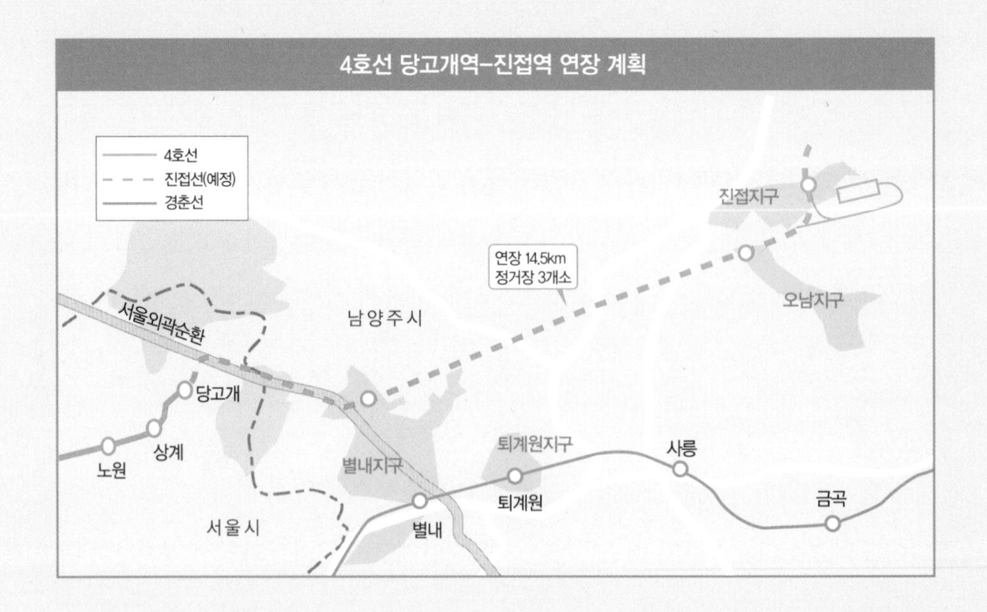

4호선 당고개역-진접역 연장 계획

사가 진행 중이고, 이와 함께 차량기지를 짓는다는 계획이다. 그러나 아직 건설사 선정조차 되지 않은 상태인데다가, 해당 지역에서 삼국시대 유물이 출토되면서 사업 진행에 많은 시간이 필요할 것으로 생각된다. 또한 주민들은 약 3km 가량의 노선을 추가로 연장해줄 것을 요구하고 있어, 사업비 증가로 인해 본 사업이 현실화될지 여부는 좀 더 지켜볼 필요가 있다. 결국 3단계 사업의 포인트는 기존 시설의 이전이 언제 가능해지느냐에 달려 있다고 할 수 있으므로, 창동역세권 개발에 관심이 있다면 진접차량기지의 이전 상황을 함께 주시해야 한다.

도봉운전면허시험장의 상황 역시 비슷하다. 이곳은 서울시의 시설물이기 때문에 서울시 안에서 부지를 마련해서 이전해야 한다. 하지만 과연 집 앞에 운전면허시험장이 들어오는 것을 반기는 지역이 얼마나 될까? 이런 이유로 2018년 3월 현재까지 이전 부지가 확보되지 않은 상황이다.

창동역세권 개발이 완성되려면 3단계 사업이 본 궤도에 올라야만 한다. 따라서 단기간에 진행될 것이라 기대하고 이 지역에 투자한다면 리스크가 있을 수 있으니, 이 점을 고려하기 바란다.

▶ 4단계 : 복합환승센터 건설

이 모든 사업이 완성되고 KTX와 GTX-C노선까지 완공되면 복합환승센터 사업이 진행될 예정이다. 여러 번 강조했지만, 복합환승센터는 단순히 편리한 교통만을 위한 시설이 아니다. 다양한 교통수단의 연계와 더불어 쇼핑몰 등 편의시설이 입점하면서 많은 이용객이 찾는 일종의 문화 · 상업시설이다.

창동역 복합환승센터의 예정지는 이미 계획되어 있다. 1 · 4호선 창동역과 붙어 있는 창동역 공영주차장 부지 중 절반에 해당하는 곳으로, 현재 '플랫폼61'이라는 임시시설로 이용되는 곳이다. 플랫폼61은 컨테이너 박스로 조성된 문화 · 상업시설로, 간단한 쇼핑을 하면서 식사와 차를 즐길 수 있는 곳이다. 인근의 노원역 상권이 시끌벅적한 먹자골목 분위기인 데 반해 이곳은 상대적으로 젊은 층이 좋아할 만한 분위기로 조성되어 가족 단위의 방문객이 꾸준히 늘면서 인근 주민들의 사랑을 받고 있다. 이곳에 4단계 사업인 복합환승센터가 진행되면 플랫폼61은 해체되고,

창동역 플랫폼61의 전경

기존의 상업기능은 복합환승센터에 그대로 승계되면서 자연스럽게 모객력을 발휘한다는 계획이다.

창동역세권 개발 사업은 서울 동북권에서 가장 집중조명을 받는 사업으로, 진행이 되기만 하면 엄청난 영향력을 발휘할 것이다. 하지만 실제로 진행되기까지는 꽤 긴 시간이 소요될 것으로 예상되기 때문에 단계별 진행 상황을 면밀히 검토하는 것이 좋다.

교통 : 지하화로 새롭게 변신할 동부간선도로

이 지역을 살필 때 반드시 함께 체크해야 할 것이 동부간선도로 지하화 사업이다. 서울시가 운영하는 도시고속도로 중 서부간선도로와 함께 교통체증이 심각하기로 손꼽히는 곳이 바로 동부간선도로다. 서울 중심부에서 중랑구와 노원구, 의정부시를 연결하는 유일한 도로이지만 왕복2~3차선으로 비교적 좁다는 게 가장 큰 문제다.

항상 극심한 정체에 시달리는 이곳의 문제를 해결하고자, 서울시는 동부간선도로 지하화 사업 계획을 수립하여 공시했다. 이에 따라 의정부시점에서 월계1교까지는 확장공사가 진행 중이며, 지하화되는 구간은 1단계로 월계에서 삼성까지, 2단계로 삼성에서 학여울까지이다.

지하화 구간은 다시 이원화해서 추진한다. 월계에서 삼성까지 13.9km 구간은 장거리 통행에 유리한 4~6차선의 도시고속화도로로 추진되고, 그 중간에 위치한 월릉교에서 성동교까지의 8km 구간은 단거리 통행에 적합한 4차선의 지역간선도로로 추진된다. 도시화고속도로는 민자터널로, 지역간선도로는 재정터널로 진행될 예정이다.

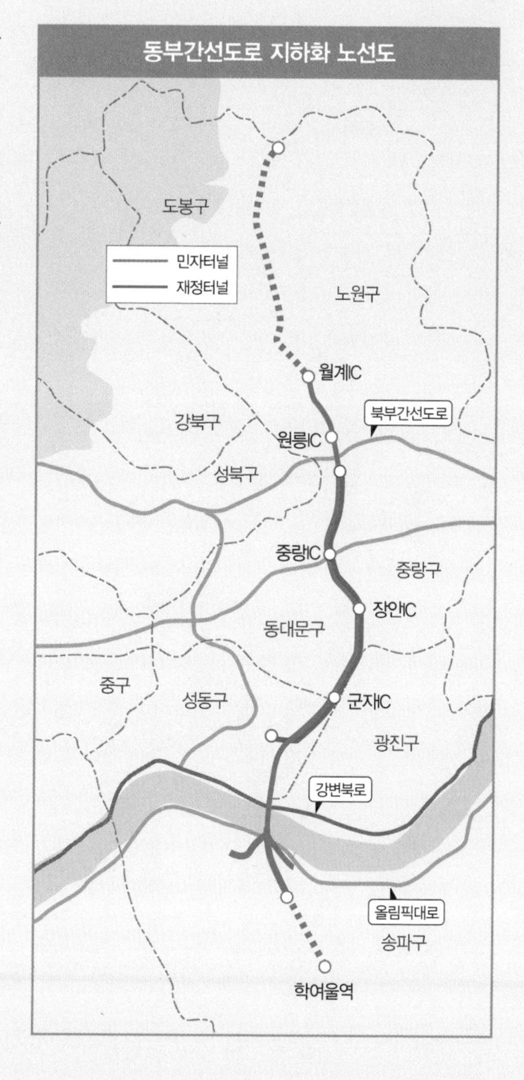

이 도로가 개통되면 창동역을 지나는 의정부발 KTX, GTX-C노선과 연계될 뿐 아니라 영동대로 지하복합환승센터까지 한 번에 연결이 가능하다. 또한 2단계 사업으로 학여울역까지 도로가 확장되면 인근의 서울무역전시컨벤션센터SETEC까지 연결되므로 잠실 마이스MICE 사업단지의 영향권에 포함된다. 즉 창동역-광운대역-삼성역을 묶는 컨벤션센터 밸리가 구축되는 것이다.

그런데 동부간선도로 지하화 사업과 관련하여 중요하게 봐야 할 사업이 있다. 바로 대모산 민자터널 사업이다. 삼성역에서 영동대로를 따라 대치동과 학여울을 지나면 정면에 위치하고 있는 대모산 앞에서 영동대로가 끊긴다. 이 산만 아니라면 곧장 용인-서울고속도로를 이용해서 동판교로 연결되지만, 현재는 내곡IC를

통해 구룡터널로 돌아가야 한다.

삼성까지 연결되는 동부간선도로 지하화 사업이 진행된 후에는 대모산을 관통하는 터널이 예정되어 있다. 이렇게 되면 영동대로를 따라서 직선으로 용인-서울고속도로 헌릉IC와 연결된다. 창동역-광운대역-삼성역 밸리를 지나 다시 판교-광교-동탄으로 연결되는 엄청난 도로가 탄생하는 것이다.

지하화 사업과 함께 중랑천을 정비해서 수변공원으로 정비하는 계획도 수립되어 있다. 현재 중랑천 주변은 정비 상황이 상대적으로 열악한 편이지만, 지하에 동부간선도로가 건설된 후 지상에 수변공원이 조성되면 멋진 중랑천 조망이 가능한 인근 아파트의 가치가 더욱 상승할 것이다.

동부간선도로 지하화 사업은 GTX-C노선과 비슷한 구간을 통과하며 진행된다. 중요한 지역끼리 연결할 때에는 철도와 도로가 함께 계획된다는 것을 다시 한 번 확인할 수 있다. 그러나 이들 사업이 단기간에 완성되지는 않을 것이므로, 투자를 할 때에는 매도와 매수 타이밍을 충분히 고민하고 접근해야 한다.

CHAPTER

07

대곡-소사-원시선 자세히 들여다보기

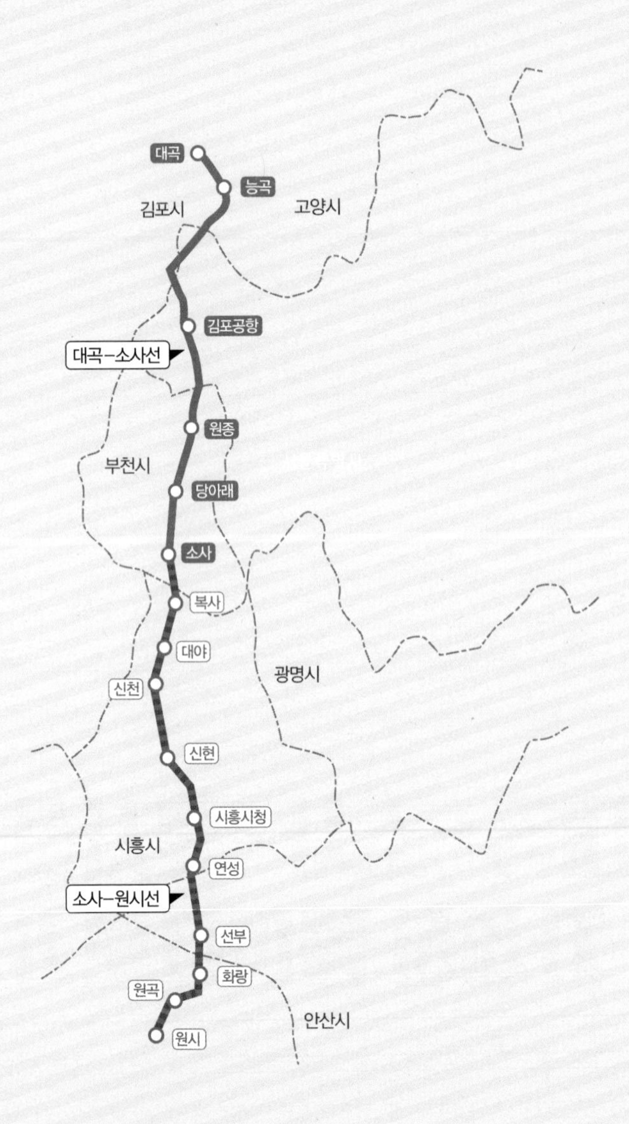
대곡
능곡
김포시
고양시
김포공항
대곡–소사선
원종
부천시
당아래
소사
복사
대야
광명시
신천
신현
시흥시청
시흥시
연성
소사–원시선
선부
화랑
원곡
안산시
원시

서해안벨트의 중심축이 될 대곡-소사-원시선

대곡-소사-원시선은 경기도 서북부 지역과 서남부 지역을 이어주는 노선으로, 서울을 거의 경유하지 않고 운행된다. 그래서 얼핏 보면 별 볼 일 없는 노선처럼 생각될 수도 있지만 대곡-소사-원시선은 나무가 아니라 숲을 봐야 하는 노선이다. 이 노선의 완성으로 인해 다른 노선이 얻게 될 시너지가 크기 때문이다.

대곡-소사-원시선은 일반철도로 진행되고 있다. 하지만 실제로는 부천시, 서울시, 고양시를 연결하는 광역철도망의 성격을 가지고 있다. 만약 광역철도로 지정되었다면 세 개 지자체의 예산 배분 문제를 협의하기 위해 시간이 오래 소요되었겠지만, 일반철도로 전환된 덕분에 진행속도가 상당히 빠르다. 앞서 철도의 종류 및 예산 관련해서 이야기한 것과 같이 일반철도는 국가가 대부분의 예산을 부담하기 때문에 진행이 빠른 것이 특징이다.

나무가 아닌 숲을 보아야 하는 노선

대곡-소사-원시선은 두 개의 구간으로 나눠서 공사를 진행하고 있다. 2018년 6월에 개통하는 소사-원시선, 2022년 개통 예정인 대곡-소사선이 그것이다. 이 노선을 통해서 환승할 수 있는 노선은 다음과 같다. 각 환승노선의 집객력을 살펴보면 아마도 소사-원시선이 개통하는 2018년보다는 대곡-소사선까지 연결되는 2022년이 되었을 때 진가를 발휘할 수 있을 듯하다.

한 가지 주의할 것은 원종역에서 환승하는 것으로 계획되어 있는 원종-홍대입구선이다. 이 노선은 「제3차 국가철도망 구축계획」에 포함되어 있는 것으로 원종역대곡-소사-원시선 환승-화곡역5호선 환승-가양역9호선 환승-DMC역경의중앙선 · 공항철도 환승-홍대입구역2호선 · 경의중앙선 · 공항철도 환승을 연결하는 엄청난 노선이다. 진행만 된다면 그동안 강남 접근성이 상대적으로 열악했던 부천과 서울 강서구 등에 엄청난 호재로 작용할 수 있을 것이다.

하지만 원종-홍대입구선은 2018년 3월 현재 추진에 난항을 겪고 있다. 원래

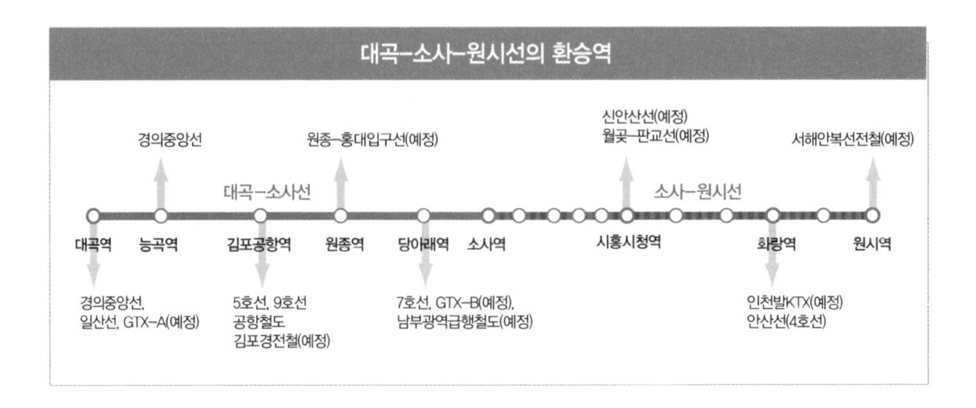

2호선 신정차량기지를 이용하려고 했지만, 이미 차량기지의 용량이 한계치에 가까운 상황이라 불가하다는 판정을 받았기 때문이다. 때문에 기존에 분석된 경제성 조사에 신규차량기지 신축비용이 포함되어야 하는 상황이라 원점에서 재검토가 이루어지고 있다. 원종-홍대입구선과 관련된 투자 지역을 물색할 때에는 이것이 확정된 노선이 아니라는 점을 반드시 기억하고 있어야 한다.

한편 차량기지를 인천으로 이전하면서 인천 계양구 작전동과 인천 서구 루원

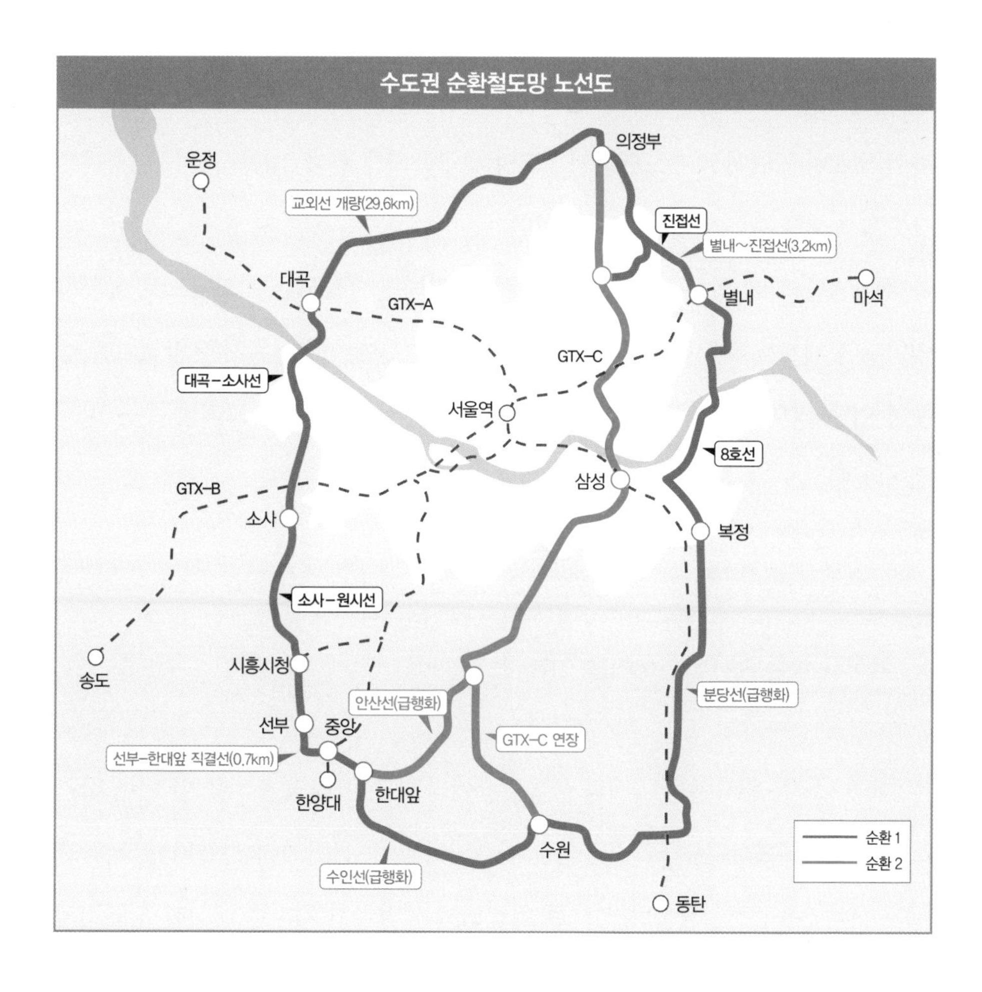

시티까지 연장을 추진한다는 내용이 경기도 및 인천시 보도자료에 언급된 바 있다. 하지만 자세히 살펴보면 해당 내용은 「제4차 국가철도망 구축계획」에 포함되도록 건의할 계획이라고 되어 있다. 「제4차 국가철도망 구축계획」은 2021년에 발표될 예정이며, 아직 발표되는 것조차 확정되지 않았기 때문에 단기간 내에 진행되기는 힘들 것이라는 점을 명심해야 한다.

대곡-소사-원시선은 수도권 서부를 남북 방향으로 연계하는 역할 외에도 중요한 임무를 가지고 있다. 바로 수도권 순환선의 완성이다. 앞쪽의 그림에서 볼 수 있듯이 현재 진행되고 있는 철도망이 모두 완성되고 나면 수도권 외곽을 한 바퀴 두르며 연결하는 수도권순환철도망이 구축되게 된다. 대곡-소사-원시선은 그중에서 서쪽 축을 담당하는 노선이다.

현재 단절되어 있는 노선들이 하나 둘 연결되면 수도권은 철도망으로 촘촘히 엮인 교통체계를 완성하게 될 것이다. 물론 단기간에 이루어지지는 않겠지만 정부가 어떤 의도로 철도망을 건설해 나가고 있는지 큰 그림을 그려볼 수는 있을 것이다.

여객과 물류 두 마리 토끼를 잡는다

대곡-소사-원시선은 여객과 물류수송이라는 두 마리의 토끼를 한 번에 잡는 노선이다. 북쪽으로는 경의중앙선과 연결되어 파주 문산까지 연결되며, 남쪽으로는 서해안복선전철과 장항선으로 연결되어 새만금이 위치한 군산까지 연결되

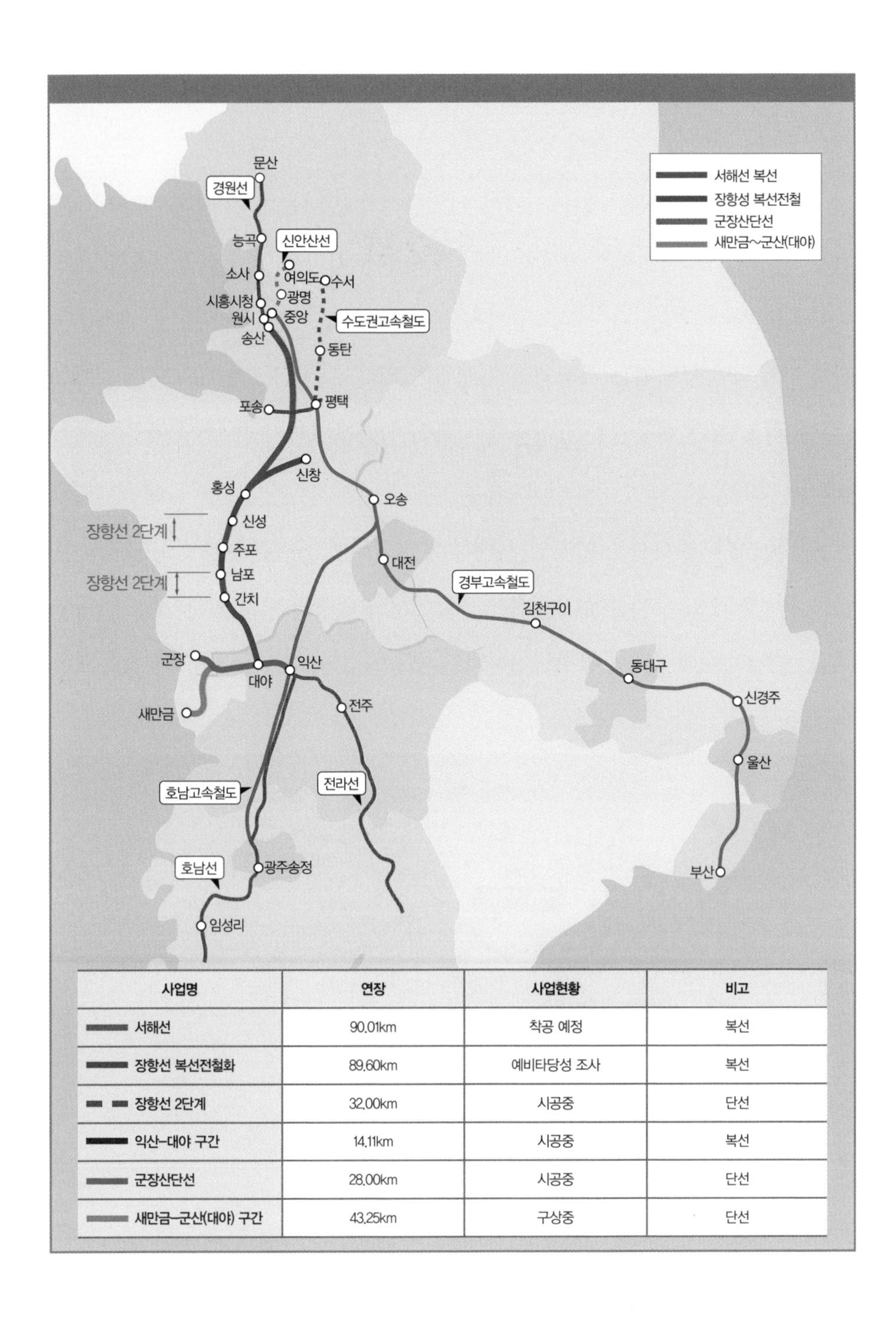

사업명	연장	사업현황	비고
서해선	90.01km	착공 예정	복선
장항선 복선전철화	89.60km	예비타당성 조사	복선
장항선 2단계	32.00km	시공중	단선
익산-대야 구간	14.11km	시공중	복선
군장산단선	28.00km	시공중	단선
새만금-군산(대야) 구간	43.25km	구상중	단선

기 때문이다. 즉 국토의 서쪽을 한 번에 연결하는 서해안벨트 철도망의 주요 구간이 된다.

대곡-소사-원시선은 원시역에서 신안산선과 만나는데, 이곳에서는 일반열차뿐 아니라 준고속열차가 함께 운행될 계획이다. 따라서 이 노선을 이용하면 신안산선을 따라 광명역과 여의도역까지 연결이 되고, 나아가 신안산선 2단계 구간이 개통되면 공덕역과 서울역까지 연결이 된다. 새만금으로 대표되는 서해안벨트에서 KTX와 화물열차를 이용해 서울의 한가운데까지 한 번에 연결이 가능해지는 것이다.

대곡-소사-원시선은 이처럼 서해선과 연결되어 물류운송에서도 중요한 부분을 차지하고 있기 때문에 서해선 안중역에서 평택항과 바로 연결되는 포승-평택선, 장항선 대야역에서 군장국가산업단지와 연결되는 군장산단선이 계획 또는

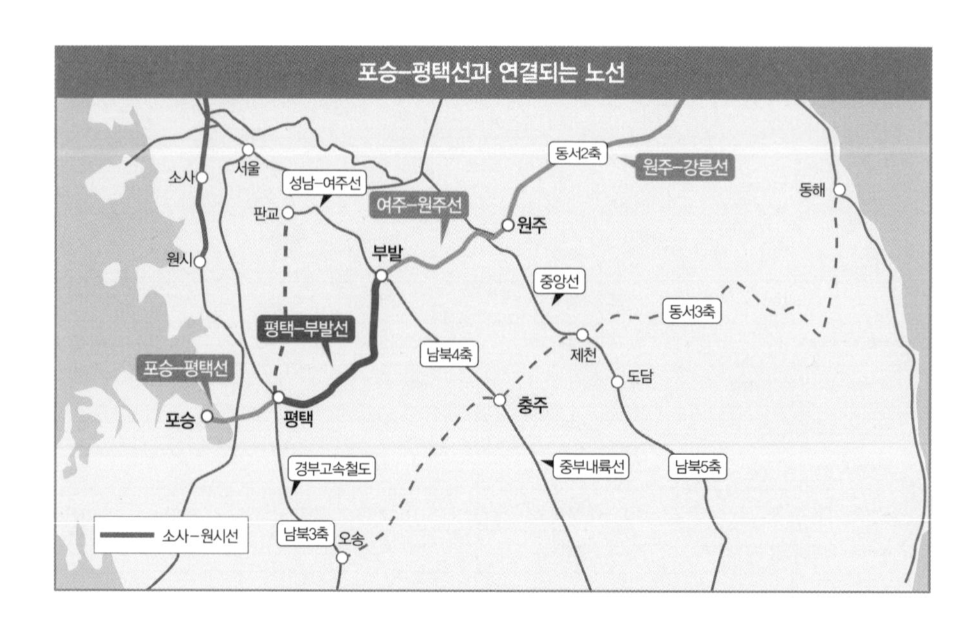

공사 중이다.

특히 평택항에서 출발하는 열차는 물류운송뿐 아니라 여객수송에서도 중요한 역할을 맡는다. 평택항에는 향후 크루즈선이 입항할 수 있는 복합여객터미널을 건설 중인데, 이곳을 통해 들어올 크루즈의 관광객들은 열차를 타고 전국 어디든지 한 번에 이동을 할 수 있게 된다.

포승-평택선을 이용하면 경부선 KTX가 운행되는 평택역으로 이동할 수 있다. 그리고 함께 계획되어 있는 평택-부발선을 이용하면 부발역에서 성남-여주 복선전철과 연결이 가능하며, 여주-원주선이 완공되면 평창 동계올림픽 유치를 위해 만들어진 원주-강릉선과 연결되어 강릉역까지 한 번에 이동이 가능해진다. 현재의 구간이 모두 완성되면 평택항에서 전국 어디든지 한 번에 연결되므로 파급효과는 더욱 커질 것으로 생각된다.

반드시 함께 봐야 할 문산-익산고속도로

대부분의 사람들에게는 문산-익산고속도로라는 이름이 생소할지 모른다. 하지만 문산-익산고속도로의 한 구간인 수원-광명고속도로는 이미 이용해보신 분들이 많으리라 생각한다. 서해안벨트를 연결하는 노선 중에서 철도의 대표가 대곡-소사-원시선, 그리고 이와 연결되는 경의중앙선, 서해안복선전철, 장항선이라면 도로의 대표는 문산-익산고속도로다. 여러 차례 강조했지만 중요한 지역을 연결할 때에는 철도와 도로가 함께 건설되는 것이 최근의 트렌드다.

문산-익산고속도로는 여러 단계로 세분화되어 진행 중이다. 서울-문산 구간, 서울-광명 구간, 수원-광명 구간, 평택-익산 구간이 그것이다. 참고로, 수원-평택 구간은 수원 봉담과 화성 동탄을 잇는 수도권 제2순환고속도로와 평택-화성고속도로를 이용하여 현재 운행 중이다. 모든 구간이 연결되면 파주 문산에서 서울은 물론 전북 익산까지 빠르게 접근이 가능해진다.

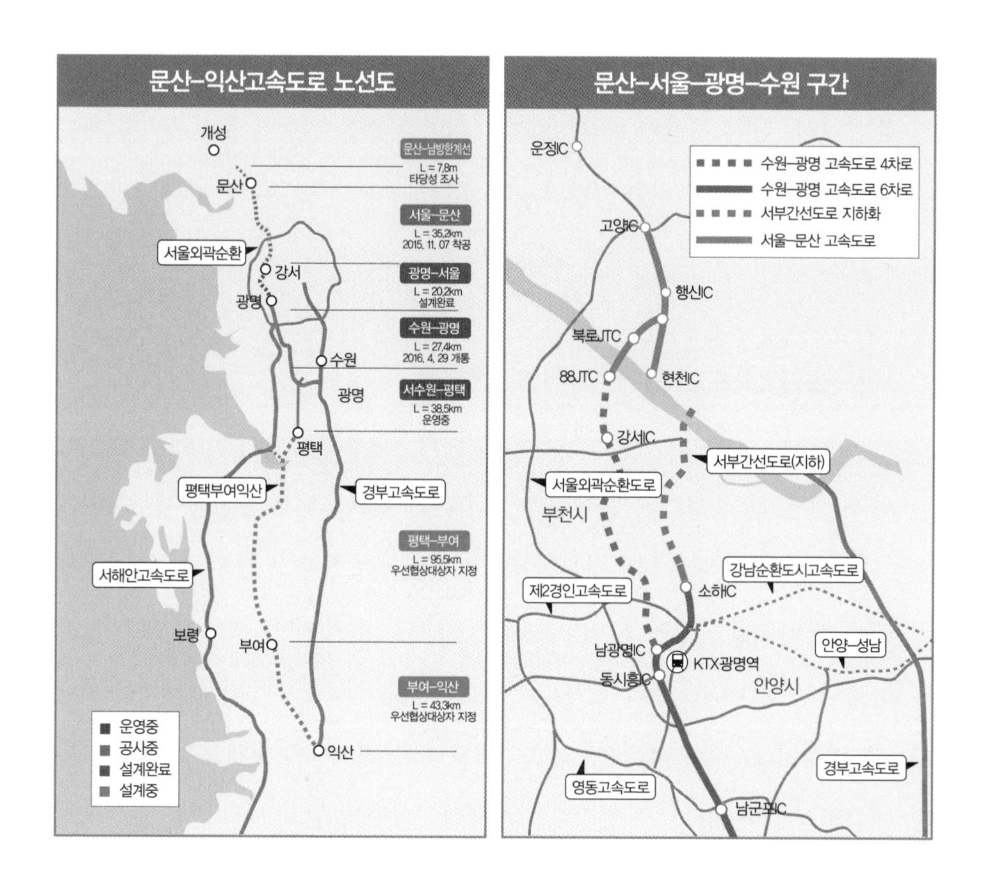

서울-문산고속도로

파주 문산에서 서울의 강변북로로 연결되는 서울-문산고속도로는 2015년 착공해서 2020년 완공을 목표로 진행 중이다. 총연장 35.2km의 이 도로가 개통되면 문산에 위치한 파주디스플레이단지에서 자유로와 제2자유로를 통해 서울 상암동의 DMC디지털미디어시티까지 접근성이 매우 좋아질 것으로 예상된다. 또한 현재 계획되어 있는 서울-광명고속도로가 개통되면 방화대교를 이용해서 광명까지의 접근도 쉬워진다. 이 도로는 국토의 서부를 연결하는 문산-익산고속도로의 일부일 뿐 아니라, 장차 개성과 평양으로까지 이어질 것을 염두에 두고 통일시대에 대비한 기반시설 구축이라는 의미도 갖고 있다.

서울-광명고속도로 및 수원-광명고속도로

서울-광명고속도로는 주민공청회를 진행한 후 2018년 3월 현재 세부계획을 조정하고 있다. 방화대교 남단에서 광명까지 연결되는 도로로 완공 후 서울-문산고속도로와 연결될 예정이다. 이렇게 되면 파주디스플레이단지-상암DMC-마곡지구-광명 · 시흥테크노벨리-광명KTX역을 연결함으로써 엄청난 파급력을 지닌 도로가 완성된다. 특히 서울-광명고속도로는 광명 · 시흥테크노벨리를 관통할 예정인데, 이곳을 IC로 연결하여 물류단지가 계획되고 있을 만큼 중요도가 큰 도로다. 이 도로가 완성되고 나면 접근성이 개선될 구로의 항동지구와 부천의 옥길지구에 더욱 관심이 집중될 것으로 생각된다.

이 도로는 2016년 개통된 수원-광명고속도로와 연결된다. 수원-광명고속도로는 문산-익산고속도로의 신규 사업 중 유일하게 개통된 노선으로 화성 봉담에서부터 광명 소하동까지를 연결한다. 이미 서해안고속도로와 연결되어 서평택까지 한 번에 운행이 가능할 뿐 아니라 강남순환도시고속도로와도 연결되기 때문에 서울 도심에서도 연계 이용이 가능하다.

그러나 이 도로가 지나는 화성 봉담이나 수원 호매실의 부동산 시장에는 아직 별다른 반응이 일어나지는 않고 있다. 수원-광명고속도로를 이용해서 서울이나 광명으로 접근하기 위해서는 교통체증이 극심한 서부간선도로를 지나야 하기 때문이다. 하지만 나중에 서울-광명속도로가 완성되어 연결되면 이 문제가 해결되면서 분위기가 달라질 것이다.

또한 서부간선도로 지하화 구간도 수원-광명고속도로와 연결된다. 따라서 2021년 개통 이후 이 지역의 분위기를 지켜볼 필요가 있다.

평택-익산고속도로

평택-익산고속도로는 두 단계로 나눠 진행된다. 1단계는 평택-부여 구간, 2단계는 부여-익산 구간이다. 이 도로가 완성되면 비로소 파주에서 새만금지구까지 서해안벨트의 주요지역이 한 번에 연결된다. 철도에서 대곡-소사-원시선 구간이 완성되면 서해안 철도망이 완성되는 것과 비슷하다.

서해안벨트의 여객과 물류 수송을 담당할 도로와 철도는 문재인정부의 국정운영보고서에도 언급되어 있을 만큼 정부가 집중하고 있는 사업이다. 그만큼 장기적으로 관심을 가져야 할 노선이기도 하다. 이곳은 민간사업자가 직접 운영해서 수익을 내야 하는 BTO 방식으로 진행됨에도 불구하고 다수의 건설사들이 관심을 갖고 있다. 충분한 수익을 올릴 수 있다는 증거로 봐도 무방하며, 그만큼 개통 시 파급력이 상당할 것으로 예상된다.

대곡-소사-원시선의 영향을 받는 지역들

대곡-소사-원시선은 그 자체보다는 다른 노선들과 합쳐졌을 때 더 큰 시너지를 낸다. 따라서 관련 지역에 대한 투자를 고려할 때에도 다른 노선들과의 연계에 초점을 맞춰서 볼 필요가 있다. 이를 위해서는 환승노선이 예정된 곳과 복합환승센터에 초점을 맞추도록 하자.

대곡역 : 향후 쿼드러플 역세권과 복합환승센터가 계획 중

현재 경기도 고양시에 위치한 대곡역은 경의중앙선과 일산선3호선이 환승되는 더블역세권이다. 하지만 2022년 대곡-소사선이 개통되고, 이후 엄청난 이슈를 몰고 올 것으로 기대되는 GTX-A노선까지 개통되면 쿼드러플역세권이 될 예정이다. 그만큼 많은 사람들이 모여들게 될 것으로 예상되기 때문에 대곡역에는 복합 환승센터 건립이 예정되어 있다. 자세한 내용은 GTX-A노선의 내용을 참조하기 바란다.

능곡 재정비촉진지구 : 향후 주목받게 될 재개발 사업지

능곡역 인근은 현재 고양시의 대표적인 구도심지역 중 한 곳이다. 하지만 대곡역세권 개발 계획이 세워지면서 대곡역과 가장 가까운 재정비촉진지구로 주목받고 있다. 2018년 3월 현재 1구역부터 이주를 시작했으며 4구역과 7구역은 지정이 해제되었다. 이후 변화된 모습이 상당히 기대되는 곳이다.

뿐만 아니라 능곡역 자체의 변화에도 주목해볼 만하다. 이곳에는 현재 경의중앙선이 운행 중인데 대곡-소사선이 개통되면 더블역세권으로 변신할 것이다. 이렇게 되면 바로 근처에 대곡역이 위치할 뿐 아니라 여기에서 다시 GTX-A 노선을 통해 킨텍스역과 강남권으로 연결된다. 그리고 반대쪽으로는 김포공항역에서 9호선으로 한 번의 환승을 통해 마

곡지구까지 접근이 가능해진다. 여기에 경의중앙선으로 DMC역까지 연결된다는 것을 생각하면 양질의 일자리가 많은 지역으로 쉽게 접근이 가능한 배후수요지가 된다는 예상이 가능하다. 이들 일자리 지역은 근무인원의 평균연봉 또한 높은 편이라 능곡 재개발촉진지구가 신축 아파트로 바뀐 이후의 입지는 무척 양호하다고 생각한다.

은계지구 : 광명역세권 및 광명 · 시흥테크노벨리의 영향권

소사-원시선 예정지인 대야역 인근에는 시흥의 대표적 택지개발지구인 은계지구가 있다. 은계지구의 가장 큰 장점은 광명KTX역과의 거리가 가깝다는 점이다. 외곽순환고속도로와 제2경인고속도로를 이용하면 광명KTX역과 앞으로 생길 광명 · 시흥테크노벨리까지 25분 이내에 접근이 가능하다.

여기에 제2경인고속도로를 이용하면 인천공항까지의 이동이 편리하고, 반대쪽으로는 안양-성남고속도로와 연결되면서 인덕원, 판교 그리고 강릉까지 한 번에 이동이 가능하다. 이에 대한 내용은 월곶-판교선 부분에서 설명하였으니 참고하기 바란다. 이런 이유 때문에 은계지구에서 분양한 공공 · 민간분양은 높은 청약경쟁률을 기록했으며 그 온기가 대야역 인근까지 번지고 있다.

또한 문재인정부 국정운영보고서를 보면 지역별 공약 현황 중 인천시편에 인천2호선 광명 연장이 언급되어 있다. 이것이 현실화된다면 더욱 높은 가치가 매겨질 곳이다. 현재 인천2호선은 주택가격을 상승시킬 만한 호재로는 다소 부족한

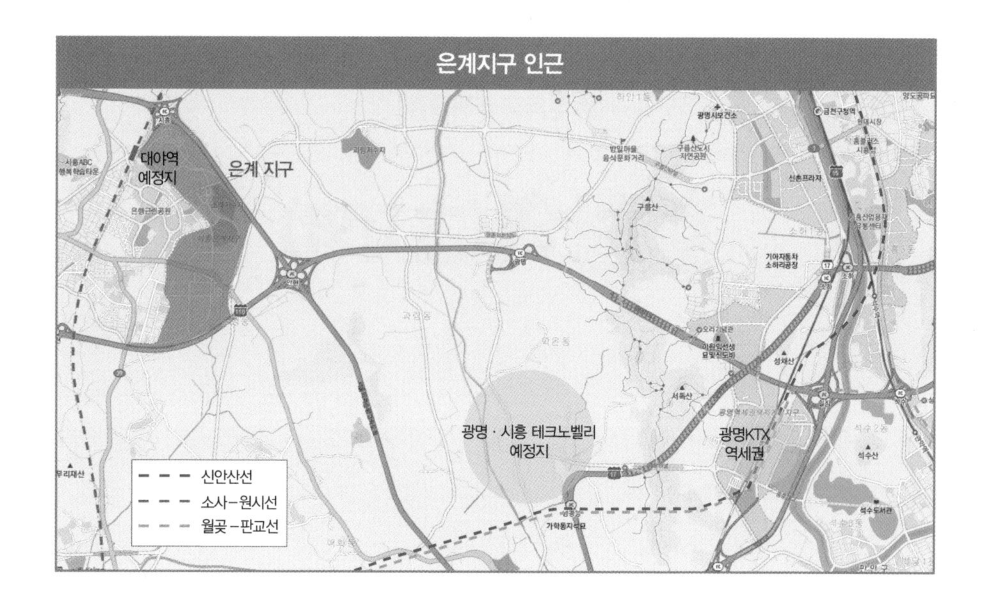

것이 현실이지만, 광명 · 시흥테크노벨리 및 광명KTX역세권과 연결된다면 그 가치는 크게 상승할 수 있을 것이다.

시흥시청역 : 교통의 결절점으로 주목받을 곳

시흥시청역은 대곡-소사-원시선, 신안산선, 월곶-판교선이 만나는 트리플역세권으로 탈바꿈할 예정이다. 뿐만 아니라 제2경인고속도로와도 가깝기 때문에 교통의 결절점 역할을 하기에 충분하다. 이러한 이유로 이곳에는 복합환승센터가 예정되어 있는데, 이에 대한 자세한 내용은 신안산선의 장현지구 편을 참고하기 바란다.

이 지역에 주목하라!

화랑역(초지역)

화랑역이라고 하면 대부분 생소하다고 느끼거나 서울지하철 6호선의 화랑대역을 떠올릴지도 모르겠다. 여기에서 말하는 화랑역은 경기도 안산에 위치해 있으며 안산선4호선의 한 부분인 초지역과 연결된 환승역을 말한다. 즉 안산선에서는 초지역, 소사-원시선에서는 화랑역이라고 불린다. 서울지하철 4호선의 총신대입구역이 7호선과 환승될 때는 이수역으로 불리는 것과 비슷하다.

교통 : 국토를 종횡으로 연결하는 교차지점

화랑역의 가장 큰 장점은 향후 교통의 편의성이 크게 향상될 것이라는 점이다. 여러 노선이 교차하면서 복합환승센터가 위치할 가능성이 큰 곳이기도 하다.

초지역 · 화랑역 인근 지역

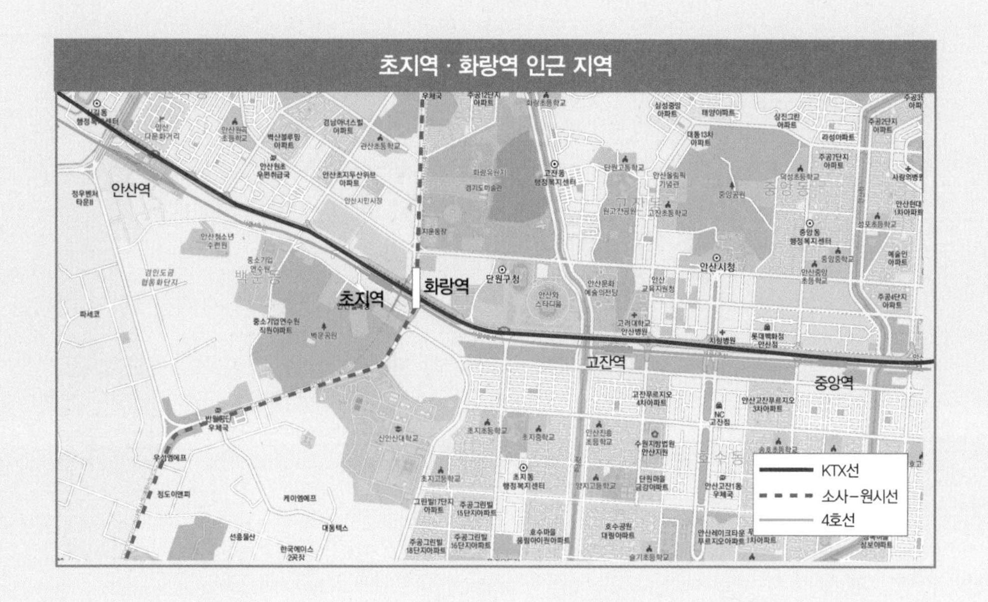

▶ 인천발KTX

인천발KTX는 인천 구시가지의 개발을 한 단계 끌어올릴 것으로 예상되는 인천시의 중점사업이다. 인천시는 광역시이자 대규모 항구도시이고, 인천국제공항이 위치해 있는 곳이지만 그에 비해 고속철도 접근성이 떨어지다 보니 교통에서만큼은 그다지 인기를 끌지 못했다. 인천발KTX는 이러한 인천시의 교통편의성을 크게 높여줄 것이며, 인근 구도심지역의 개발을 불러일으켜 지역의 가치를 한 단계 끌어올릴 것이다.

인천발KTX는 수인선 송도역에서 출발하여 신설될 화랑역초지역, 어천역으로 이어지며 경부고속철도와 연결되어 호남선과 경부선을 자유롭게 이용할 수 있게 된다. 사업이 완성되면 화랑역은 KTX가 정차하는 역으로 변신하게 되고, 2019년 이후 수인선과 분당선의 직결사업이 완료된 후에는 더욱 관심을 끌게 될 것으로 예상된다. 이에 대한 자세한 내용은 뒤에서 나올 KTX 부분에서 좀 더 깊게 다뤄보도록 하자.

▶ 대곡-소사-원시선 준고속열차 운행

인천발KTX뿐 아니라 대곡-소사-원시선에도 준고속열차가 운행될 예정이다. 앞서 설명했듯이 대곡-소사-원시선은 국토의 서부를 남북 방향으로 연결하고, 인천발KTX는 인천에서 강원도까지 국토를 동서 방향으로 연결한다. 이 두 노선이 만나는 지점이 바로 화랑역이다.

2018년 현재 안산 인근에서 KTX를 이용하려면 상당히 불편한 것이 사실이다. 가장 가까운 정차역인 광명역까지 접근하는 시간도 만만치 않거니와 용산이나 서울역에 비해 광명역의 KTX 배차간격은 상당히 길다. 이런 상황에서 새로운 KTX가 운행된다면 인근 지역에 긍정적인 영향을 줄 수 있을 것이다. 또한 KTX와 준고속열차가 만나는 지점은 사람이 모여들 수밖에 없는 곳이기도 하다. 향후 이곳에 복합환승센터가 위치할 수 있다는 가능성에 주목해야 한다.

지금까지 대곡-소사-원시선에 대해 알아보았다. 1991년 서울외곽순환고속도로의 첫 시작인 판교-하남 구간이 개통했을 때만 해도 사람들은 이 도로가 어떤 의미를 가지고 있는지 제대로 알지 못했다. 이 도로의 본 모습이 드러난 것은 2006년 전 구간이 개통된 후부터다. 대곡-소사-원시선의 진정한 가치가 드러나는 것 역시 나중에 대곡-소사 구간이 개통되고 노선 전체가 완성될 무렵일 것이다. 아직은 상당한 시간이 남아있지만 그때까지 이 구간의 진행상황을 면밀히 모니터링할 필요가 있다.

CHAPTER

08

수서발·인천발·수원발 KTX 자세히 들여다보기

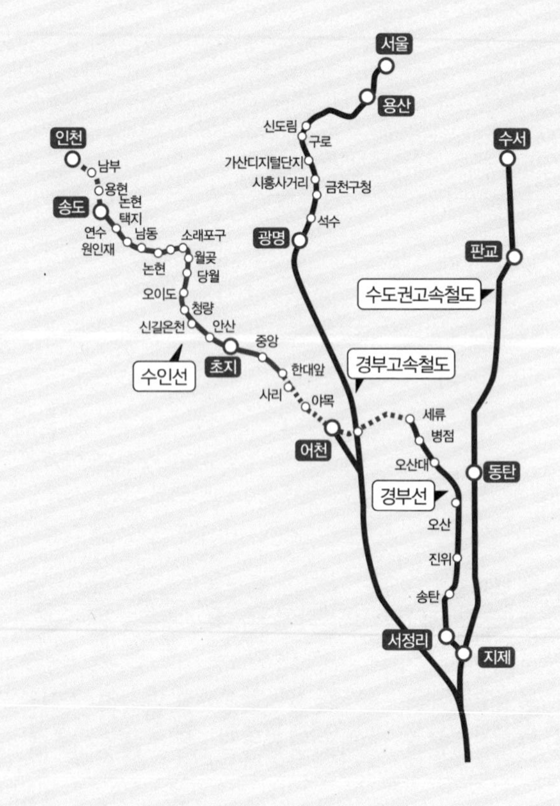

서울
용산
신도림
구로
가산디지털단지
시흥사거리
금천구청
석수
광명
수서
판교
수도권고속철도
인천
남부
용현
송도
논현
택지
연수
원인재
남동
소래포구
논현
월곶
당월
오이도
청량
신길온천
안산
초지
수인선
중앙
한대앞
사리
야목
어천
경부고속철도
세류
병점
오산대
동탄
경부선
오산
진위
송탄
서정리
지제

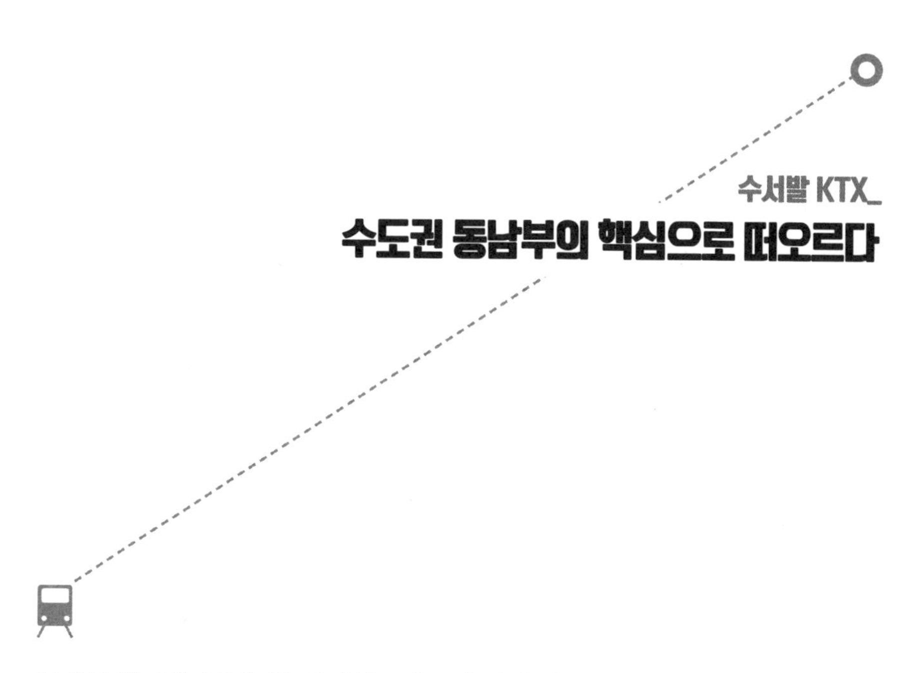

수서발 KTX_
수도권 동남부의 핵심으로 떠오르다

앞에서 살펴봤던 「제3차 국가철도망 구축계획」의 메인 테마를 기억하는가? 가장 중요하게 다뤄진 것이 바로 '전국 주요거점을 2시간대로 연결한다'는 목표였다. 이렇게 전국을 2시간 생활권으로 묶으려면 반드시 필요한 것이 시속 200km 이상의 속력으로 달리는 고속철도 KTX다.

현재 KTX는 경부고속철도와 호남고속철도에 개통되어 있고 이를 통해 서울-부산, 서울-광주의 접근성은 크게 향상되었다. 현재 KTX를 이용하면 서울역에서 부산역까지 약 3시간 10분이 소요된다. 과거에 길게는 7시간이 걸렸던 것을 생각하면 KTX가 얼마나 큰 역할을 했는지 알 수 있을 것이다.

그런데 서울에서 부산까지의 노선은 약 410km이다. KTX가 시속 200km 이상의 속도로 달린다면서 410km를 가는 데에 3시간이나 걸린다는 사실이 이상하지 않은가? 그 이유는 선로의 용량부족 때문이다. 서울역에서 금천구청역(시흥) 사이의 구간은 KTX 외에도 수많은 노선이 함께 이용하기 때문에 제 아무리 KTX라도 이 구간에서는 제 속도를 낼 수가 없는 것이다.

선로용량 부족을 해결하는 첫 번째 단추

문제는 또 있다. 기존에는 KTX가 서울역 또는 용산역에서만 출발했기 때문에 KTX를 이용하기 위해서는 둘 중 한 곳까지 가야만 했다. 그래서 KTX에 타고 있는 시간보다 타러 가는 시간이 더 걸리기도 했다. 이런 문제를 해결하기 위해서는 용산역과 서울역에서만 출발하던 KTX를 다른 곳으로 분산시킬 필요가 있다.

그 첫 번째 시도가 수서발 KTX로 흔히 SRT Super Rapid Train라고 불리는 노선이다. 수서발 KTX가 개통한 2016년 12월 9일, 코레일한국철도공사은 경부선과 호남선을 이용할 때 서울역과 용산역을 구분하지 않아도 되도록 서비스를 변경했다. 기존에는 경부선을 타기 위해서는 서울역, 호남선을 타기 위해서는 용산역으로 가야만 했던 불편을 해소한 것이다. 이는 수서발 KTX 덕분에 선로 용량에 여유가 생겨서 가능해진 일이었다.

수서발 KTX가 개통되면서 서비스가 편리해졌다는 것의 의미를 곱씹어 볼 필요가 있다. 하고 싶었지만 할 수 없었던 일들이 수서발 KTX 덕분에 가능해진 것이다. 서울 동남부 또는 경기도 동남부에 거주하는 분들은 KTX를 타기 위해 더 이상 서울역이나 용산역으로 이동할 필요가 없어졌다. 서울역에서 KTX를 타고 대전까지 가는 시간보다 서울역까지 가는 시간이 더 걸렸던 예전과 달리, 이제는 가까운 수서역을 이용할 수 있게 된 것이다. 실제로 서울 및 경기 동남부에서 수서역까지 가는 시간은 서울역이나 용산역까지 가는 시간보다 약 25분 정도 짧다.

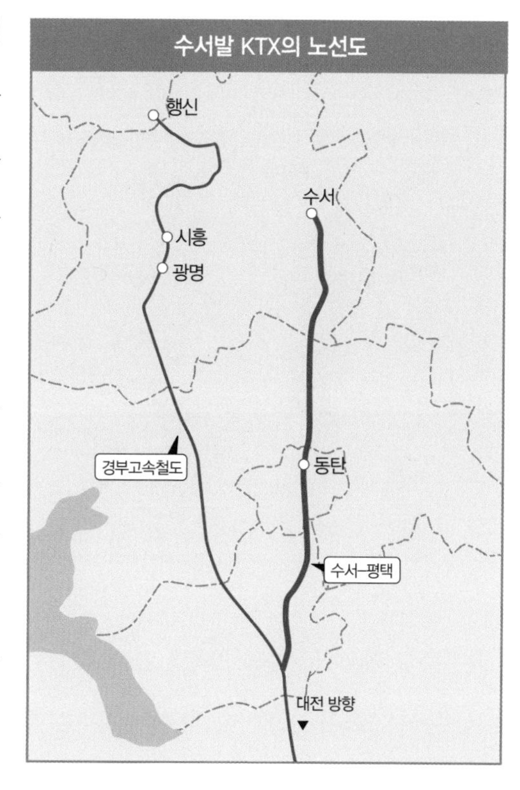

KTX가 들어서기 이전의 수서역 인근은 강남구이긴 했지만 중심지에서 약간 벗어난 느낌이 있었다. 하지만 이제는 고속열차의 운행 때문에 사람들이 모여들기 시작하고, 여기에 지하철 노선의 환승까지 가능해지면서 복합환승센터 개발계획이 수립되었다. 이렇게 사람들이 모여들면 주변 부동산 가격이 상승하게 된다.

랜드마크가 될 가능성이 큰 복합환승센터

앞에서 언급한 바와 같이 수서역은 강남구에 속하지만 그다지 주목받는 지역은 아니었다. 하지만 3호선과 분당선이 만나는 곳이면서 수서발 KTX가 개통되고, 이후 GTX-A노선과 수서-광주선의 개통 예정지가 되면서 수서역은 수도권

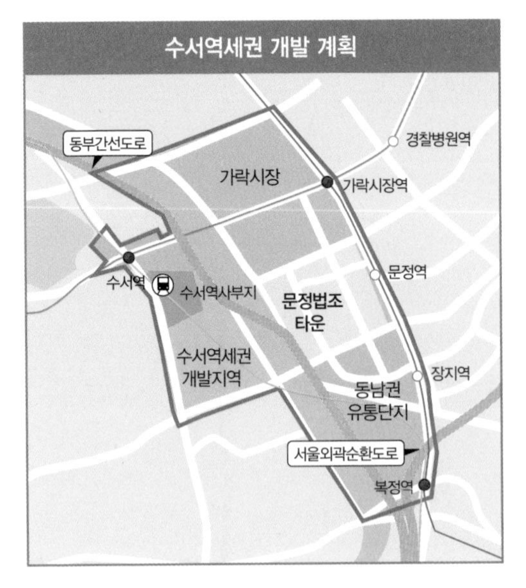

동남부 지역의 핵심 교통 지역으로 주목받고 있다. 이에 따라 수서역에도 복합환승센터 개발 계획이 수립되었다.

먼저 수서역 인근 수서동 및 자곡동 일대의 개발제한구역그린벨트 38만6,390㎡가 해제되었고, 이 부지 위에 2021년까지 환승센터를 중심으로 업무 · 상업 · 주거 기능을 집약한 복합개발이 추진된다. 이곳에는 총 2,530호의 공동주택과 함께 업무 · 유통 · 상업시설 용지, 복합 커뮤니티 시설 등이 들어설 예정이다. 또한 업무 · 유통시설 용지는 첨단유통업무단지, 인적교류비즈니스단지, 차세대신기술 · 신산업단지 등 세 가지로 구분해서 관련 시설 및 인프라가 만들어진다. 복합환승센터의 주거 · 업무 · 상업 기능을 한 곳에 모아 사람들이 모여드는 랜드마크로 구성한다는 것이다.

다만 수서역세권에는 한 가지 단점이 있다. 바로 확장성이 부족하다는 점이다. 수서역 일대의 개발제한구역그린벨트은 이미 해제되어 세곡지구가 들어섰지만 반대편으로는 탄천이 흐르고 있다. 때문에 탄천 너머의 문정법조타운 및 지식산업센터와 연계해서 개발을 추진한다는 계획이 세워져 있다.

이렇게 수서발 KTX의 개통으로 서울역-금천구청시흥 구간의 선로 용량 부족 문제는 한숨을 돌리게 되었다. 하지만 문제는 여기서 끝나지 않았다. 차후에 수많은 KTX 열차들의 운행 계획이 수립된 상황이므로 선로 용량의 문제는 계속해서 발생하게 될 것이다. 대곡-소사-원시선, 월곶-판교선, 신안산선, 춘천-속초선 등 전국을 2시간대로 연결하기 위한 KTX 및 준고속열차의 운행은 더욱 증가할 수밖에 없다.

이에 따라 가장 시급한 수색-서울-금천구청 구간은 지하에 KTX를 위한 4개 선로를 신설하는 계획을 수립했다. 하지만 노선의 신설에는 엄청난 예산이 필요하다. 따라서 우선은 수서발 KTX처럼 출발역사를 분산하는 것부터 진행이 되고 있는데, 그 대표적인 것이 인천발 KTX와 수원발 KTX 직결사업이다. 이제부터 하나씩 살펴보자.

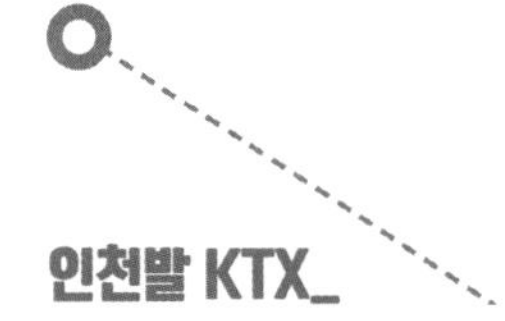

인천발 KTX_
낙후지역의 새로운 변신을 불러올 시발점

인천발 KTX를 알기 위해서는 수인선에 대해 먼저 알아야 한다. 수인선은 인천역에서 출발하여 송도역, 원인재역, 호구포역, 월곶역 등을 지나 오이도역으로 이어지고 여기에서 안산선4호선과 선로를 공유하며 안산역, 고잔역, 한대앞역으로 이어진다. 현재는 여기에서 다시 갈라져 나와 어천역, 봉담역 등을 거쳐 수원역으로 연결되는 노선

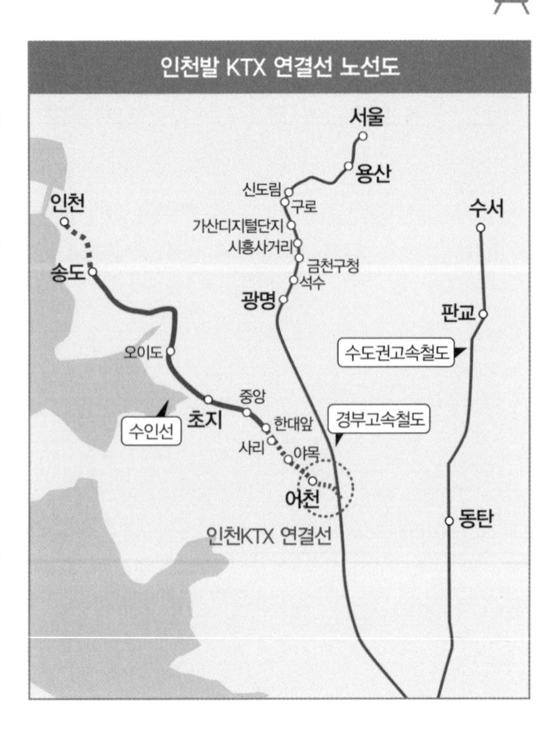

의 공사가 진행 중이다.

인천발 KTX는 수인선 노선을 공유하면서 운행되도록 계획되어 있는데 출발역은 송도역이다. 본래의 수인선은 어천역에서 봉담역 방향으로 연결되지만, 인천발 KTX는 어천역에서 기존 경부고속철도와 합류하여 운행할 예정이다. 이를 위해서 경기도 화성의 어천리에서 봉담읍까지 연결되는 상선 3.5km, 하선 3.21km의 연결 사업이 진행되고 있다.

총사업비 3,509억 원이 예상되는 사업이지만, 국고로 100% 지원되는 일반철도이기 때문에 사업 진행은 순조로울 것으로 보인다. 예비타당성 조사도 B/C 1.19와 AHP 0.582로 분석되었기 때문에 사업성은 충분하다는 결과가 나왔다.

송도역 복합환승센터 건설 계획

KTX의 출발역사인 송도역은 '인천의 강남'이라 불리는 송도국제도시와 이름은 같지만 현실에서의 모습은 매우 다르다. 송도역이 위치한 옥련동은 낙후된 구시가지로, 2012년 수인선 송도역이 개통되었을 때에도 인근 지역 부동산은 별다른 상승 움직임이 없었다. 그러나 2021년 이후 인천발 KTX가 개통되었을 때를 목표로 2만8,400㎡ 규모의 복합환승센터가 건립된다면 달라질 수 있다. 사업이 완료된다면 이 지역의 가치는 크게 상승할 것으로 예상된다.

송도역은 기존에 운영 중인 수인선 외에 인천발 KTX와 동서간선철도춘천–속초선가 개통되면 트리플역세권이 된다. 여기에 정류장과 주차장을 설치하여 광역버스

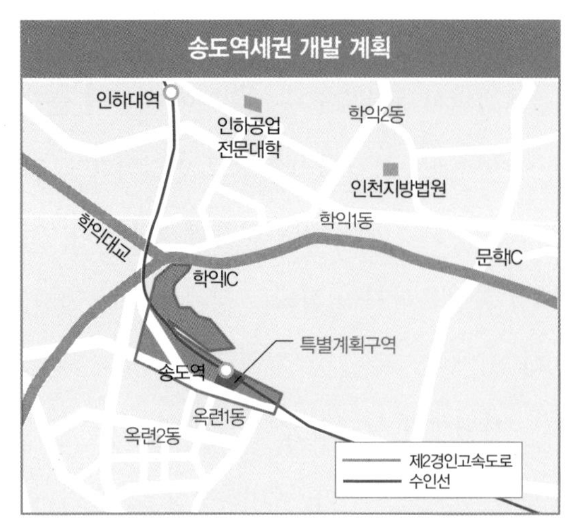

와 택시, 자가용을 편리하게 환승할 수 있도록 복합환승센터를 조성하는 것이다. 이와 함께 상업시설 및 숙박시설도 함께 만듦으로써 사용자의 편의를 크게 향상시킬 계획이다.

이렇게 송도역 주변 지역은 새로운 변신이 예상되는 만큼 특별계획구역으로 지정되어 복합개발이 이루어질 예정이다. 특별계획구역이란 현상설계 등을 통한 창의적 개발이 필요하거나 충분한 계획 기간이 필요한 지역에 대해 별도의 계획안을 작성하여 개발하는 구역을 말한다. 주로 개발 가능 지역 중에서 특히 중요한 위치를 차지한다고 생각되는 지역일 경우에 지정한다. 현재 송도역 부지에는 역사와 주차장밖에 없지만, 이곳을 특별계획구역으로 묶은 후 복합환승센터, 쇼핑센터, 오피스 빌딩, 오피스텔 등의 주거시설 등을 한꺼번에 입점시킬 계획이다. 이에 따라 주변지역에 상당한 영향을 미치게 될 것으로 보인다.

인근 낙후지역의 미래 가치에 주목하자

수인선 송도역이 개통되었지만 인근 옥련동 아파트 시세에 별다른 영향이 없

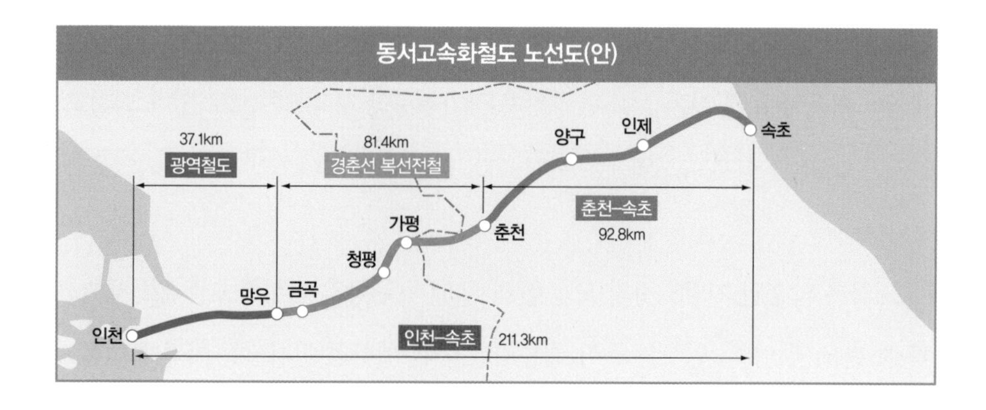

었던 이유는 수인선이 기존 교통체계인 광역버스와 비교했을 때 그다지 큰 장점이 없었기 때문이다. 그래서 이 지역은 전통적으로 광역버스 정류장에 가까운 아파트가 좀 더 강세를 보였고, 옥련시장을 비롯한 편의시설 역시 버스정류장 인근에 자리 잡고 있다.

하지만 2018년 상반기 3단계 구간이 완성되면 수인선은 분당선과 연결되고, 이후 인천발 KTX가 개통되면 경부선과 호남선을 바로 이용할 수 있게 된다. 그 이후는 어떻게 될까? 뿐만 아니라 월곶–판교선, 여주–원주선이 개통하고 나면 송도역에서 출발하는 인천발 KTX는 강릉, 거제, 제천 등 전국으로의 이동이 가능해진다. 여기에 동서간선철도춘천–속초선가 개통된 후에는 국토의 동서를 한 번에 잇는 동서철도망의 시작점이 된다. 인천을 넘어 전국으로 연결되면서 충분히 지역 내의 주도권을 가져올 힘이 생기는 것이다.

인천발 KTX는 이처럼 장래 사업성이 충분할 뿐 아니라 인천시 발전에도 크게 공헌할 수 있다. 그래서 「2018년 인천시 업무보고」에서도 인천발 KTX와 송도역 복합환승센터에 대한 논의가 큰 비중을 차지할 정도로 지자체가 정성을 들이는 것이다. 진행 속도가 상당히 빠른 데에는 바로 이러한 이유가 있다. 인천발 KTX 계획이 처음 발표된 것은 2016년 「제3차 국가철도망 구축계획」으로 얼마 되지 않았지만, 2018년 현재 송도역에는 이미 KTX 승강장 부지의 정비가 완료되었을 정도다.

지금은 낙후된 지방도시의 모습을 하고 있지만 향후 복합환승센터가 생기고 월곶-판교선, 여주-원주선 등이 개통되었을 때 이곳의 인지도가 어떻게 변할지는 한 번쯤 생각해봐야 한다. 인천발 KTX는 그 변화의 시작이 될 것이다.

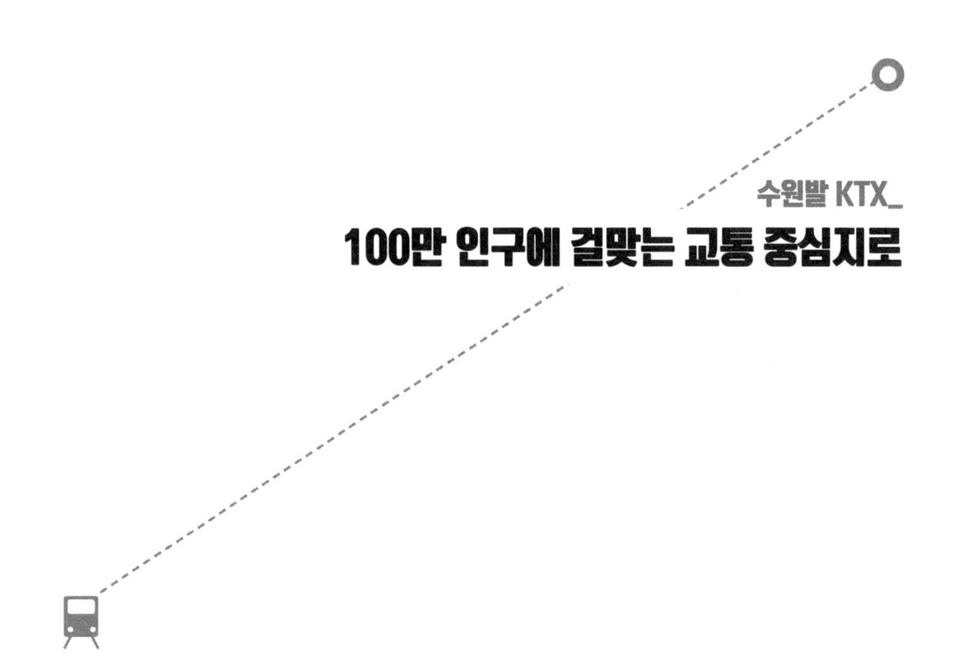

수원발 KTX_ 100만 인구에 걸맞는 교통 중심지로

수원역은 전통적인 교통중심지로 국철1호선과 분당선, 경부선 철도가 만나는 곳이자 서울을 오가는 광역버스가 모이는 곳이다. 이미 1995년에 대형 민자역사가 들어섰고, 2017년 6월에는 버스 환승센터가 개장하기도 했다.

그러나 이곳을 운행하는 철도는 전철 외에 대부분 무궁화호나 새마을호이고 KTX의 운행횟수는 하행선 기준 하루 4회뿐이라서 철도 이용객들의 호응이 그다지 높지 않았다. 이러한 곳에 수원발 KTX가 계획되어 진행되고 있는 것이다.

경부선의 부담을 분산하여 시간을 단축한다

수원발 KTX는 인천발 KTX와 비슷한 성격의 사업이다. 선로 용량 부족 문제를 해결하고자 KTX의 출발역을 분산시키려는 전략의 일환으로, 경부선의 서정리역과 수서발 KTX$_{SRT}$ 노선의 지제역을 연결하는 상 · 하선 4.7km를 건설한다. 총 사업비는 2,948억 원으로, KTX 노선망 전체를 위해 반드시 필요한 사업이기 때문에 일반철도로 지정되어 국고 100%로 진행하고 있다.

수원발 KTX가 개통되면 이미 선로 용량이 포화상태인 경부고속철도에서 수서발 KTX로의 선로 변경이 가능해진다. 그러면 수원역에서 출발하는 KTX는 하행선 기준 하루 4회에서 18회로 늘어나게 되고 수원-대전 구간의 소요시간은 23분으로, 수원-광주송정역 구간은 88분 내지 112분으로 대폭 단축되는 효과를 얻게 된다. 뿐만 아니라 그동안 KTX를 이용하기 위해 용산역이나 서울역으로 가야 했던 불편함이 사라지기 때문에 인근 주민들의 편의성은 엄청나게 높아질 것이다.

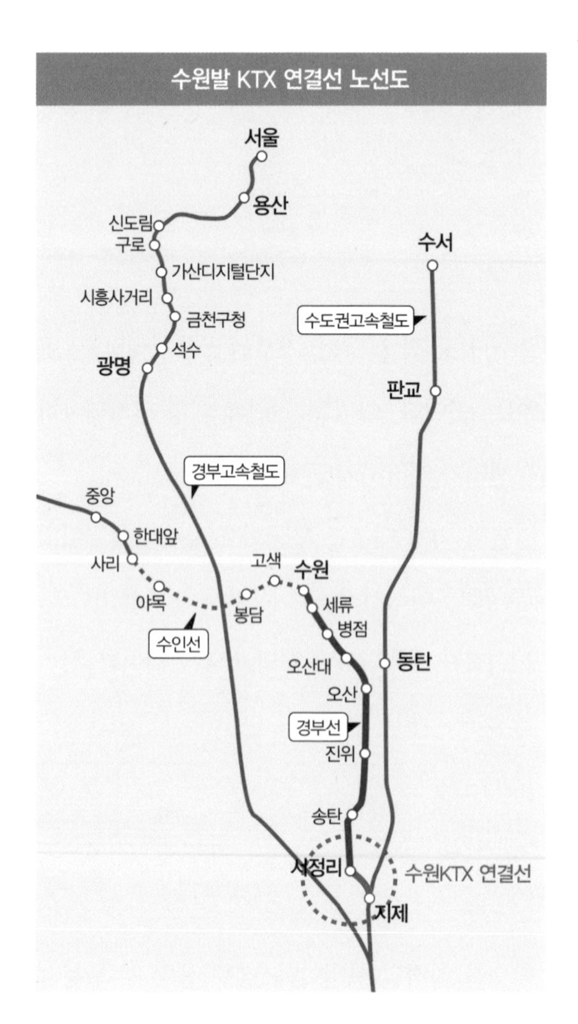

그동안 상대적으로 소외되었던 분당선의 상황도 크게 전

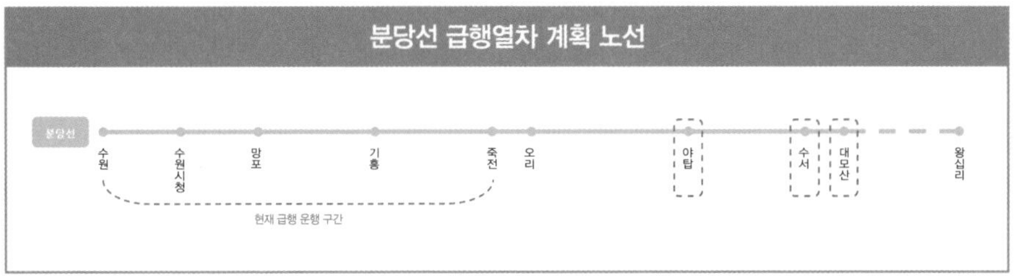

환될 가능성이 있다. 그 이유는 분당선 급행열차 때문이다. 현재 분당선 급행열차는 죽전역까지만 운행되고 있는데, 수인선과 분당선이 연결되면 왕십리역까지 급행열차가 연장될 수 있다. 문재인정부 국정운영보고서에서도 광역급행열차의 운행은 큰 비중을 차지하고 있는데, 이것이 실현되면 현재 분당선의 출발역인 수원역에 큰 변화가 일어날 수 있다.

현재 수원역 인근의 주민들은 서울에 갈 때 철도보다는 강남역까지 한 번에 가는 광역버스를 더 많이 이용한다. 하지만 분당선 급행열차가 운행되어 지금보다 시간이 21분이나 단축된다면 상황은 어떻게 변할까? 많은 사람들이 분당선과 수원역에 관심을 갖게 될 것이다.

분당선 급행열차는 야탑역, 수서역, 대모산역에만 대피선을 추가하면 운행이 가능하기 때문에 실행가능성이 상당히 높다. 이 사업의 예비타당성 조사 결과에 반드시 관심을 가질 필요가 있다.

기존 환승센터의 새로운 변신

2017년 6월 수원역 버스 환승센터가 야심차게 개장했지만 인근 주민들에게 그다지 큰 호응을 얻지는 못했다. 민자역사인 수원역과의 연계가 상당히 불편하기 때문이다. 철도를 통해 수원역에서 내린 승객들이 환승센터를 이용하려면 현재로서는 수원역사 내에 위치한 백화점 시설을 통과하지 않고 한 번에 접근할 수 있는 수단이 없다.

환승센터의 본래 목표는 최단거리 환승동선을 구축해서 이용자들의 편의를 높이는 것인데, 그 기능을 제대로 수행하지 못하고 있는 것이다. 하지만 민자사업자와의 계약 기간이 만료된 후 수원발 KTX와 연결되고 복합환승센터로 개발된다면 환승거리는 상당히 줄어들 수 있다.

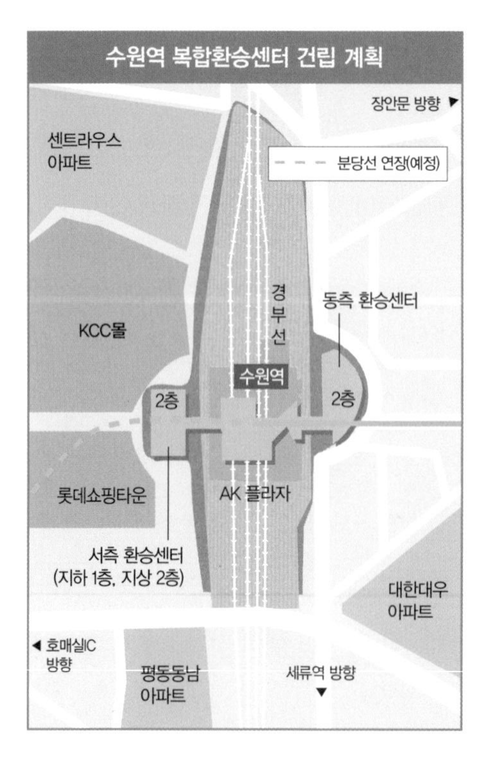

기존 환승센터가 위치한 곳의 바로 앞에는 롯데백화점이 입점해 있고 대형쇼핑몰인 KCC몰가칭이 건설되고 있다. 현재는 사람들의 접근이 그다지 편리한 곳이 아니다보니 왜 이런 곳에 저런 시설들이 들어서는지 의아하게 여겨질 수 있다. 하지만 이들 시설이 입점한 데에는 치밀한 계산이 깔려 있

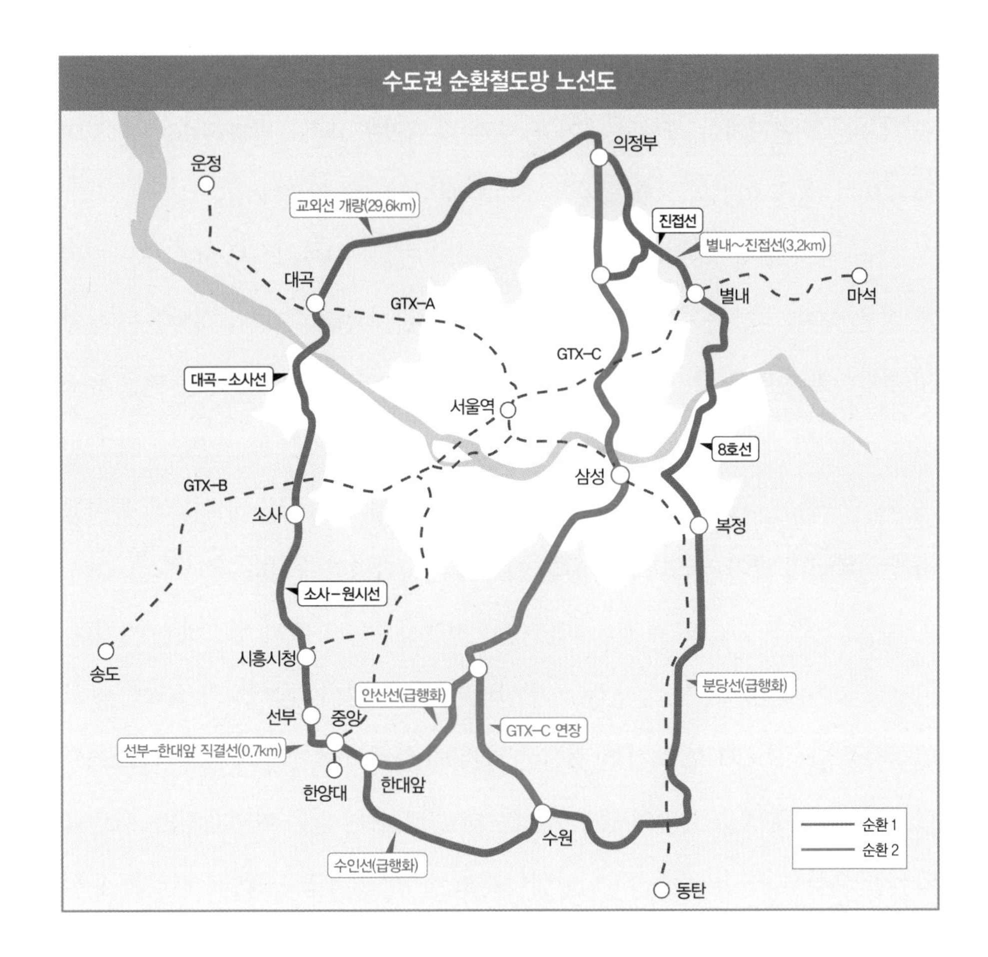

수도권 순환철도망 노선도

는 것으로 보인다.

수원발 KTX가 개통되고, 복합환승센터의 효율성이 높아지며, 여기에 분당선 급행열차까지 현실화된다면 수원역 인근은 빠르게 변할 가능성이 높다. 여기에 GTX-C노선이 금정까지 연결되면 수원역까지 한 번에 연결이 가능해진다. 나아가 수도권 순환철도망 구축 계획이 완성된다면 수원역에서 이용할 수 있는 철도 노선은 기존의 국철1호선뿐 아니라 KTX, GTX-C노선, 수인-분당선으로 늘어난다.

이렇게 모객력이 충분한 지역에 복합환승센터가 위치하고 상업시설이 포진하면 낙후된 주변지역이 개선될 것이고, 이후 수원역은 180도 달라진 모습을 보여줄 것이다. 향후 이곳의 진행 상황을 꾸준히 모니터링할 필요가 있다.

여러 가지 호재 중에서도 새로운 교통망의 건설은 부동산 시장에 가장 강력한 힘을 발휘한다. 하지만 많은 예산과 오랜 시간이 걸리다 보니 사람들은 투자의 정확한 타이밍을 잡기 어려워한다. 이 지역이 좋아진다며 호들갑을 떠는 뉴스와 정치인들의 말에 휘둘려 너무 일찍 투자했다가 오랜 시간 동안 종자돈이 묶이게 되는가 하면, 새로운 교통망이 개통된 후 놀랍게 변한 모습에 뒤늦게 투자를 하겠다며 이미 값이 올라버린 부동산 시장을 기웃거리기도 한다.

방법은 하나, 노선의 특징을 파악하고 진행상황을 꾸준히 체크하는 것이다. 그것도 남이 알려주는 '카더라 뉴스'가 아니라 직접 정부와 지자체의 움직임을 확인해야 한다. 철도와 도로 관련 정책은 하루 이틀 사이에 바뀌지 않는다. 그러므로 그 많은 교통망을 일일이 공부한다는 게 결코 쉬운 일은 아니겠지만, 그만큼 확실한 수익을 가져다주는 투자 방법이기도 하다. 그러므로 오늘부터라도 관심 있는 노선의 진행상황을 꾸준히 모니터링하는 습관을 들이자.

평범한 꾸준함의 힘

책을 읽고 난 여러분들께는 실망스러운 이야기일지 모르지만, 나는 아직도 스스로를 '교통 전문가'라고 생각하지 않는다. 단지 남들보다 철도와 도로를 좀 더 공부한 투자자 중 하나일 뿐이고, 이것을 투자에 적용해서 재미를 좀 보았을 뿐이다. 어쩌다 보니 나의 투자 과정을 눈여겨본 사람들을 대상으로 내가 공부한 것을 알려드리게 되었고, 이렇게 책까지 쓰게 되었으니 무척 신기한 일이다.

현실에서의 IGO빡시다는 여러분과 마찬가지로 그저 출퇴근이 귀찮은 한 명의 직장인이다. 다만 틈틈이 시간을 내어 부동산을 답사하고, 투자하고, 강의 준비와 블로그 포스팅을 할 뿐이다. 누군가는 그 정도의 투자 성과를 내놓고 왜 아직도 회사를 다니느냐고 묻기도 하지만, 답은 뻔하다. 투자의 성과가 좋은 것과 평범한 일상생활을 유지하는 것은 별개의 문제이기 때문이다.

부동산 투자를 하기 전부터 다녔던 직장인데 투자 때문에 그만둔다는 것은 내 기준에서는 좀 이상하다. 직장생활이 투자를 방해하는 것도 아니다. 두 가지를 도저히 병행할 수 없다는 생각이 든다면 모르지만, 아직까지는 투자든 직장생활이든 그저 지금까지 해왔던 대로 꾸준히 해 나가면 된다고 생각한다.

내가 이야기하려는 것은 전업투자자와 직장인의 생활 비교가 아니라 '꾸준함'에 대한 것이다. 생각해보면 부동산 투자를 하는 사람들 중에서 크게 '한 방'을 터뜨리는 사람은 꽤 많이 보이지만, 꾸준하게 수익을 내는 사람은 오히려 만나기가 드물다. 나는 성과 좋은 투자자보다는 꾸준하게 수익을 내는 투자자가 되고 싶다. 어쩌면 그런 보수적인 성격 때문에 교통망 분석이라는 투자 방법을 택했는지도 모르겠다. 공부하고 분석하는 데에 시간과 노력은 들지만 가장 확실한 투자처를 찾아내는 방법이기 때문이다.

부동산에 투자하는 방법은 매우 다양하지만, 어떤 방법을 택하든지 중요한 것은 꾸준하게 노력하라는 것이다. 한 번 성공했다고 오만해지는 것도 문제지만, 한 번 실패했다고 좌절하지도 말았으면 좋겠다. 잠깐 어려움을 겪는 것뿐이지 당신의 일상이 끝난 것은 아니지 않은가. 언젠가 반드시 노력에 대한 보답을 받는 날이 올 것이다.

마지막으로 지면을 통해 감사를 전하고 싶은 사람들이 있다. 우선 지역과 입지분석이라는 방법을 통해 나의 투자 기준을 바로잡아 주신 발품&부미모 카페의 수장 골목대장 님께 감사드린다. 가르쳐 주시고 키워 주시면서 아낌없는 조언을 해주신 은인이시다.

또한 이 책을 준비할 수 있도록 용기를 주신 호빵 님께도 감사를 드린다. 호빵 님이 아니었다면 감히 책을 쓸 생각은 할 수조차 없었을 것이다.

그리고 IGO빡시다 밴드와 카페를 함께 운영해주고 계신 운영진 여러분들, 너무나 감사드린다. 크게 해드린 것도 없는데 항상 자기 일처럼 챙겨주시니 그저 죄송할 따름이다.

마지막으로 집필을 핑계로 독박육아를 떠넘긴 남편을 묵묵히 응원해준 나의 평생 반려자 김상화와 눈에 넣어도 아프지 않을 우리 예진, 지성이에게 사랑한다는 말을 전하고 싶다.